LE NOUVEL ENTRAÎNEZ-

DELF A2

200 activités

Richard LESCURE
Emmanuelle GADET
Pauline VEY

CLE
INTERNATIONAL
www.cle-inter.com

Crédits photographiques

p. 16 J. Modrow/Laif/REA – p. 59 (hd) C. Von Tuempling/Getty Images – p. 71 J. Brun/Hachette Photos Illustrations – p. 74 D. Butow/REA – p. 83 Trans Musicales Rennes/ Les Trans en Chine – p. 127 Phillips Collection/Bridgeman – p. 128 et 142 planches de BD extraites de « Moi raciste », © Communautés européennes, 1998 ; concept et réalisation : Concerto Brussels ; dessins : Sergio Salma ; couleurs : Mauricet – p. 133 I. Simon/Sipa Press – p. 134 (h) I. Simon/Sipa Press – p. 134 (b) Frederic/Sipa Press – p. 140 (h) G. Hubert/Laif/REA – p.140 (md) Cintrat/Imagesfrance – p. 140 (m) GL/REA – p. 140 (mg) Affaires Culturelles/Bayonne – p. 145 (hd) Getty Images – p. 145 (hg) E. Valentin/Hachette Photos Illustrations – p. 145 (bd) E. Valentin/Hachette Photos Illustrations – p. 145 (bg) E. Valentin/Hachette Photos Illustrations – p. 175 H. Champollion/TOP – p. 176 (h) G. Hubert/Laif/REA – p. 176 (m) Hémisphères – p. 176 (b) M. Renaudeau/Hachette Photos Illustrations.

Direction éditoriale : Michèle Grandmangin
Édition : Christine Grall
Maquette et mise en pages : Gildaz Mazurié
Couverture : Michel Munier
Illustrations : Claude-Henri Saunier
Cartographie : Graffito
Recherche iconographique : Bridgett Noizeux

© CLE International / Sejer, Paris, 2006
Livre : ISBN 978-2-09-035241-8
Livre avec CD audio : ISBN 978-2-09-035245-0

AVANT-PROPOS

Le nouveau dispositif du DELF – Diplôme d'études en langue française – a été officiellement modifié en septembre 2005. Depuis cette date, chacun des six niveaux du DELF ou du DALF est un diplôme. On distingue ainsi l'ordre suivant pour le public adulte, dont ce manuel est le deuxième niveau de la série :
DELF A1 – DELF A2 ; DELF B1 – DELF B2 ; DALF C1 – DALF C2.

Les mentions A1, A2, B1, B2, C1, C2 correspondent aux niveaux du Cadre européen commun de référence, ce qui implique que les nouveaux diplômes soient calibrés sur ces échelles et tiennent compte de la démarche actionnelle préconisée par le Conseil de l'Europe. Les épreuves proposées sont organisées sous forme de tâches à réaliser, telles que l'on pourrait avoir à les effectuer dans la vie courante.
Les examens du DELF sont offerts à tous ceux qui ont besoin d'une reconnaissance officielle de leur niveau en français.
Cet ouvrage correspond au **DELF A2** et présente des épreuves écrites et orales en réception et en production. **Il convient à un enseignement – intensif ou extensif – de 200 à 250 heures.** Les activités d'entraînement proposées sont destinées à un public de grands adolescents ou d'adultes en situation d'apprentissage en groupe ou individuel. Elles offrent un équilibre entre l'activité de compréhension et celle de production à l'oral comme à l'écrit. En termes de connaissances et de compétences, le niveau A2 évalue un niveau élémentaire qui permet d'utiliser les formes quotidiennes de politesse et d'adresse, d'accueil ; de répondre à des questions sur la profession, les loisirs, des formes d'invitation… mais aussi de pouvoir mener à bien un échange simple dans un magasin, un musée, un cinéma, de demander des informations pratiques sur des horaires, un numéro de téléphone, le nom d'une rue, d'acheter un billet, de pouvoir se déplacer en étant capable d'emprunter les transports en commun et d'obtenir des informations de base concernant les personnes.
Les objectifs de ce matériel sont les suivants :
– Rappeler les orientations du DELF A2 Adulte et préparer efficacement à un diplôme dont les contenus sont strictement déterminés.
– Permettre à chacun de se mesurer aux difficultés et aux types d'épreuves, à son rythme, en lui faisant acquérir les éléments indispensables (grammaire, phonétique, communication orale et écrite…).
L'équipe qui a conçu cette préparation est composée de spécialistes de l'évaluation en français, et certains depuis l'origine en 1985, fortement impliqués dans le DELF ou dans d'autres systèmes de certifications internationales (président de jury, auteur de manuel, formateurs, responsable de centres d'enseignement du français…).
Ils se sont appuyés sur leurs expériences personnelles, sur les contacts qu'ils ont eus en France et à l'étranger et ont intégré au plus près les indications et orientations du Conseil de l'Europe présentées par le biais du Cadre européen commun de référence et les référentiels pour les langues, du ministère de l'Éducation nationale, de la Commission nationale et du Conseil d'orientation pédagogique du DELF et du DALF.

Ce manuel offre toutes les garanties indispensables et tous les éléments utiles pour vous préparer efficacement et vous permettre de réussir.

Isabelle NORMAND
Responsable du service Pédagogie et Certifications de l'Alliance française de Paris.

Richard LESCURE
Responsable de la filière du FLE (Université d'Angers) ; membre du Conseil d'orientation pédagogique du DELF-DALF et du groupe d'experts chargé de la rénovation des épreuves.

DIPLÔME D'ÉTUDES EN LANGUE FRANÇAISE

DELF A2
NIVEAU A2 DE CADRE EUROPÉEN COMMUN DE RÉFÉRENCE

DELF A2 : nature des épreuves	Durée	Note sur
Compréhension de l'oral Réponse à des questionnaires de compréhension portant sur trois ou quatre courts documents enregistrés ayant trait à des situations de la vie quotidienne (deux écoutes). *Durée maximale des documents : 5 min*	25 min (environ)	25
Compréhension des écrits Réponse à des questionnaires de compréhension portant sur trois ou quatre courts documents écrits ayant trait à des situations de la vie quotidienne.	30 min	25
Production écrite Rédaction de deux brèves productions écrites (lettre amicale ou message) : – décrire un événement ou des expériences personnelles ; – écrire pour inviter, remercier, s'excuser, demander, informer, féliciter…	45 min	25
Production orale Épreuve en trois parties : – entretien dirigé ; – monologue suivi ; – exercice en interaction.	6 à 8 min (préparation : 10 min)	25

Durée totale des épreuves collectives : 1 h 40.

Note totale sur 100 Seuil de réussite : 50/100 Note minimale requise par épreuve : 05/25

SOMMAIRE

	pages
Avant-propos	3
Présentation du DELF A2 (nature et durée des épreuves)	4

Chapitre 1 : Compréhension orale

Présentation de l'épreuve et des activités de compréhension orale	7
1. Comprendre des annonces et des instructions orales	9
2. Comprendre des émissions de radio et des enregistrements	17
3. Comprendre une conversation entre locuteurs natifs	24
Épreuves types	31
Auto-évaluation	34

Chapitre 2 : Compréhension écrite

Présentation de l'épreuve et des activités de compréhension écrite	35
1. Lire des instructions	37
2. Lire pour s'orienter	52
3. Lire pour s'informer et discuter	68
4. Comprendre la correspondance	86
Épreuves types	103
Auto-évaluation	111

Chapitre 3 : Production écrite

Présentation de l'épreuve et des activités de production écrite.	113
Épreuves types	144
Auto-évaluation	146

Chapitre 4 : Production orale

Présentation de l'épreuve et des activités de production orale.	147
1. Entretien dirigé	149
2. Monologue suivi	158
3. Exercice en interaction	165

COMPRÉHENSION ORALE

CHAPITRE 1

Dans ce chapitre, vous allez trouver des activités diversifiées qui vont permettre de vous préparer à l'épreuve. Ainsi, vous allez travailler :

1. La compréhension d'annonces et d'instructions orales,
2. La compréhension d'émissions de radio et d'enregistrements,
3. la compréhension de conversations entre locuteurs natifs.

Les différentes parties de l'épreuve et les capacités requises sont résumées dans le tableau ci-dessous.

Nature des épreuves	Descripteurs A2
Comprendre des annonces et des instructions orales	• Peut saisir le point essentiel d'une annonce ou d'un message brefs, simples et clairs. • Peut comprendre des indications simples relatives à la façon d'aller d'un point à un autre, à pied ou avec les transports en commun.
Comprendre des émissions de radio et des enregistrements	• Peut comprendre et extraire l'information essentielle de courts passages enregistrés ayant trait à un sujet courant prévisible, si le débit est lent et la langue clairement articulée.
Comprendre une conversation entre locuteurs natifs	• Peut généralement identifier le sujet d'une discussion se déroulant en sa présence si l'échange est mené lentement et si l'on articule clairement.

Toutes les activités dans ce chapitre s'appuient sur des enregistrements courts, de même type que ceux de l'épreuve.

▶ *Dans ces activités, vous devez écouter un enregistrement et :*
– répondre à des questionnaires à choix multiple en cochant (☒) la bonne réponse ;
– répondre à des questions en sélectionnant les informations dans l'enregistrement ;
– relever des informations : des chiffres, des lieux, des prix, des noms de villes, des noms de lieux, des adresses, des informations sur les personnes, etc. ;
– sélectionner des informations ;
– associer des questions et des réponses ;
– associer des informations ;
– compléter des tableaux ;
– remettre des informations dans l'ordre ;
– associer des images ou des photos à des situations ;
– choisir entre des informations vraies et fausses ;
– compléter des documents ;
– etc.

À la fin du chapitre, vous trouverez une fiche pour faire votre auto-évaluation.

COMPRÉHENSION ORALE

➤ *Conseils*

Afin de faciliter votre travail :
- commencez toujours par lire les consignes et les documents ou textes proposés ;
- repérez sur le document les éléments à retrouver dans les dialogues (noms, chiffres, lieux, horaires...). Cela facilitera la compréhension ;
- essayez d'imaginer les dialogues avant de les écouter ;
- lisez les questions ou analysez le questionnaire ;
- écoutez une fois les dialogues entièrement, sans faire de pause ;
- commencez à remplir le questionnaire (30 secondes) ;
- ensuite, écoutez une deuxième fois ;
- complétez vos réponses (30 secondes à 1 minute) ;
- enfin, quand vous avez répondu, écoutez une troisième fois l'enregistrement pour vérifier vos réponses, les compléter ou les corriger.

Attention ! le jour de l'examen il n'y aura que deux écoutes.

LE NOUVEL ENTRAÎNEZ-VOUS

DELF A2

200 activités

Richard LESCURE
Emmanuelle GADET
Pauline VEY

Transcriptions et corrigés

CLE
International
www.cle-inter.com

TRANSCRIPTIONS
Compréhension orale

1- Comprendre des annonces et des instructions orales

activités 1 et 2

Bonjour, bienvenue à Fréquence Voyages. Appuyez sur la touche étoile de votre téléphone.
Si vous souhaitez effectuer une réservation de train, appuyez sur la touche 1.
Si vous recherchez des informations sur des voyages et séjours à tarifs réduits : moins de 25 ans, personnes âgées…, week-ends à deux ou en famille, appuyez sur la touche 2.
Si vous souhaitez obtenir des renseignements sur la carte fidélité Fréquence Voyages, appuyez sur la touche 3. Un conseiller va prendre votre appel. L'attente est actuellement de moins de 3 minutes.

activités 3 et 4

1. Voie C : le train Corail à destination de Lyon Perrache va entrer en gare. Il dessert Tours, Vierzon, Moulins, Roanne, Lyon Part-Dieu.
2. Mesdames et Messieurs les voyageurs, nous vous rappelons qu'il est interdit de fumer dans l'enceinte de la gare.
3. Le TGV n° 4812 à destination de Lille-Europe va entrer en gare voie A. Il dessert Le Mans, Massy, Eurodisney-Marne-la-Vallée, aéroport Charles-de-Gaulle. Correspondance à Lille-Europe avec l'Eurostar.
4. Voie D : attention au passage d'un train, veuillez ne pas dépasser la ligne blanche.
5. Le TGV 8237 en provenance de Paris-Montparnasse et à destination de Nantes, arrivée initialement prévue à 17h35, est annoncé avec 15 minutes de retard environ. Il entrera en gare voie D.
6. Voie B : le TGV 8824 à destination de Bordeaux va partir dans quelques instants. Attention à la fermeture automatique des portières, attention au départ.
7. À la suite d'un arrêt de travail de certaines catégories de personnel, les trains de 14h30, 15h15 et 17 heures sont supprimés.
8. Le train express régional à destination d'Orléans est annoncé voie A. Il dessert Saumur.

activité 5

1. Voie B : le TGV 8824 à destination de Bordeaux va partir dans quelques instants. Attention à la fermeture automatique des portières, attention au départ.
2. Le TGV 8237 en provenance de Paris-Montparnasse et à destination de Nantes, arrivée initialement prévue à 17h35, est annoncé avec 15 minutes de retard environ. Il entrera en gare voie D.
3. Le TGV n° 4812 à destination de Lille va entrer en gare voie A. Il dessert Le Mans, Massy, Eurodisney-Marne-la-Vallée.
4. Voie C : le train Corail à destination de Lyon Perrache va entrer en gare. Il dessert Tours, Vierzon, Moulins, Roanne, Lyon Part-Dieu.
5. Le TGV n° 7284 à destination de Lille-Europe va entrer en gare voie A. Il dessert Le Mans et l'aéroport Charles-de-Gaulle.
6. Le TGV n° 4812 à destination de Lille-Europe va entrer en gare voie A. Il dessert Le Mans, Massy, Eurodisney-Marne-la-Vallée. À Lille, correspondance avec l'Eurostar à destination de Londres Waterloo.
7. Le train express régional à destination d'Orléans est annoncé voie A. Il dessert Saumur.
8. Voie C : le train Corail à destination de Lyon Perrache va entrer en gare. Il dessert Saumur, Tours, Vierzon, Moulins, Roanne, Lyon Part-Dieu.

activités 6 et 7

Annonce 1 : Mesdames et messieurs, vous avez pris place à bord du TGV Atlantique à destination de Nantes. Le train dessert les gares du Mans et d'Angers. Nous vous rappelons que les places sont à réservation obligatoire et que vous devez avoir composté votre billet avant de monter dans le train. Si votre billet n'a pas été composté, vous devez vous présenter au contrôleur. Nous vous rappelons que vos bagages doivent être identifiés et comporter vos nom et adresse.

Annonce 2 : Nous sommes heureux de souhaiter la bienvenue aux voyageurs montés en gare de Tours. Nous vous rappelons que notre bar se trouve en voiture 4. Vous y trouverez un assortiment de plats chauds ou froids, des boissons fraîches ainsi que journaux et magazines. Il vous est possible de régler en espèces, chèque ou par carte de crédit. Nous vous remercions de votre attention.

activité 8

Mesdames et Messieurs, votre attention, s'il vous plaît. Les passagers du vol Air France 824 à destination de Hanoi, avec escale à Bangkok, sont priés de se présenter porte 10. Merci de bien vouloir vous munir

de votre passeport et de votre carte d'accès à bord. Embarquement immédiat.
Les passagers des cabines Espace Première et Espace Affaires sont priés de se présenter dès maintenant. Nous demanderons aux passagers des classes économiques de patienter quelques instants.

activités 9 et 10

Annonce 1 : Mesdames et messieurs, le commandant de bord et son équipage vous souhaitent la bienvenue à bord de cet Airbus A330 d'Air France à destination d'Athènes. Veuillez attacher votre ceinture, redresser votre siège et relever la tablette qui se trouve devant vous. Nous allons maintenant procéder à la présentation des règles de sécurité.
Annonce 2 : Mesdames et messieurs, ici le commandant. Nous allons atteindre dans quelques minutes notre altitude de croisière de 10 500 mètres. La température extérieure est de – 45° centigrades. Dans quinze minutes, nous survolerons la ville de Bâle, puis Zurich. Notre atterrissage est prévu a 17h45 (heure locale).
Annonce 3 : Mesdames et Messieurs, nous venons d'atterrir à Genève-Cointrin. Pour votre sécurité, veuillez rester assis et garder votre ceinture attachée jusqu'à l'arrêt complet de l'appareil. Il est 14h25. la température au sol est de 18°. Attention aux chutes d'objets au moment de l'ouverture du coffre à bagages. Nous vous remercions d'avoir choisi notre compagnie et nous espérons vous revoir prochainement sur nos lignes.

activités 11 et 12

Mesdames et messieurs, bienvenue au château de Pignerolles, le musée de la Communication.
Je m'appelle Marie. Je vous guiderai dans les seize salles de ce musée qui retrace l'évolution des techniques de la communication depuis la Préhistoire jusqu'à nos jours. La visite dure environ 45 minutes. Au rez-de-chaussée, nous commencerons par la Préhistoire (dessins et gravures…). Les salles du premier étage sont consacrées à l'histoire de la communication humaine (les langues, l'imprimerie, les moyens sonores…). Au deuxième, c'est toute l'histoire du télégraphe et du téléphone, de la radio et de la télévision. Au troisième, vous verrez les moyens les plus modernes (Internet, satellite…). À la fin de la visite, vous pourrez vous promener dans le parc autour du château et prendre un rafraîchissement.

activités 13 et 14

– Comme tous les matins, allons retrouver Charline, qui nous propose une recette de dessert.
– Oui, merci, Vincent, sur Cuisine info, aujourd'hui, c'est la recette de la mousse au chocolat. Vous allez voir, c'est très facile.
Il faut 200 grammes de chocolat à dessert, 6 œufs et une pincée de sel.
Tout d'abord, faites fondre le chocolat coupé en petits morceaux. Ajoutez 50 grammes de beurre et 80 grammes de sucre en poudre. Laissez refroidir le chocolat fondu.
Ensuite, cassez les œufs et séparez les blancs des jaunes. Ajoutez la pincée de sel sur les blancs et battez-les en neige.
Mélangez les jaunes avec le chocolat.
Enfin, ajoutez les blancs, mélangez doucement pour obtenir une pâte lisse.
Mettez votre mousse au réfrigérateur pendant 4 à 6 heures.
C'est prêt. Vous pouvez déguster…
Demain, je vous proposerai la tarte au citron…

activité 15

Attention : message personnel à l'attention de monsieur et madame Legrand.
Nous informons monsieur et madame Legrand, les parents de la petite Julie, qu'elle a été retrouvée au rayon des jouets.
Ses parents peuvent venir la chercher auprès de nos hôtesses à l'accueil. L'accueil se trouve à droite de l'entrée du magasin.

activité 16

Bonjour à tous. Je m'appelle Arthur Leroy et je suis le responsable du Département de français.
Votre épreuve d'examen va commencer dans dix minutes et dure deux heures trente.
Nous allons vérifier les cartes d'étudiant et vous demander de signer la feuille d'examen.
Je vous rappelle que vous ne pouvez quitter la salle qu'après une heure au minimum. Si vous devez aller aux toilettes, vous devez demander l'autorisation. Utilisez pour votre rédaction les feuilles spéciales qui sont sur les tables. Les documents de cours et les dictionnaires sont interdits.

activité 17

– Bonjour, madame, je voudrais aller au musée du Louvre.
– Écoutez, c'est très simple. Depuis la gare Montparnasse où nous sommes, vous prenez d'abord la

ligne 4, direction Porte de Clignancourt. Vous descendez à la station Châtelet. Il y a une correspondance pour la ligne 1, direction la Défense. Après Châtelet, vous descendez à la 2e station : Palais-Royal. Il y a en tout une dizaine de stations.

activités 18 et 19
– Bonjour, monsieur, pourriez-vous me dire où se trouve la Sorbonne ?
– Vous suivez le boulevard Saint-Germain tout droit pendant 300 mètres environ, ensuite vous prenez la rue Saint-Jacques, c'est la quatrième rue à gauche. Quand vous êtes rue Saint-Jacques vous tournez à droite, rue des écoles. Vous êtes arrivé. Il y a plusieurs entrées. L'entrée principale est rue des Écoles, mais on peut aussi entrer par la rue de la Sorbonne qui est un peu plus loin à gauche. D'ici, il faut 10 minutes à pied.

activité 20
1. Ne regarde jamais directement l'ampoule, cela peut te faire mal aux yeux.
2. Ne touche pas à l'ampoule avec les doigts, même si elle est éteinte, tu risques de te brûler et tu abîmeras l'ampoule.
3. Les lampes fonctionnent à l'électricité, tu ne dois pas les manipuler avec les mains mouillées.
4. Il faut garder une distance de 20 cm au moins entre l'ampoule et les objets.
5. Fais aussi attention aux fils électriques.

activités 21 et 22
Bonjour, je suis Noël, votre moniteur de planche à voile.
Ce sport, que les jeunes aiment beaucoup, permet de se déplacer sur l'eau et d'atteindre une grande vitesse.
La France compte 1,5 à 2 millions de véliplanchistes. Pour pratiquer ce sport, vous devez être en forme et surtout avoir une bonne technique et le sens de l'équilibre.
Avant de commencer la première leçon, je vais vous donner dix conseils pratiques. Vous devez :
– vérifier le matériel,
– avoir de bonnes chaussures qui ne glissent pas,
– porter une combinaison s'il fait froid,
– porter une casquette et des lunettes quand il y a du soleil,
– savoir bien nager,
– mettre un gilet de sauvetage,
– connaître les courants et la météorologie,
– avertir quelqu'un de vos sorties et ne pas partir seul,
– emporter à boire,
– et, enfin, ne pas aller trop loin en mer.

2- Comprendre des émissions de radio et des enregistrements
activité 23
Bientôt la rentrée ! Après les vacances, vous avez besoin d'argent. Le crédit Sofiprep peut vous aider. Vous souhaitez changer de voiture ? Vous voulez équiper votre maison ?
Nous pouvons vous prêter jusqu'à 10 000 euros sur 3 ans à 5,5 % d'intérêts par an.
Profitez de notre offre spéciale rentrée des classes. Pour la rentrée de septembre, les achats d'équipements et de matériel scolaire nécessaire à vos enfants, nous vous proposons jusqu'à 1 500 euros à 4 % sur un an.
Renseignements sur notre site www.sofiprep.org.

activités 24 et 25
L'Auvergne est à vous !
L'Auvergne, le dépaysement assuré… au centre de la France… au centre de l'Europe.
En été ou en hiver, venez découvrir l'Auvergne, ses volcans, ses villes et ses châteaux.
L'été, ce sont des balades et randonnées dans le parc naturel des volcans (Vulcania), des promenades au bord des rivières et des lacs, des visites des musées et des lieux historiques (Gergovie, lieu de la bataille célèbre entre les Gaulois et les Romains, les châteaux, les églises…), l'hiver, ce sont les sports de glisse (Superlioran, le Sancy et Super-Besse…) pour les amateurs de ski alpin, de ski de fond, de bobsleigh…
Seul, en couple ou en famille, découvrez l'Auvergne, terre d'accueil qui a su préserver la nature.

activités 26 et 27
La Réunion en liberté !
Cet été à la Réunion, île de rêve, pour moins de 1 000 euros par personne.
Vous aimez les voyages découverte, choisissez alors la formule océan/nature/randonnées. À votre arrivée, vous êtes logé la première nuit dans un splendide hôtel 4 étoiles pour vous remettre de la fatigue du voyage et dès le lendemain, vous partez en 4X4 explorer l'île. Cascades, sommets et paysages superbes vous attendent.

TRANSCRIPTIONS COMPRÉHENSION ORALE

Si vous avez envie d'une semaine détente, choisissez plutôt le Flamingo-Club qui vous accueille dans un cadre de rêve en bordure de plage de sable blanc. De nombreuses activités de loisirs sportifs et culturels pourront vous accueillir ainsi que vos enfants. En juillet-août : 1/2 pension seulement.
À partir du 15 septembre : 30 % de réduction !
Pour tout renseignement ou réservation, vous pouvez nous contacter par courriel : voyages@caramail.com.
Vous pouvez aussi nous appeler au 0800 24 48 12 (53 centimes d'euro par minute), une hôtesse sera à votre écoute 7 j/7 24 h/24 pour tout renseignement ou pour les réservations.

activité 28
7h30 sur Radio FM Grand Ouest, notre bulletin météo.
Aujourd'hui, vendredi 8 avril, grand beau temps sur l'ensemble des régions Bretagne et Pays de la Loire. Quelques nuages en altitude dans l'après-midi qui ne donneront pas de pluie.
Les températures : ce matin 14° à Nantes, 13 à Angers, 12 à Rennes. Cet après-midi : 17 à Nantes et Rennes, 18 à Angers.
Demain et dimanche, changement de temps. Une perturbation touchera demain les côtes Atlantique et gagnera l'ensemble de nos régions. Pluies samedi après-midi et dimanche. Températures en baisse de 2 à 3 degrés.
Nous souhaitons une bonne fête à toutes les Julie. Nouveau bulletin météo à 13 h.

activités 29 et 30
Radio bleu, édition de 13 h : votre météo des plages. Cet après-midi, attention au soleil sur les plages de l'Atlantique et de la Méditerranée. Indice UV 6 à La Baule et l'île de Ré, température de l'eau 21°, Arcachon, indice 7, température de l'eau 22°, mer calme. Les plages de la Méditerranée de Cap d'Agde à Nice, indice 8. Température de l'eau à Cannes : 24°. Nous rappelons que le soleil peut être dangereux. Protégez vos enfants avec un chapeau et de la crème. Évitez l'exposition au soleil entre midi et 16 h.
Température de l'air cet après-midi : de 28° à Deauville, en Normandie, à 34° à Perpignan et 35 à Marseille.
Il est 13h15, les informations économiques.

activité 31
Ce soir, vous aurez le choix entre :
– sur TF1, à 20h50, un film dramatique français : *L'Enfant de l'aube* ;
– une série policière américaine, *FBI, portés disparus*. Deux épisodes proposés par France 2 à 20h45 ;
– l'émission de Patrick de Carolis, « Des racines et des ailes », sur Paris et les constructions à l'époque de Napoléon Ier, sur France 3 à 20h30 ;
– un téléfilm policier danois, *Preuve à charge*, ce soir la deuxième partie sur Canal + à 21 h ;
– M6 qui propose une comédie américaine de 2003, *Deux en un,* à 21h30.

activité 32
Aujourd'hui, nous sommes le 8 mars et ce jour correspond à la Journée internationale de la femme. À l'origine, cette idée était celle d'une Allemande, Clara Zetkin, en 1910. Les Nations unies ont officialisé la Journée internationale de la femmes en 1977. Cette journée a pour objectif de donner aux femmes les mêmes droits que les hommes partout dans le monde. Beaucoup de progrès ont eu lieu mais il reste encore à faire. Même en France, les femmes gagnent en moyenne 20 à 30 % de moins que les hommes. Dans plusieurs dizaines de pays, les femmes n'ont pas le droit de vote ; quelquefois, elles n'ont pas le droit de faire certains métiers ou de sortir sans être accompagnées.

activité 33
Aujourd'hui nous sommes le 3 août, voici les titres qui vont être développés dans notre journal de 8 h par Anne Beucher.
• Accident d'un avion au moment de l'atterrissage au Canada. Trois cents passagers se trouvaient à bord. Une dizaine de personnes sont encore hospitalisées pour des blessures légères.
• Baisse du chômage en France au mois de juin : diminution de 1,4 % par rapport au mois de mai.
• Sécheresse dans l'Europe de l'Ouest : cinq autres pays, à la suite de la France et de l'Espagne, limitent la consommation d'eau.
• Reprise du Championnat de France de football, Lyon bat Auxerre par 4 à 1.
• La météo : aujourd'hui, quelques nuages au nord de la France, grand soleil sur la moitié sud. Aucun risque de pluie ou d'orage pour les trois prochains jours.

activité 34
Aujourd'hui 30 juillet, traditionnelle journée difficile pour la circulation routière. Ce week-end, 15 millions de voitures sont prévues sur les routes et autoroutes françaises. Journée noire dans le sens des

départs en vacances et rouge dans le sens des retours vers Paris et les grandes villes du Nord et de l'Est.
D'importants bouchons à prévoir dans la vallée du Rhône au sud de Lyon (autoroutes A6 et A7) et vers l'Atlantique (autoroutes A10 vers Bordeaux et A11 vers Nantes). Ce matin, à la frontière italienne, il y avait déjà deux heures d'attente au minimum.
Prenez patience et n'oubliez pas les consignes de sécurité :
– Ne dépassez pas les vitesses maximales : 130 km/h sur autoroute et 90 km/h sur route.
– Respectez les distances entre les voitures (de 40 à 90 mètres).
– Ne roulez pas plus de deux heures sans vous arrêter.
– Attachez vos ceintures de sécurité à l'avant et à l'arrière.
– Prévoyez des boissons fraîches, surtout pour les enfants.

activité 35
Aujourd'hui France 6 TV achat vous propose Aqua minceur, le geste de tous les jours qui vous fait maigrir.
Aqua minceur, c'est une eau différente. Très pure avec des plantes, cette boisson se présente en bouteilles d'un demi-litre.
Vous pouvez maigrir de 3 à 6 kilos selon le programme choisi.
Pour les femmes, bouteilles roses au parfum de cerise, et pour les hommes, bouteilles bleues parfumées au citron. Les hommes peuvent boire de 2 à 3 bouteilles par jour, les femmes de 1 à 2. La durée aussi peut varier. Nous conseillons une cure de 2 fois 8 jours pour les femmes et une fois 10 jours pour les hommes.
Le prix de l'ensemble pour 8 jours : 41 euros (base pour les femmes) ou 51 euros (pour les hommes).
Pour commander, si vous habitez en France : 0890 01 69 69, si vous vivez en Suisse : 0 900 03 15 15.

activités 36 et 37
Avec le Canada, la France est devenue la terre des festivals. Cet été vivez à l'heure des festivals. Plus d'une centaine en France.
• Festivals traditionnels :
– théâtre en Avignon en juillet, créé en 1947 ;
– opéra à Aix-en-Provence ;
– musique classique : festival de Saint-Céré en juillet ou Folles Journées de Nantes ;
• Festival international de la photographie d'Arles au mois d'août, imaginé en 1984 ;
• Festival de jazz d'Antibes-Juan-les-pins au mois de juin ;
• Chanson francophone : Francofolies de La Rochelle en juillet…
Sans parler des festivals de cinéma : Cannes, Deauville, Cognac…
Depuis quelques années se développent les festivals des arts de la rue qui proposent 200 spectacles chaque année (l'un des plus célèbres : le Festival de théâtre de rue d'Aurillac au mois d'août).
Près de votre lieu de vacances, il y a toujours au moins un festival.

3- Comprendre une conversation entre locuteurs natifs
activité 38
– Fréquence Voyages, bonjour. Jean-Christophe, à votre service.
– Bonjour, monsieur, j'ai une carte Fréquence bleue et je voudrais réserver un billet demi-tarif Angers-Paris pour le 13 août.
– Bonjour, madame. Pourriez-vous me donner votre numéro de carte ?
– Oui, bien sûr : 49 03 15 46 26.
– Madame Annick Delavigne ?
– Oui, c'est bien ça.
– Quel train souhaitez-vous ?
– Celui de 18h30, 1re classe.
– Départ Angers 18h30, arrivée Paris-Montparnasse 20 h. Votre place est le n° 54, voiture n° 2, votre code pour retirer votre billet est KMFE3.

activité 39
– « Peigne et ciseaux Éméline », bonjour.
– Bonjour. Noël Lemaître. J'aurais souhaité avoir un rendez-vous pour une coupe.
– Bonjour, monsieur Lemaître. Quelle est la personne qui vous coiffe d'habitude ? Christelle ou Béatrice ?
– Béatrice, il me semble…
– Vous préférez aujourd'hui ou un autre jour de la semaine ?
– Aujourd'hui, vendredi ou samedi matin. Demain, je suis absent toute la journée.
– J'ai deux possibilités aujourd'hui : 16h30 ou 18 h.
– Hum… aujourd'hui 16h30, c'est un peu trop tôt. Je préférerais 18 h.
– Bien, c'est noté. À tout à l'heure, monsieur Lemaître.

TRANSCRIPTIONS COMPRÉHENSION ORALE

activités 40 et 41
– Cabinet médical La Roseraie, bonjour.
– Bonjour, madame, Pierre Laroche, je souhaiterais avoir un rendez-vous avec le docteur Praslin.
– Bonjour, monsieur. Je suis désolée mais le docteur Praslin est absente aujourd'hui. Elle reprend ses consultations lundi matin à 8h30. Si c'est urgent, les docteurs Bertin et Lefèvre sont présents.
– C'est pour ma fille qui a très mal à la gorge. Elle ne peut pas attendre lundi. Je veux bien un rendez vous avec le docteur Bertin qui l'a déjà soignée.
– Je peux vous proposer un rendez-vous à 14h15 ou à 17h45.
– Je préfère 14h15.
– C'est entendu, monsieur Laroche, à tout à l'heure.

activité 42
– Bonjour, ici la réception.
– Bonjour, monsieur, madame Cabrera, chambre 424. Je souhaiterais prendre le petit déjeuner dans la chambre.
– Oui, bien sûr, pour une ou deux personnes ?
– Pour deux.
– Souhaitez-vous du café ou du thé ?
– Un thé et un grand café avec du lait. Vous avez des croissants ?
– Oui, bien sûr, madame. C'est un petit déjeuner continental : vous avez des croissants, du pain, du beurre et de la confiture.
– Nous souhaiterions aussi un jus d'orange.
– Donc… deux jus d'orange, un thé, un grand café au lait. Vous serez servis dans dix minutes environ.

activité 43
– Le restaurant Les saisons, j'écoute.
– Bonjour, madame, je voudrais réserver quatre couverts pour ce soir.
– Bonjour, monsieur, un instant je vous prie, je vais voir ce qui est disponible… Je peux vous réserver une table en terrasse ou à l'intérieur.
– Il ne fait pas très beau, je préfère à l'intérieur.
– Fumeur ou non-fumeur ?
– Non-fumeur.
– À quelle heure viendrez-vous dîner ?
– Vers 20h30.
– Je fais la réservation à quel nom ?
– Monsieur Deville.
– Parfait, monsieur Deville, à tout à l'heure.

activité 44
– Messieurs-dames, bonsoir, avez-vous fait votre choix ?
– Oui, nous prendrons quatre menus à 13 euros.
– Je regrette, mais le menu à 13 euros est servi seulement pour le déjeuner en semaine. Pour le dîner et les week-ends, vous avez le choix entre le menu à 19 euros et le menu à 35 euros. Avec le menu à 35 euros, vous avez une entrée, un plat de viande ou de poisson, salade, fromages et dessert.
– Nous prendrons quatre menus à 19 euros.
– En plat du jour, nous avons du poisson, du saumon au beurre blanc, ou une viande, aujourd'hui nous avons du gigot d'agneau.
– Nous prendrons trois saumons et un gigot.
– Prendrez-vous un apéritif ?
– Non, merci, nous prendrons seulement un peu de vin : un rouge léger.

activité 45
– Bonjour, madame.
– Bonjour, monsieur.
– Je voudrais m'inscrire au test de français.
– L'examen a lieu le 18 septembre. Je vais vous donner le dossier d'inscription.
– Je dois remplir le dossier et payer aujourd'hui ?
– Si vous voulez, le tarif est de 65 euros, mais vous pouvez aussi régler plus tard. Il faut rendre le dossier avec votre paiement avant le 10 septembre.
– L'examen se passe où ?
– Il se déroule à la Maison des langues de l'université.
– Les épreuves durent combien de temps ?
– Au total, on compte trois heures et demie avec l'épreuve de production écrite.

activités 46 et 47
– Ah Julie, comment vas-tu ? J'ai essayé de t'appeler hier soir. Tu étais sortie ?
– Oui, je suis sortie de cours un peu tard, vers 7 h. En sortant, j'ai dîné chez Pierre, puis on est allés ensemble au cinéma, à la séance de 10 h. Après on a pris un verre à la Brasserie de la gare. Je suis rentrée vers 1 heure du matin…
– Qu'est ce que vous êtes allé voir ?
– *De battre mon cœur s'est arrêté.*
– C'est de qui ?
– Jacques Audiard, c'est un film qui est sorti il y a 2 mois à peu près.
– C'est bien ?
– Pierre n'a pas beaucoup aimé mais moi, je l'ai trouvé bien. C'est la reprise d'un film policier américain. Le titre vient d'une chanson de Jacques Dutronc.
– Ah bon ? Je ne connais pas…

– Les acteurs principaux sont très bons : Romain Duris, qui travaille dans l'immobilier, l'achat et la vente d'appartements à Paris, et l'actrice chinoise Linh-Dan Pham, qui joue un rôle de pianiste. L'histoire est simple : comment la musique et l'amour d'une femme peuvent aider un homme à changer et à devenir meilleur.

activités 48 et 49

– CanalSat TV, bonjour. Dorothée à votre service, j'écoute…
– Bonjour, mademoiselle, monsieur Lecomte. Je vous appelle pour avoir des renseignements sur l'offre que vous proposez dans votre publicité à la télévision…
– Bien sûr, monsieur, j'ai besoin de quelques renseignements pour pouvoir vous indiquer l'abonnement qui correspond à votre attente. Tout d'abord, habitez-vous dans un appartement ou dans une maison particulière ?
– J'habite dans un appartement, mais je déménage dans 2 mois… Je serai dans une maison.
– Très bien, monsieur. Est-ce que votre immeuble est équipé d'une parabole ?
– Oui, et mes voisins sont abonnés à votre service de télévision numérique.
– Votre immeuble est équipé, vous pouvez donc accéder tout de suite à nos chaînes. Il suffit d'aller chercher un boîtier numérique dans une boutique qui porte l'indication CanalSat. Ensuite, vous nous rappelez pour activer votre abonnement… Dans 2 mois, quand vous serez dans votre maison, il faudra une parabole pour continuer à recevoir nos programmes. Tout est clair pour vous, monsieur Lecomte ?
– Oui, bien sûr, je vais aller chercher le matériel dès maintenant.
– Je vous envoie dès aujourd'hui un document sur notre offre qui vous propose un bouquet de 100 chaînes.
– Merci beaucoup, mademoiselle.
– Merci de votre appel, monsieur Lecomte, et au plaisir…

activité 50

– Noël, qu'est ce que tu as envie de faire ce week-end ?
– J'ai pensé qu'on pourrait aller à la mer. À La Baule, si tu veux.
– Hum, c'est une excellente idée.
– Je peux réserver deux nuits dans le même hôtel que l'an dernier…
– Tu veux dire l'Hôtel du port ?
– Oui, le restaurant aussi est très bien.
– D'accord.
– Je vais réserver tout à l'heure, on peut partir vendredi. En sortant du bureau je passe te prendre à la maison.
– Il faut combien de temps pour aller à La Baule ?
– Moins d'une heure et demie. On peut y arriver pour le dîner.
– Dimanche, on repartira en fin d'après-midi, plus tard, il y a beaucoup de circulation sur l'autoroute.

ÉPREUVES TYPES

➤ Activité 51

exercice 1

– Bonjour, vous êtes sur la messagerie de la société de vente par correspondance Euroconfort.
Appuyez sur la touche étoile de votre téléphone. Si vous êtes déjà client, composez votre numéro à 6 chiffres.
Pour une commande de meubles, appuyez sur la touche 1.
Pour une commande de vêtements, appuyez sur la touche 2.
Pour les cosmétiques et produits de beauté, tapez sur la touche 3.
Pour une réclamation, tapez sur la touche 4.
Pour un contact personnalisé avec un de nos vendeurs ou un renseignement, appuyez sur la touche 5.
Si vous n'êtes pas encore un de nos clients, tapez sur la touche 6, un conseiller vous répondra à ce même numéro.

exercice 2

– Bienvenue au jeu des 5 000 euros, le jeu de Paris Inter.
Aujourd'hui mercredi 30 août, nous sommes à Aurillac, en Auvergne, au cœur du Pays vert, comme on appelle aussi le département du Cantal, département connu pour ses fromages, région touristique aussi avec ses lacs, ses forêts et ses volcans.
Aurillac est une très agréable petite ville de 35 000 habitants qui vit de l'artisanat, ses fameux parapluies, et de l'industrie du lait. Aurillac a plusieurs lycées et grandes écoles et une filière universitaire.
Nous accueillons dans notre émission deux candidats : Claudine Renaudy et Gilles Camoins.
– Claudine, êtes-vous d'Aurillac ?
– Je suis née à Aurillac mais j'habite maintenant à Clermont-Ferrand.
– Que faites-vous ?

TRANSCRIPTIONS PRODUCTION ORALE

– Je suis documentaliste.
– Et vous, Gilles ?
– Je suis professeur de français au lycée.

exercice 3
– Ah Lætitia, comment vas-tu ?
– Salut, Christian,
– Dis donc, il y a au moins un mois qu'on ne s'est pas vus…
– Oui, tu as raison, je rentre de voyage, j'étais au congrès mondial des professeurs de français.
– C'était où ?
– Au Canada, à l'Université Laval de Montréal.
– C'était intéressant ?
– Oh oui, très. J'y suis restée quatre jours et ensuite j'ai pris une dizaine de jours de vacances pour visiter le Québec, les Grands Lacs… Je suis aussi allée quatre jours dans l'Ouest, à Vancouver, voir des amis avec qui j'ai fait mes études. Et toi ?
– Moi je suis allé deux semaines au Sénégal. C'était superbe ! J'ai beaucoup visité, je suis allé plusieurs fois à la pêche…
– Et maintenant, c'est la rentrée. On se verra la semaine prochaine…

PRODUCTION ORALE

1- Entretien dirigé
activité 166
1. Pour pouvoir étudier en France, suivre les cours.
2. Mon quartier ? J'habite près d'un grand parc et c'est très calme. Il n'y a pas beaucoup de circulation.
3. Oui, mais pas souvent, les places sont très chères.
4. Nous sommes cinq. Mon père, ma mère, ma sœur et ma grand-mère. Elle habite avec nous.
5. Mon père est employé dans une banque et ma mère reste à la maison. Elle s'occupe de notre famille.
6. Non, je suis étudiante.
7. J'aimerais bien vivre en Inde, parce que toute ma famille est là-bas.
8. J'aime bien la musique cubaine.
9. Non, je suis originaire de Bombay mais j'ai fait mes études à Calcutta.
10. Il est petit mais très agréable. J'ai une chambre et il y a une petite cuisine. Il est au 6ᵉ étage. De ma fenêtre, j'ai une belle vue sur la ville.

activité 167
1. Est-ce que vous aimez voyager ?
2. Vous jouez d'un instrument de musique ?
3. Est-ce que vous connaissez des chanteurs français ?
4. Dans quels pays êtes-vous déjà allé ?
5. Est-ce que vous aimez visiter les musées ?
6. Qu'est ce que vous aimez faire quand vous avez du temps libre ?
7. Qu'est-ce que vous faites comme sport ?
8. Est-ce que vous aimez lire ?
9. Quel est votre film préféré ?
10. Qu'est-ce que vous aimez regarder à la télévision ?

3- Exercice en interaction
activité 180
1. – Référence Beauté, Marie-Christine à votre écoute.
– Bonjour, je souhaiterais passer une commande.
– Bien sûr, quel est votre numéro de cliente ?
– 09 79 786 RA.
– Mademoiselle Gonon, vous habitez bien à Brissac ?
– Oui, c'est ça.
– Alors, je vous écoute pour la commande, mademoiselle Gonon.
2. – Oh, Bérengère, quel plaisir de te rencontrer.
– Bonjour, Mireille, ça va ?
– Oui… pas mal, sauf que c'est la fin des vacances… ! Oh, j'ai appris pour le bac de Valentine et la licence de Martin. Félicitations… Vous devez être bien heureux !
3. – Merci pour votre accueil et votre gentillesse. Nous avons passé un excellent week-end ensemble.
– Oh oui… Quel week-end sympa ! J'espère qu'on pourra bientôt venir vous voir dans votre nouvelle maison.
– Vous êtes les bienvenus. Quand vous voulez. Bon, allez, on doit y aller. J'entends Jean-Michel qui fait chauffer le moteur. Et encore merci pour tout. À bientôt.
– Oui, à bientôt.
4. – Je suis désolée mais je ne peux vraiment pas échanger votre lecteur de DVD si vous n'avez pas la facture.
– Mais c'est scandaleux ! C'est inadmissible. Je suis venu ce matin pour acheter ce lecteur DVD, vous me reconnaissez quand même !

– Je suis désolée, monsieur, mais c'est la règle.
– La régle ! La règle ! C'est honteux. Appelez votre patron, je vous prie.

activité 181

A.

1. – Les vols pour Casablanca, vous en avez tous les jours ?
– De Paris, oui, bien sûr.
– Non, mais je pars de Nice.
– Attendez, je regarde… Ah non, seulement trois fois par semaine.

2. – Dis, Éric, tu peux venir deux secondes ?
– Pour quoi faire ?
– Pour attraper la cocotte-minute en haut du placard.

3. – 15/20 en anglais au bac. C'est vraiment grâce à vos cours particuliers. Merci beaucoup pour les cours et l'aide que vous m'avez apportée pendant les révisions.
– Mais non, c'est grâce à ton travail.

4. – Le livre que vous avez commandé n'est pas arrivé.
– Non, ce n'est pas possible. Ne me dites pas cela ! J'en ai vraiment besoin. C'est urgent.

B.

1. – S'il vous plaît… excusez-moi…
– Oui, vous cherchez quelque chose ?
– Oui, on cherche un bon restaurant gastronomique. Un restaurant traditionnel. On ne connaît pas la ville et on n'a pas trouvé le quartier des restaurants.

2. – Ah non… Pas encore. C'est la deuxième fois que mon vol en montgolfière est repoussé.
– Monsieur, on n'y peut rien. Il faut accepter les caprices de la nature.

3. – Terrible ! Ce film était épouvantable ! Je ne retournerai jamais voir un film de ce réalisateur !

4. – Tu ne connais pas la dernière de Jean-Jacques ? Il est parti finir sa carrière à la Réunion. Il voulait changer d'air. Il a pris son avion la semaine dernière, et d'après ce que je sais, il n'a pas acheté de billet retour !
– Non, je ne peux pas le croire… Et sa femme ?

5. – Vous pouvez m'indiquer le bureau des objets trouvés ? J'ai perdu mon portefeuille. J'avais tout dedans… toute ma vie.
– Première porte à gauche.
– Merci.

activité 182

– Contrôle de billets. Bonjour, votre billet, s'il vous plaît ?
– Oui, un instant, je le cherche. Oh, ces sacs à main, ils sont toujours trop grands ! On ne trouve jamais rien…
– Bon, vous trouvez…
– Oh là là, non, je ne trouve pas. Vous pouvez me laisser 5 minutes, le temps que je le retrouve ?
– Et puis quoi encore. Je n'ai pas que ça à faire. J'ai dix voitures à contrôler, moi.
– … Je suis pourtant certaine de l'avoir mis dans mon sac.
– Bon, vous n'avez pas de billet. On va établir le procès-verbal. Votre nom ?
– Monsieur, s'il vous plaît, vous ne pouvez pas faire ça ! Je vais le retrouver…
– Vous avez déjà cherché… Nom et prénom ?
– Monsieur, soyez gentil… Quelqu'un a peut-être volé mon billet. Il est peut-être tombé de mon sac…
– Peut-être, peut-être, peut-être. Ce qui est sûr, c'est qu'on va remplir un procès-verbal et que vous allez payer une amende.
– Oh non…

activité 183

– Bonjour, madame, je suis à la recherche d'un appartement.
– Oui, asseyez-vous, je vous en prie. C'est pour acheter ou pour louer ?
– Pour louer. Je suis inscrit pour un master. Je vais au moins rester deux ans à Avignon.
– Qu'est-ce que vous recherchez ? T1, T2, T3 ? Intra-muros ou extra-muros ?
– Euh… T2 minimum… Pour la situation, je ne sais pas, je ne connais pas la ville !
– À votre place, je chercherais intra-muros, vous êtes dans le centre et à côté de la fac…
– Si vous le dites…
– Meublé ou non ?
– Euh… non meublé. Mais avec cuisine équipée si possible.
– Terrasse ? Balcon ? Parking ? Cave ?
– Non, pas de parking, mais un local à vélo.
– Votre budget ?
– Pas plus de 400 euros par mois avec les charges.
– Très bien… Je fais une recherche informatique… Cinq appartements seulement correspondent à votre demande, mais il y en a un à l'extérieur de la ville et un à 380 euros mais sans les charges. Il faudra peut-être élargir la recherche.

TRANSCRIPTIONS PRODUCTION ORALE

activité 189
– Bonjour, je voudrais deux places pour le concert de Zazie.
– Oui, lequel ?
– Le dernier concert de sa tournée, le 25 février prochain.
– Vous venez trop tard, il n'y a plus de place depuis longtemps.
– Ah bon ? Mais pourtant, c'est dans 6 mois.
– Oh, mais tout est complet depuis plus de 3 semaines.
– Oh, non… Je me faisais une joie d'y aller. Vous n'avez pas des places pour un autre jour ?
– Attendez, je regarde… Ah, vous avez de la chance, il reste quelques places pour le 23 février. Vous avez vraiment de la chance.
– Oh, super. C'est génial ! Je prends les places bien sûr. Oh, quelle peur ! Hi hi, on a des places !
– Alors ça fera 85 euros pour les deux places. En carte ou en chèque ?
– En carte… Merci, madame, au revoir… Et bonne journée.

activité 190
– Bonjour, c'est pour quoi ?
– Bonjour, je viens pour une déclaration… pour un portefeuille.
– Vous l'avez perdu ou on vous l'a volé ?
– Je pense qu'on me l'a volé.
– Vous pensez ou vous êtes sûr ?… Bon, on va faire une déclaration de vol. Installez-vous. Je vais prendre des notes. Nom, prénom, adresse…
– Bourgeais, Jean-Pierre, 145 avenue de Versailles, 75016 Paris.
– Alors, où est-ce que ça s'est passé ?
– Je ne sais pas exactement. Je me suis promené cet après-midi. Je suis allé dans le quartier de l'Opéra et sur les grands boulevards.
– Bon, ce n'est pas très précis. Quand avez-vous réalisé que vous n'aviez plus votre portefeuille ?
– Euh, j'ai acheté un pain au chocolat à 16 heures, je l'avais… Et ensuite, quand j'ai voulu payer mon ticket de métro une heure plus tard, je ne l'avais plus.
– Vous avez vu le voleur ? un suspect ? Vous avez noté un comportement étrange à la boulangerie… quelqu'un autour de vous ?
– Non non.
– Bon… Qu'est-ce qu'il y avait dans ce portefeuille ?
– Mon passeport, ma carte d'identité, de l'argent (environ 25 euros), ma carte bleue, tout quoi…
– Vous partiez en voyage ?

– Non, pourquoi ?
– Ce n'est pas la peine de vous déplacer avec votre passeport et votre carte d'identité… Maintenant, vous devez tout refaire. Autre chose à signaler ?
– Non, mais je fais comment maintenant ?
– Vous lisez, vous signez là, en bas de la feuille… et après, vous allez faire refaire vos papiers avec cette déclaration.

activité 191
– Bonjour, je voudrais envoyer ce livre.
– Bonjour. Vous avez le poste-livre qui est un paquet spécial.
– Combien ça coûte ?
– 4 euros pour ce format.
– Très bien, mais c'est possible de l'envoyer à l'étranger ?
– À l'étranger… Ah, je ne sais pas… Je vais me renseigner… Personne ne sait !
– Bon alors, je ne sais pas comment faire. Qu'est-ce que vous me conseillez ?
– À mon avis, vous pouvez l'envoyer dans le poste-livre. Et vous écrivez bien votre adresse. Si le paquet est perdu, il est renvoyé en France.
– Je vais suivre vos conseils.
– C'est tout ce qu'il vous fallait ?
– Non, je vais prendre aussi un carnet de timbres.
– Alors avec les timbres, cela vous fera 8,30 euros.
– Tenez. Merci, au revoir.
– Au revoir.

activité 192
– Bonjour, on vient d'arriver avec ma femme et les enfants et on cherche un terrain de camping. On voudrait louer un bungalow pour une semaine.
– Bonjour, monsieur. Vous ne vous rendez pas compte. On est en plein mois d'août. Tous les terrains de camping sont complets. Enfin, il reste peut-être de la place dans les terrains de camping mais, pour un bungalow, cela m'étonnerait.
– C'est une catastrophe. Comment on va faire… avec 2 enfants en bas âge en plus… ? Où est-ce qu'on va dormir ?
– Il y a les hôtels et les chambres d'hôtes. Je peux vous donner la liste, si vous voulez.
– Mais c'est beaucoup plus cher !
– Oui, monsieur, mais vous n'avez pas réservé votre bungalow, alors… Il ne faut pas vous étonner. Ici, les réservations se font en janvier-février pour le mois de juillet, alors…
– Les gens sont prévoyants… Plus que nous… Bon,

12 • Exercice en interaction

je vais prendre la liste des hôtels et des chambres d'hôtes mais je crois que nous allons devoir écourter nos vacances. Merci, madame.
– Je vous en prie, monsieur. Bonne journée et bonnes vacances dans notre belle région.

activité 196
– Bonjour. Je viens d'emménager et j'aurais besoin de quelques informations.
– Oui, bonjour. Je vous souhaite la bienvenue. Que voulez-vous savoir ?
– J'aimerais faire du sport. Est-ce que vous avez une liste des clubs de sport ?
– Oui, bien sûr… Tenez… il y a de tout. Sport collectif ou individuel ?
– Eh bien volley pour mon fils Damien, karaté pour ma fille Julie, aquagym pour ma femme, et moi, planche à voile et hockey sur glace.
– Eh bien, vous êtes une famille de sportifs. La ville propose tous les sports sauf le hockey sur glace. La patinoire est en travaux depuis un an déjà… Elle réouvrira en septembre prochain.
– Tant pis, je choisirai un autre sport. Euh, sinon, dites-moi où se trouve le centre-ville ? Et la zone commerciale ?
– Attendez, je sors un plan… Vous voyez, le centre-ville est ici… et le centre commercial… là.
– D'accord, je vois. Sinon, je cherche une école de langue. Ma femme veut apprendre le chinois…
– Alors, il y a l'université bien sûr… euh, Lingua-School, mais je ne suis pas sûre qu'ils proposent le chinois, et l'école municipale.
– Merci. Et pour faire une visite de la ville avec un guide, c'est possible ?
– Oui, il y a des visites de deux heures, chaque jour, départ à 14 heures devant l'office de tourisme. Vous êtes intéressé ?
– Oui, bien sûr. Euh, demain, c'est possible ?
– Oui, je vous inscris. Vous êtes monsieur ?
– Colibri, comme l'oiseau.
– C'est noté. Vous avez d'autres questions ?
– Non, je pense que c'est bon. Merci pour toutes ces informations. Bonne journée, au revoir.
– Au revoir et bonne visite demain.

activité 197
– Bonjour, mademoiselle Vauzel. Je viens vous voir pour le loyer.
– Bonjour, monsieur.
– Une fois de plus, je viens vous demander le chèque du loyer.
– Oui, monsieur. Je suis désolée, je suis un peu en retard ce mois-ci.
– En retard, vous plaisantez. On est le 9 du mois.
– Oui, je sais, je suis confuse. Mais je n'ai pas encore été payée.
– Je ne veux pas le savoir. Vous devez payer votre loyer le 2 de chaque mois, mais pas le 10 ou le 15. Si tout le monde faisait comme vous…
– Je sais… Je sais… Je peux vous payer demain ?
– Ah non, vous payez aujourd'hui.
– Mais je n'ai pas mon chéquier, je l'ai oublié chez des amis la semaine dernière. Je les vois ce soir.
– Bon d'accord, je reviens demain matin… Mais c'est la dernière fois que j'accepte un retard.
– Merci, monsieur. Bonne journée.
– Au revoir.

activité 198
– Alors, qu'est-ce qu'on va leur offrir ?
– Je ne sais pas du tout. Je n'ai pas beaucoup d'idées. Il faut un beau cadeau…
– Un cadeau qui reste…
– Oui, bien sûr… un cadeau pour la vie… Pourquoi pas un vase ?
– Oh non… Ce n'est pas une bonne idée, tout le monde peut offrir un vase… Il faut un cadeau plus personnel.
– Oui, tu as raison… Alors qu'est-ce que tu proposes ?
– Pourquoi pas de l'argent pour un voyage ?
– Oh non, ce n'est pas « personnel », comme tu dis… Et si on leur offrait un arbre, témoin de leur amour… ?
– Oui, bonne idée… Mais quel arbre alors ?
– Je ne sais pas moi… Un olivier ou un chêne… C'est solide et ça peut durer des générations.
– D'accord, va pour un olivier… C'est un cadeau très original… Beau… et en plus personnel… On pourra mettre un mot amusant : « Sandra et Olivier : voici un olivier témoin de votre amour, tout comme nous » !
– Super… Excellente idée !

CORRIGÉS
COMPRÉHENSION ORALE

1- Comprendre des annonces et des instructions orales

activité 1
1. b. – 2. a. – 3. c. – 4. b.

activité 2
a. 4 – b. 6 – c. 2 – d. 5 – e. 1 – f. 3.

activité 3
Arrivées/départs des TGV : **annonces 3, 5 et 6.**
Arrivées/départs d'autres trains : **annonces 1 et 8.**
Autres sujets : **annonces 2, 4 et 7.**

activité 4
1. b. – 2. b. – 3. a. – 4. a. – 5. b. – 6. a. – 7. b. – 8. a.

activité 5
a. voie B – b. voie D – c. voie A – d. voie C – e. voie A – f. voie A – g. voie A – h. voie C.

activité 6
1. c. – 2. a.

activité 7
Annonce 1 : a. ; d. ; f. ; h. – Annonce 2 : b. ; c. ; e. ; g.

activité 8
Vrai : b. ; d. ; f. – **Faux :** a. ; c. ; e.

activité 9
Annonce 1 : b. – Annonce 2 : a. – Annonce 3 : c.

activité 10
Annonce 1 : a. Airbus A330 – **b.** Athènes – **c.** attacher ; redresser.
Annonce 2 : a. 10 500 mètres – **b.** – 45° centigrades – **c.** 17h45 (heure locale).
Annonce 3 : a. rester assis ; garder sa ceinture attachée – **b.** aux chutes d'objets au moment de l'ouverture du coffre à bagages – **c.** 14h25.

activité 11
Rez-de-chaussée : f. ; h. – **1ᵉʳ étage :** b. ; e. – **2ᵉ étage :** c. ; g. – **3ᵉ étage :** a. ; d.

activité 12
Vrai : a. ; e. ; f. – **Faux :** b. ; d. ; h. – **On ne sait pas :** c. ; g.

activité 13
1. **a.** Tous les matins – **b.** Cuisine info – **c.** La mousse au chocolat – **d.** La tarte au citron.
2. **a.** chocolat à dessert ; 80 g – **b.** œufs ; 6 – **c.** sel ; 1 pincée – **d.** beurre ; 50 g – sucre en poudre ; 80 g.

activité 14
a. faites fondre – b. ajoutez – c. laissez refroidir – d. cassez – e. séparez – f. ajoutez – g. battez – h. mélangez – i. ajoutez – j. mettez.

activité 15
1. b. – 2. a. – 3. a. – 4. a.

activité 16
Vrai : a ; c. ; d. ; g. ; h. – **Faux :** b. ; e. ; f.

activité 17
1. a. – 2. b. – 3. c. – 4. b.

activité 18
1. a. – 2. b. – c. b. – 4. a. – 5. b.

activité 19
1. **a.** suivre – **b.** prendre – **c.** tourner – **d.** arriver (être arrivé) – **e.** entrer.
2. **a.** tout droit – **b.** à gauche – **c.** à droite.

activité 20
1. te faire mal aux yeux – 2. te brûler et tu abîmeras l'ampoule – 3. les mains mouillées – 4. 20 cm au moins – 5. aux fils électriques.

activité 21
1. **a.** se déplacer sur l'eau ; atteindre une grande vitesse – **b.** 1,5 à 2 millions – **c.** avoir une bonne technique, avoir le sens de l'équilibre.
2. Conseils 1 : vérifier –2 : avoir –3 : porter –4 : porter –5 : savoir (nager) – 6 : mettre – 7 : connaître – 8 : avertir – 9 : emporter – 10 : (ne pas) aller (trop loin).

activité 22
Conseils pour la tenue : avoir de bonnes chaussures qui ne glissent pas ; porter une combinaison s'il fait froid ; porter une casquette et des lunettes s'il y a du soleil ; porter un gilet de sauvetage.
Conseils de prudence : vérifier le matériel ; savoir bien nager ; connaître les courants et la météo ; aver-

tir quelqu'un de ses sorties et ne pas partir seul ; emporter à boire ; ne pas aller trop loin en mer.

2- Comprendre des émissions de radio et des enregistrements
activité 23
1. a. – **2.** b. – **3.** a. – **4.** b. – **5.** a.

activité 24
Vrai : b. ; d. ; e. – **Faux :** a. ; c.

activité 25
a. 3 – **b.** 1 – **c.** 5 – **d.** 4 – **e.** 2.

activité 26
Les mots à rayer sont : **Formule 1 :** passion ; fantastique – **Formule 2 :** désir ; décor ; artistique.

activité 27
1. d. – **2.** c. – **3.** a. – **4.** d. – **5.** d. – **6.** b. – **7.** a. – **8.** b.

activité 28
1. b. – **2.** a. – **3.** c. – **4.** b. – **5.** a.

activité 29
a. Radio bleu – **b.** Protéger les enfants avec un chapeau et de la crème – **c.** 22° – **d.** 34° – 13h15.

activité 30
1. a. – **2.** c. – **3.** b. – **4.** c. – **5.** b.

activité 31
1. Genres : **2.** d. – **3.** e. – **4.** b. – **5.** a.
2. Chaînes : **2.** France 2 ; 20h45 – **3.** France 3 ; 20h30 – **4.** Canal + ; 21h – **5.** M6 ; 21h30.

activité 32
a. la Journée internationale – **b.** 1910 – **c.** les Nations unies – **d.** donner aux femmes les mêmes droits que les hommes – **e.** de 20 à 30 % – **f.** plusieurs dizaines de pays – **g.** de faire certains métiers – **h.** sortir.

activité 33
1. a. – **2.** a. – **3.** b. – **4.** b. – **5.** b. – **6.** a.

activité 34
1. a. le 31 juillet – **b.** les difficultés de la circulation routière (départs et retours de vacances) – **c.** parce qu'il y aura des bouchons (journée noire et rouge) – **d.** 15 millions – **e.** dans le sens des départs.
2. 1. b. – **2.** a. – **3.** a. – **4.** a. – **5.** a.

3. a. 130 km/h sur autoroute et 90 km/h sur route – **b.** Respecter les distances entre les voitures de 40 à 90 m – **c.** Ne pas rouler plus de 2 heures sans s'arrêter – **d.** Attacher sa ceinture à l'arrière comme l'avant – **e.** Prévoir des boissons fraîches surtout pour les enfants.

activité 35
1. a. France 6 TV achat – **b.** Aqua minceur ; fait maigrir – **c.** en bouteilles d'un demi-litre – **d.** de 3 à 6 kilos – **e.** en France et en Suisse.
2. a. Femmes : rose ; hommes : bleu – **b.** Femmes : cerise ; hommes : citron – **c.** Femmes : de 1 à 2 bouteilles ; hommes : de 2 à 3 bouteilles – **d.** Femmes : deux fois 8 jours ; hommes : une fois 10 jours – **e.** Femmes : 41 euros ; hommes : 51 euros.

activité 36
a. théâtre – **b.** opéra – **c.** musique classique – **d.** musique classique – **e.** photographie – **f.** jazz – **g.** chanson – **h.** arts de la rue.

activité 37
a. juillet – **b.** on ne sait pas – **c.** juin – **d.** août – **e.** août – **f.** on ne sait pas – **g.** on ne sait pas – **h.** juillet – **i.** on ne sait pas – **j.** juillet.

3- Comprendre une conversation entre locuteurs natifs
activité 38
1. a. – **2.** b. – **3.** b. – **4.** a. – **5.** b.

activité 39
Vrai : b. ; e. ; g. – **Faux :** a. ; c. ; f. – **On ne sait pas :** d. ; h.

activité 40
Mots et expressions employés : a. ; b. ; e. ; f. ; i. ; j. ; m.

activité 41
1. La Roseraie – **2.** Parce que sa fille a mal à la gorge – **3.** le docteur Bertin – **4.** jusqu'à lundi matin – **5.** à 14h15.

activité 42
1. a. le petit déjeuner dans la chambre – **b.** le 424 – **c.** la personne de la réception – **d.** deux personnes – dans 10 minutes (environ).
2. a. pain (tartines) – **b.** céréales – **c.** thé – **d.** fromage – **e.** beurre – **f.** café – **g.** jus d'orange – **h.** œuf – **i.** lait – **j.** croissants – **k.** confiture – **l.** miel.

CORRIGÉS COMPRÉHENSION ORALE

activité 43
1. a. restaurant Les saisons – **b.** pour ce soir ; dîner ; 20h30.
2. Vrai : a. ; d. – **Faux :** b. ; c. ; e.

activité 44
1. c. – **2.** a. – **3.** a. – **4.** a. – **5.** b.

activité 45
1. 1. peut – **2.** 65 euros – **3.** avec – **4.** 10 septembre – **5.** à la Maison des langues.
2. a. test ; épreuve – **b.** se passer ; se dérouler – **c.** régler – **d.** tarif.

activité 46
1. a. de cours assez tard – **b.** dîné chez Pierre – **c.** au cinéma à la séance de 10h30 – **d.** un verre à la Brasserie de la gare – **e.** chez elle à 1 heure du matin.
2. a. De battre mon cœur s'est arrêté – **b.** Julie a trouvé le film bien. – **c.** Pierre n'a pas beaucoup aimé. – **d.** Le film est sorti il y a deux mois. – **e.** Comment la musique et l'amour d'une femme peuvent aider un homme à changer et à devenir meilleur.

activité 47
A. 1. b. – **2.** a. – **3.** c. – **4.** b. – **5.** c.
B. a. On a pris un verre – **b.** Je suis rentrée chez moi – **c.** C'est de qui ? – **d.** à peu près – **e.** l'histoire – **f.** Les acteurs sont très bons. – **g.** l'amour – **h.** devenir meilleur.

activité 48
1. Logement : 1. habiter – **2.** appartement – **3.** maison – **4.** déménager – **5.** immeuble – **Télévision : 1.** abonnement – **2.** parabole – **3.** boîtier numérique – **4.** programmes – **5.** bouquet – **6.** chaînes.
2. 1. b. – **2.** a. – **3.** b. – **4.** b.

activité 49
a. Avoir des renseignements sur une offre vue dans une publicité à la télévision. – **b.** Elle demande s'il habite dans un appartement ou une maison particulière. – **c.** Oui, son immeuble est équipé d'une parabole. – **d.** Dans deux mois. – **e.** D'une parabole. – **f.** Dans une boutique qui porte l'indication Canal-Sat. – **g.** Cent chaînes. – **h.** Il va aller chercher le matériel tout de suite.

activité 50
1. Vrai : a. ; b. ; e. ; g. – **Faux :** c. ; d. ; f. ; h.
2. a. J'ai pensé qu'on pourrait aller à la mer. – **b.** Hum, c'est une excellente idée. – **c.** Je peux réserver deux nuits dans le même hôtel que l'an dernier. – **d.** Tu veux dire l'Hôtel du port ? – **e.** Je vais réserver tout à l'heure… – **f.** Noël : … En sortant du bureau je passe te prendre à la maison. – **g.** Moins d'une heure et demie. – **h.** Dimanche, on repartira en fin d'après-midi…

ÉPREUVES TYPES

➤ Activité 51
exercice 1
1. 1. b. – **2.** b. – **3.** a.
2. Vrai : a. ; c. – **Faux :** b. ; d.

exercice 2
1. 1. b. – **2.** c. – **3.** b. – **4.** a.
2. Vrai : a. ; c. – **Faux :** b. ; d.

exercice 3
1. Depuis au moins un mois. – **2. a.** Pour le congrès des professeurs de français ; **b.** Pour prendre des vacances. – **3.** Une dizaine de jours. – **4.** Elle a visité : **a.** le Québec ; **b.** les Grands Lacs. – **5.** Pour voir des amis. – **6.** Deux semaines. – **7.** Il a visité le pays et est allé à la pêche. – **8.** La semaine prochaine (suivante).

CORRIGÉS COMPRÉHENSION ÉCRITE

COMPRÉHENSION ÉCRITE

1- Lire des instructions

activité 52
1. 1. d. – 2. e. – 3. g. – 4. h. – 5. b. – 6. c. – 7. a. – 8. f. – 1. Insérez votre carte et composez votre code confidentiel. – 2. Laissez l'appareil refroidir quelques minutes avant de l'éteindre. – 3. Prendre 2 comprimés matin et soir pendant 3 jours. – 4. Ajoutez 10 cl de champagne et 2 cl de jus de citron. – 5. Gardez votre calme. Donnez l'alarme en appelant le 3333. – 6. Veuillez indiquer au verso les réparations nécessaires dans votre chambre. – 7. Composez le numéro de téléphone de votre correspondant précédé de l'indicatif. – 8. Vous allez entendre trois petits dialogues. Associez chaque situation à une image.
2. 1. h – 2. c – 3. a – 4. e. ; g. – 5. i. – 6. b. – 7. f. – 8. d.
3. 1. carte ; code confidentiel – 2. appareil ; éteindre – 3. comprimés – 4. champagne ; jus de citron – 5. calme ; alarme – 6. votre chambre – 7. numéro de téléphone ; correspondant ; indicatif – 8. entendre ; dialogue ; associez ; image.

activité 53
2. 1. C. – 2. A. – 3. B.
3. 1. d. – 2. b. – 3. g. – 4. a. – 5. e. – 6. c. – 7. f.
4. **Vrai** : a. ; e. – **Faux** : b. ; c. ; d.

activité 54
1. **a.** Introduisez la carte – **b.** Attendre un peu – **c.** Raccrochez – **d.** Mauvais numéro. Raccrochez SVP. – **e.** Décrochez – **f.** Retirez votre carte – **g.** Faites le numéro.
2. **Opérations réalisées pour téléphoner :**
a. raccroche le combiné – compose le numéro – retire sa carte – 15 unités – reprend sa carte – décroche le combiné. – **b.** sur l'écran – 6 unités – introduit sa carte – décroche le combiné – raccroche. – **c.** prend sa carte – l'introduit dans l'appareil – le nombre d'unités s'affiche – compose le numéro – raccroche – reprend sa carte.
Ne correspondent pas : a. et b.

activité 55
1. **a.** 1 – **b.** 3 – **c.** 4 – **d.** 1 – **e.** 2 – **f.** 01 45 24 74 95.
2. **a.** sélection – **b.** continuer – **c.** enlever – **d.** augmenter le volume – **e.** refaire – **f.** numéro de téléphone.

activité 56
1. c.
2. d.
3. 00 + indicatif de votre pays + numéro de téléphone sans le zéro
4. Ordre : **c.** ; **d.** ; **a.** ; **b.** – **a.** parlez – **b.** numérotez – **c.** introduisez la carte – **d.** décrochez.

activité 57
1. 1. f. – 2. b. – 3. a. – 4. d. – 5. c. – 6. e.
2. a.
3. 1. a. – 2. e. – 3. X – 4. d. – 5. f.

activité 58
1. **Vrai** : d. ; e. – **Faux** : a. ; b. ; c.
2. **Interdit dans le parc** : a. ; b. ; c. ; d.
3. 1. b. – 2. a. – 3. b.

activité 59
1. c.
2. b.
3. **a.** l'alarme – **b.** l'extinction des feux – **c.** des extincteurs d'incendie – **d.** éteindre le feu – **e.** la fumée – **f.** un incendie est déclaré.
4. 1. b. – 2. c. ; j. – 3. d. – 5. e. – 6. f.
5. **Vrai** : a. ; b. ; d. ; f. ; h. ; i. – **Faux** : c. ; e. ; g.

activité 60
1. b.
2. d.
3. **a.** 1. Fonctionnalités – **b.** 2. Mise en marche – **c.** 3. Précautions d'emploi – **d.** 4. Nettoyage – **e.** 2. Réglage.
4. 1. a. – 2. Faux ; Position * : l'appareil démarre en soufflage d'air froid. – 3. Vrai ; Ne pas utiliser l'appareil près d'une baignoire. – 4. Vrai ; Ne pas laisser pénétrer d'eau à l'intérieur de l'appareil.

2- Lire pour s'orienter

activité 61
1. d. – 2. f. – 3. a. – 4. e. – 5. h.

activité 62
1. **a.** la Crêperie de Mélanie – **b.** Phénix d'or – **c.** La Turquoise – **d.** Delphes.
2. **a.** 01 45 77 33 88 – **b.** 01 47 00 38 14 – **c.** 01 43 54 20 15 – **d.** 03 27 249 248.
3. **a.** La Crêperie de Mélanie – **b.** La Turquoise.
4. Bastille.
5. rue Boisnet, à Angers.
6. 102, rue du Théâtre, 75015 PARIS.

CORRIGÉS COMPRÉHENSION ÉCRITE

activité 63
Document 1 : **1.** c. – **2.** Art' Coiff – **3.** le dimanche – **4.** non ; journée continue – **5.** a.
Document 2 : **1.** c. – **2.** d. – **3.** Le Duc d'Anjou – **4.** 1ᵉʳ mars 2005 – **5.** Virginie et Cyrille Martineau – **6.** non – **7.** en face de l'office de tourisme.

activité 64
1. Œufs durs mayonnaise – **2.** Salades – **3.** Salade mélangée – **4.** Lasagnes bolognaises – **5.** Steak au poivre poêlé pommes frites – **6.** Camembert – **7.** Desserts – **8.** Tarte aux fraises crème chantilly – **9.** Boissons.

activité 65
1. 1. dans le bus – **2.** dans un restaurant – **3.** à l'entrée d'un cinéma – **4.** dans un jardin public – **5.** sur la vitrine d'un magasin – **6.** dans un lieu public – **7.** sur un immeuble – **8.** au bord de l'eau – **9.** dans un café – **10.** sur la vitrine d'un magasin.
2. 1. Allez vers l'arrière du bus. – **3.** Un enfant de moins de 12 ans n' pas le droit de voir le film. – **5.** Tout est vendu à moitié prix. – **8.** On ne peut pas se baigner. – **10.** Fermeture pour les vacances.
3. a. 2 – **b.** 4 – **c.** 7 – **d.** 6.

activité 66
1. a. 2 – **b.** 4 – **c.** 1 – **d.** 3.
2. a. 4 ; je peux ; le début de la soirée est à 21 h. – **b.** 3 ; je ne peux pas ; les cours sont le jeudi de 18h30 à 20h30. – **c.** 2 ; je ne peux pas ; c'est une préparation aux concours administratifs. – **d.** 3 ; je ne peux pas ; c'est un cours pour débutant. – **e.** 1 ; je peux ; c'est gratuit avant minuit.

activité 67
1. a. – **2.** d. – **3.** c.
4. a. horaires – **b.** prix – **c.** durée du trajet – **d.** points de vente des billets – **e.** lieu de départ.
5. 7,32 euros. – **6.** 45 minutes. – **7.** de l'Opéra. – **8.** a. ; d. ; f. – **9.** 5h45. – **10.** 23 h. – **11.** Aérogare, terminal 1. – **12.** Aérogare, terminal 2A-2C.

activité 68
a. 1. – **b.** 4. – **c.** 2. – **d.** 11. – **e.** 7. – **f.** 5. – **g.** 8. – **h.** 5. ou 3. – **i.** 7. – **j.** 6.

activité 69
a. Médecins – **b.** Voyages – **c.** Vêtements – **d.** Musique – **e.** Chauffage – **f.** Sport – **g.** Immobilier – **h.** Enseignement – **i.** Maison – **j.** Automobiles garages.

activité 70
1. 1. h. – **2.** a. – **3.** c. – **4.** d. – **5.** g. – **6.** e. – **7.** f. – **8.** b.
2. a. 4. – **b.** 6. – **c.** 8. – **d.** 2. – **e.** 3. – **f.** 5. – **g.** 1. – **h.** 7.

activité 71
1. b. – **2.** c. – **3.** le 31 mai – **4.** partout, dans les immeubles – **5.** tout le monde / tous les voisins d'un immeuble – **6. a.** aller chercher les cartons d'invitation et les affiches – **b.** remplir les invitations – **c.** les déposer dans les boîtes aux lettres.

activité 72
1. c. – **2. A.** b. – **B.** n° 2 – **3.** b. ; f. ; g. – **4.** 10 – **5.** 4 – **6.** b. – **7.** d.

3- Lire pour s'informer et discuter

activité 73
1. étiquette de biscuits – **2.** bulletin météo – **3.** lettre – **4.** article de journal – **5.** critique de film – **6.** publicité – **7.** annonce.

activité 74
1. emploi – **2.** faits divers – **3.** transports – **4.** météo – **5.** étranger – **6.** faits divers – **7.** sciences et techniques – **8.** jeux – **9.** environnement – **10.** faits divers – **11.** transports – **12.** culture.

activité 75
1. a. – **2.** b. – **3.** du 9 janvier au 24 mars 2005 – **4.** entre 4 et 11 ans.

activité 76
1. c. ; musée, ce soir – **2.** e. ; Palais des Festivals, 3507 films – **3.** d. ; il s'appelle Farid Hamraoui, Il devient Mathieu Duval – **4.** b. ; la célèbre galette, fête son centenaire – **5.** a. ; réalisateurs, ces films, des films qui peuvent durer 1h30 ou bien 26 minutes.

activité 77
1. d. ; week-end à deux, court séjour – **2. a.** ; c. ; d. ; f. ; j. – **3.** Pornic – **4.** b. – **5.** b. – **6.** 46,60 euros – **7. a.** non – **b.** non – **c.** oui – **d.** oui ; deux nuits d'hébergement en chambre d'hôtes, hôtel ou résidence de tourisme – **e.** non ; une visite guidée – **8.** b. – **9.** à l'office de tourisme.

activité 78
1. une nouvelle ligne de TGV – **2.** c. – **3. a.** Paris-Strasbourg – **b.** Paris-Metz – **c.** Paris-Nancy – **d.** Strasbourg-Nantes – **4.** 3 heures – **5.** 5 heures – **6.** 320 km/h.

CORRIGÉS COMPRÉHENSION ÉCRITE

activité 79
1. a. les résultats d'une compétition d'aviron – **b.** Vivre à Angers n° 289, avril 2005 – **c.** les 19 et 20 mars, autour de l'île Saint-Aubin – **d.** aviron – **e.** une vingtaine d'équipages – **f.** Bordeaux, Dunkerque, Angers (angevine) et d'autres… – **g.** 15 km – **h.** 1h03 – **i.** 56 min 24 s.
2. texte n° 2.

activité 80
1. c. – **2.** d. – **3. a.** Adieu bouchons et embouteillages ! – **b.** ça taxe un max, budget moyen de 1700 euros, l'investissement de départ et le coût de la panoplie – **c.** vous arrivez à l'heure à vos rendez-vous – **d.** vous gagnez du temps – **e.** vous économisez les frais d'horodateur – **f.** (vous économisez) les contraventions.
4. 1700 euros.

activité 81
a. 3 – **b.** 4 – **c.** 7 – **d.** 9 – **e.** 8 – **f.** 6 – **g.** 1 – **h.** 2 – **i.** 5.

activité 82
1. d. – **2.** c. – **3.** b. – **4.** a. – **5.** b. – **6.** a. – **7.** d. – **8.** c. – **9.** a.

activité 83
1. un article de journal – **2.** Le Progrès – **3.** Patrick Veyrand – **4.** les sportifs, les gens qui font du ski – **5.** c. – **6.** le ski – **7.** proposer des journées de ski avec transport en car. – **8. a.** moyen de transport ; déroulement du voyage ; distraction proposée en route ; type d'activité proposée. – **b.** prix ; moyen de transport ; destination ; heures de départ ; durée de la sortie. – **9. a.** ; **c.** ; **d.**

activité 84
1. c. – **2.** c. – **3.** Air France – **4.** du billet électronique – **5. a.** à l'agence de voyages ou auprès d'Air France – **b.** le numéro d'une carte de crédit ou d'une carte de fidélisation – **c.** les horaires des vols, les terminaux de départ, les heures limites d'enregistrement, les franchises bagages – **6. a.** téléphoner ; un simple coup de fil – **b.** non ; inutile de vous déplacer – **c.** non ; jusqu'au dernier moment.
7. a. 4 ; mémorisé par Air France – **b.** 3 ; modifier votre billet – **c.** 5 ; lorsque vous voyagez sans bagages – **d.** 2 ; les franchises bagages – **e.** 4 ; sans risque de perte.

activité 85
1. Libération – **2.** libération.fr – **3.** Matthieu Goar – **4.** les sacs plastiques jetables – **5.** e. – **6.** c. – **7. a.** 15 milliards – **b.** 20 minutes – **c.** 400 ans – **d.** 83%. – **8.** de sacs-poubelles – **9.** b. – **10.** les animaux marins.

activité 86
1. d. – **2.** Le Nouvel Observateur – **3.** c. – **4.** français – **5.** à Rennes (Bretagne) – **6.** 1979 – **7. a.** Chine ; Pékin ; parc Chaoyang – **b.** samedi 18 et dimanche 19 juin 2005 – **c.** 2 jours – **d.** techno-pop – **e.** environ 3000.

activité 87
1. a. 1. – **b.** Renault – **c.** la Logan – **d.** 1. – **e.** le 9 juin 2005.
2. a. en Roumanie, à Pitesti – **b.** l'usine Dacia – **c.** 7500 euros – **d.** 5000 euros.
3. a. la Fiat Seicento – **b.** 4,25 m – **c.** hauteur.

4- Comprendre la correspondance
activité 88
1. proposition n° 2.

activité 89
1. Nom et adresse de l'expéditeur – **2.** Nom et adresse du destinataire – **3.** Date – **4.** Objet de la lettre – **5.** Formule d'appel – **6.** Corps de la lettre – **7.** Formule de clôture/de politesse – **8.** Nom et signature.

activité 90
Formules d'appel : 1, 3, 10, 11 – **Formules de clôture :** 2, 4, 6, 9 – **Autres :** 5, 7, 8, 12.

activité 91
Objets de lettres : 1, 2, 4, 7, 9, 10, 11 – **Autres :** 3, 5, 6, 8, 12.

activité 92
Donner des nouvelles : 7, 9, 10 – **Demander des nouvelles :** 1, 5 – **Inviter :** 3 – **Demander un service :** 6, 12 – **Proposer :** 4 – **Refuser :** 2 – **Remercier :** 11 – **Féliciter :** 8.

activité 93
a. 2, 7 – **b.** 5 – **c.** 6 – **d.** 4 – **e.** 1, 3.

activité 94
1. Hiroyuki Ishida – **2.** Axelle Lavalette – **3.** Alliance française de Lyon – **4.** de Tokyo – **5.** a. – **6.** d.

activité 95
1. c. – **2.** c. – **3.** un client – **4.** a. – **5.** 20 septembre.

CORRIGÉS COMPRÉHENSION ÉCRITE

activité 96
1. b. – 2. b. – 3. c. – 4. c.

activité 97
1. Michel Denizou – 2. Paul Durey – 3. a. – 4. c. – 5. 2 mois – 6. payer son abonnement au journal.

activité 98
1. a. – 2. Ma petite Magali – 3. a. – 4. faux ; chez mes parents – 5. c. – 6. On pourrait passer la soirée ensemble.

activité 99
1. janvier – 2. professeurs de – 3. tout va bien – 4. c'est intéressant – 5. prochain, les 5 et 6 février – 6. sur la Constitution européenne – 7. Je resterai 2 ou 3 nuits, pas plus. – 8. te voir, si tu es là. – 9. voir bientôt à Paris. – 10. Amicalement.

activité 100
1. Clémentine – 2. a. – 3. Maïté – 4. b. – 5. en Irlande – 6. hébergement, moyen de transport, climat, prix du voyage.

activité 101
1. b. – 2. d. – 3. c. – 4. A7 ; B2 ; C6 ; D5 ; E1 – 5. message n° 2.

activité 102
1. c – 2. d. – 3. b. – 4. Saint-Lager, dans le Beaujolais – 5. de venir la voir – 6. non.

activité 103
1. en Allemagne – 2. non – 3. c. – 4. quatre – 5. Böbligen – 6. b. – 7. d. – 8. c. ; d. ; e.

activité 104
1. Chère Anne, cher José – 2. Grosses bises – 3. Sonia et Chris Garnier, 3 avenue de la Plage, 34430 PALAVAS-LES-FLOTS – 4. c. – 5. le 4 septembre à 17 h – 6. buffet antillais, danse – 7. une promenade à cheval sur la plage – 8. oui.

ÉPREUVES TYPES

➤ Activité 105
Exercice 1
1. d – 2. h – 3. b – 4. g – 5. e.

Exercice 2
1. À Angers, près de l'Université catholique, rue de Rivoli. – 2. 527 + 50 = 577 euros – 3. 2 pièces – 4. un séjour et une chambre – 5. au gaz – 6. 50 m2.

Exercice 3
1. un article de journal – 2. a. – 3. a. Faux ; ils consomment moins de cigarettes – b. Faux ; deux fois moins de fumeurs chez les 12-19 ans – c. Faux ; 4,9 millions de personnes meurent chaque année à cause du tabac – d. Faux ; l'âge de la première cigarette est 11 ans. – 4. a. augmentation du prix des cigarettes ; b. les moins de 16 ans n'ont pas le droit d'acheter des cigarettes ; c. les dangers du tabac sont expliqués dans des campagnes de publicité. – 5. le 31 mai.

Exercice 4
1. a. – 2. a. – 3. faux ; stage théâtre – 4. entre 8 h et 9h30 – 5. b.

➤ Activité 106
Exercice 1
a. 5 – b. 6 – c. 4 – d. 2 – e. 1.

Exercice 2
Société : 2 – Culture : 5 – Politique : 6 – Économie : 3 – Environnement : 1 – Sports : 4.

Exercice 3
1. b. – 2. c. – 3. a. Faux ; 74% des jeunes estiment ne pas être suffisamment informés par le journal télévisé. – b. Vrai ; La presse gratuite est jugée inférieure aux journaux payants. – c. Faux ; 78% des jeunes déclarent que les journaux sont plutôt simples à lire. – d. Vrai ; ils sont en demande de sujets qui les concernent plus directement. – e. Faux ; les jeunes n'ont pas de grief particulier contre la presse écrite.

Exercice 4
1. c ; – 2. d. – 3. au lac des Sapins, le 21 juin à 18h30 – 4. faux ; nous occupons des boissons. – 5. le 15 juin.

20 • Épreuves types

CORRIGÉS PRODUCTION ÉCRITE

PRODUCTION ÉCRITE

Objectifs de courriers

activité 107
a. féliciter – b. inviter – c. informer – d. demander des informations.

activité 108
Formel : 1. ; 2. ; 4. – **Informel :** 3. ; 5. ; 6.
a. 4. – b. 3. – c. 2. – d. 6. – e. 5. – f. 1.

activité 109
a. demande de catalogue – b. demande d'aide – c. demande de remboursement – d. merci – e. rendez-vous – f. règlement du loyer.

Inviter / répondre à une invitation

activité 110
Invitation : b. ; d. ; g. ; h. – **Réponse positive :** c. ; f. ; i. – **Réponse négative :** a. ; e. ; g.

activité 111
Courriel professionnel – Manière formelle.
Proposition :
Michel,
Je dois commencer par vous présenter toutes mes félicitations pour votre mutation. Nous avons passé de belles années ensemble. Je sais que vous allez quitter notre établissement à regret et nous vous regretterons aussi.
Je vous remercie pour votre invitation mais je ne pourrai malheureusement pas être disponible pour votre pot de départ. En effet, je serai vendredi 24 juin en déplacement à Paris.
Je vous souhaite bonne chance pour votre nouveau poste.
Cordialement.
Marc Davet

activité 112
Christelle – Courriel informel.
Proposition :
Christelle,
Ce sera une belle surprise pour Dominique ! Elle veut partir sans bruit… eh bien, elle va être surprise ! Je participe volontiers au cadeau de départ. Où sera l'enveloppe ? Un bijou est une bonne idée, elle pourra l'emmener dans ses bagages !
Mais je ne suis pas là vendredi après-midi, je suis en rendez-vous à l'extérieur.
S'il y a une carte, je lui écrirai un petit mot.
Bon courage pour l'organisation de la surprise. Et… chut !
Magali

activité 113
Proposition :

À tous les étudiants du bâtiment B

Déjà 6 mois… Je suis ici depuis 6 mois… et je repars déjà chez moi dans une semaine. Pour ne pas partir sans dire au revoir à tout le monde, j'organise une soirée d'adieu.

Que faites-vous le
jeudi 26 mai à partir de 21 heures ?
RIEN ? C'est faux ! Vous venez fêter mon départ.
La fête aura lieu dans la
salle commune du bâtiment B.

Venez nombreux… et avec une bouteille ou des gâteaux.
À jeudi.
Claudia

activité 114
Proposition :
Après un déménagement difficile… Mille cartons à transporter… Merci à tous pour m'avoir aidée à les porter !
Les cartons sont maintenant déballés. Je vous invite donc à fêter mon installation dans ce superbe appartement le samedi 24 mars à partir de 19 heures.
Voici ma nouvelle adresse : 25 rue Surcouf, 50100 Cherbourg. C'est juste en face du restaurant La Gourmandine.
À très bientôt.
Agnieska
PS : Et si vous pouvez venir avec une bouteille de vin ou de jus de fruits, c'est encore mieux !

activité 115
Proposition :
Alexandra,
Manuel Scorta vient dans les Pays de la Loire. J'ai lu dans le journal qu'il fait une répétition publique au Grand Théâtre d'Angers ce soir à 18h30. Je sais que tu adores le classique.
J'espère que tu es disponible pour venir avec moi. J'attends ta réponse.
Kristina

Inviter / répondre à une invitation • 21

CORRIGÉS PRODUCTION ÉCRITE

activité 116
Proposition :
Samedi prochain, c'est l'anniversaire de Simon et Amel.
J'organise une fête surprise pour eux.
La soirée se déroulera à l'atelier 112.
Ils ne veulent pas de cadeaux mais… une surprise les attendra.
Bisous.
À samedi. Je compte sur vous.
PS : Merci de me dire si vous venez et si vous participez au cadeau.

2 Féliciter / remercier

activité 117
Proposition :
C'est avec un peu de retard que nous adressons nos félicitations aux parents pour cet heureux événement et tous nos vœux à la petite Alix qui vous apportera beaucoup de joie et de bonheur.
Nous passerons bientôt à Vienne et serions ravis de faire la connaissance d'Alix.
Bises à tous les trois.
Henriette et Jean-Charles

activité 118
Propositions :
a. Pierre et Marie-José,
Nous venons de recevoir le faire-part de mariage de votre fils. Quel bonheur cela doit être pour des parents de marier son enfant !
C'est avec plaisir que nous acceptons l'invitation au mariage.
Nous souhaiterions également offrir un cadeau aux heureux mariés en participant à la liste de mariage. Merci de nous indiquer où nous pouvons déposer notre cadeau.
Cordialement.
Christian et Christiane Lemarchand
b. Pierre et Marie-José,
Nous venons de recevoir le faire-part de mariage de votre fils. Quel bonheur cela doit être pour des parents de marier son enfant !
Nous ne pouvons malheureusement pas nous libérer pour le mariage. Nous sommes déjà invités au mariage de notre filleul. Mais nous souhaiterions offrir un cadeau aux heureux mariés en participant à la liste de mariage. Merci de nous indiquer où nous pouvons déposer notre cadeau.
Cordialement.
Christian et Christiane Lemarchand

3 Demander de l'aide / donner des consignes

activité 119
Proposition :
Bonjour à tous.
Dans deux semaines, je déménage à l'autre bout de la ville. Et pour m'installer dans mon nouvel appartement, j'ai besoin de « bras ». Eh oui, j'ai besoin d'aide ! Alors, si vous êtes disponible le samedi 1er septembre… et que vous voulez bien m'aider à déménager, merci de me répondre très vite… Je dois m'organiser.
Venez nombreux…
Camille
PS : J'organise un apéritif pour les courageux le samedi soir.

activité 120
Proposition :
Pour le chat, les boîtes sont dans la cuisine. Il faut lui donner une demi-boîte chaque jour et changer son eau. Et je change la litière une fois par semaine, le jeudi.
Pour les plantes, il faut les arroser deux fois par semaine. La plante grasse à côté de la bibliothèque, c'est seulement un verre d'eau par semaine.
Pour les volets, il suffit de les bouger un peu chaque fois que tu viens… pour montrer qu'il y a du monde.

4 Informer / s'informer

activité 121
Tableau :
Annoncer que vous allez venir…
– Suite à votre visite, mon patron a décidé de poursuivre le travail et m'invite à venir travailler dans votre entreprise.
– Pour faire suite à votre visite, je vais également venir dans votre entreprise pendant deux semaines pour approfondir notre collaboration.
Demander de venir vous chercher…
– Pourriez-vous venir me chercher à l'aéroport le vendredi 6 décembre ? J'arrive à Nice par le vol n° 876 à 15h45.
– Serait-il possible que vous veniez me chercher à l'aéroport le vendredi 6 décembre ? Mon avion atterrit à Nice à 15h45, il s'agit du vol n° 876.
Donner des détails sur votre séjour…
– Le programme de mon séjour n'est pas encore établi mais je resterai 2 semaines dans votre pays et dois visiter tous les secteurs de votre entreprise.
– Je suis logé à l'hôtel.

– Je repartirai le vendredi 20 décembre.
– On travaillera ensemble la première semaine de ma venue.

Proposition :
Monsieur,
J'espère que vous êtes bien rentré de votre séjour. Suite à votre visite, mon patron a décidé de poursuivre le travail et m'invite à venir visiter votre entreprise. Le programme de mon séjour n'est pas encore établi mais je resterai 2 semaines dans votre ville et je dois visiter tous les secteurs de votre entreprise. Pourriez-vous venir me chercher à l'aéroport le vendredi 6 décembre ?
J'arrive à Nice par le vol 876 à 15h45.
Cordialement.
Patrick Dufroid

activité 122
Proposition :
Suite à notre conversation téléphonique, vous trouverez ci-joint le règlement de mon loyer pour le mois en cours.
Je vous prie de m'excuser pour le retard. Je suis parti en déplacement et je n'ai pas pensé à vous envoyer le loyer avant mon départ. À l'avenir, je ferai attention à régler les questions administratives avant mes départs en vacances. J'espère vivement que cet oubli ne troublera pas nos rapports. Je vous remercie de votre compréhension.

activité 123
Proposition :
Objet : changement d'adresse
Je vous écris pour vous signaler mon changement de domicile. Merci d'envoyer mon magazine *Francofan* à l'adresse suivante à partir du mois prochain :
    Samantha Dialez
    15 place du colonel Quéru
    48000 MENDE
J'en profite aussi pour vous féliciter pour votre magazine. C'est ma première année d'abonnement et je découvre des articles toujours très intéressants. J'apprends toujours quelque chose.
Merci encore.
Cordialement.

activité 124
Proposition :
Je vous informe par la présente que je souhaite résilier mon inscription à la médiathèque. Je suis inscrite depuis deux mois et je viens d'apprendre ma mutation à l'autre bout de la France. Je souhaite donc arrêter mon inscription et me faire rembourser.
Dans l'attente de recevoir votre remboursement, veuillez agréer, Monsieur, mes sincères salutations.

activité 125
Proposition :
Objet : annulation de commande
J'ai commandé un ouvrage il y a plus de deux semaines dans votre librairie et il n'est toujours pas arrivé.
J'ai vraiment un besoin urgent de ce livre et je ne pourrai pas attendre plus longtemps.
Aussi, je vous demande de bien vouloir annuler ma commande.
Recevez, Madame, Monsieur, mes salutations distinguées.

5 Donner son opinion

activité 126
1. **Opinion positive :** excellent, génial, original, intéressant, fascinant. – **Opinion négative :** long, ennuyeux, épouvantable.
2. **Opinion positive :** bons, exceptionnels, surprenants, formidables. – **Opinion négative :** mauvais, médiocres, décevants.

activité 127
Proposition :
C'était épouvantable. J'ai vu un film intitulé *Le Train*. C'est un film français. L'histoire du film était très banale. Le film était ennuyeux en partie parce que l'acteur principal était mauvais. L'histoire n'était pas très intéressante… C'était un film avec Rémi Châtelet, heureusement. Quel acteur formidable !

activité 128
Proposition :
Quel acteur formidable ! J'ai vu un film avec Rémi Châtelet. Il est surprenant. C'est un film français intitulé *Le Train*. Le film était fabuleux, en partie grâce au travail des acteurs. Et l'histoire, elle était très originale. Je n'ai jamais vu un aussi beau film !

activité 129
Proposition :
Je suis allé voir « le film de la semaine » conseillé par votre site. Quelle honte ! Vous n'avez pas le droit de conseiller des films pareils ! Vous volez notre argent !

CORRIGÉS PRODUCTION ÉCRITE

Le film était très mauvais : les acteurs ne jouaient pas bien… du tout ! Le film ne repose que sur des clichés !
Les effets spéciaux sont très bien mais le scénario n'est pas très intéressant et la fin est décevante !

activité 130
Proposition :
Je fais mes courses toutes les semaines depuis 10 ans dans votre magasin pour les prix, le choix et la qualité des produits. Mais depuis quelques mois, cela a bien changé.
– Il fait très froid dans votre magasin, si froid que les caissières ont des gants !
– Tous les produits sont dérangés : les étiquettes de prix ne correspondent pas. La semaine dernière, j'ai eu une différence de prix de 50 euros sur mon ticket de caisse !
– Attendre 30 minutes à la caisse, c'est inadmissible (même si je suis à la retraire) ! Faites quelque chose vite, sinon je change de magasin.

6 Décrire

activité 131
Illustration n° 1 : a. ; c. ; d. ; j. – **Illustration n° 2** : g. ; h. ; i. – **Illustration n° 3** : b. ; e. ; f.

activité 133
Proposition :
Le jeune homme au premier plan. Enfant, il était très mince. Tout le monde disait qu'il était « petit pour son âge ». Les enfants de son âge étaient toujours gentils avec lui car ils voulaient le protéger. Il voulait être chercheur d'or. C'était un enfant assez timide, solitaire, qui n'aimait pas la compagnie des garçons et encore moins celle des filles.

activité 134
Texte des vignettes (numérotées dans l'ordre de lecture) : **1.** J'en ai marre qu'on se moque de moi parce que je suis petit ! – **2.** Ouais ! Et moi, j'en ai assez qu'on rigole parce que je suis gros ! – **3.** Ben et moi alors ! Ça suffit avec cette discrimination stupide parce que je suis noir ! – **4.** – Je le dis haut et fort : c'est du racisme ! – Ouais ! Marre à la fin ! – Du racisme idiot et archaïque ! – **5.** [Un gros point d'interrogation dans chaque bulle.] – **8.** – L'enfer ! – Petit, gros et noir ! La vache ! Ça doit pas être évident tous les jours ! – Pfoulalaa !

activité 136
1. en français – **2.** de Marseille – **3.** faux – **4.** elle est curieuse – **5.** Pour en savoir plus sur votre pays : géographie, histoire, économie, traditions, différences avec la France.

activité 137
1. à Paris – **2.** dans votre pays – **3.** chez vous – **4.** la femme de sa vie – **5.** que vous lui présentiez du monde.
Exemples de motifs de refus :
1. On ne peut pas accueillir un inconnu pendant deux mois. – **2.** Patrick va trop vite. Il « brûle les étapes ». – **3.** Patrick est négatif. – **4.** Vous souhaitez discuter de vos passions.
Proposition de message :
Je cherche d'abord à rencontrer du monde… pour parler de nos pays, nos villes. Là, tu veux déjà venir chez moi ; c'est un peu rapide ! Et puis, pour rencontrer des femmes, tu peux aller sur des sites de rencontres. Je suis désolé mais je ne souhaite pas continuer à correspondre avec toi si tu veux seulement venir dans mon pays. Mais si tu veux discuter, pas de problème !

7 Raconter

activité 138
Témoignage n° 1 – **prénom** : Antoine – **âge** : ? – **particularité** : adopté – **souvenir d'enfance** : noms à donner. – **Témoignage n° 2** – **prénom** : Lucie – **âge** : 45 ans – **particularité** : maman âgée – **souvenir d'enfance** : la sortie du lycée – **Témoignage n° 3** – **prénom** : Thomas – **âge** : ? – **particularité** : famille nombreuse – **souvenir d'enfance** : garde des enfants.

activité 139
Ordre : 1. D. ; **2.** G. ; **3.** C. ; **4.** B. ; **5.** F. ; **6.** E. ; **7.** A.
Indicateurs de temps : en 1962 – Jusqu'à l'adolescence – Pendant un de ces voyages – il se tourne d'abord – avant de monter – en 1992 – Après un album – pendant deux ans – en 2001 – rencontre immédiatement le succès – puis marque une pause – en 2004.

activité 140
Propositions :
Tété est né le 25 juillet 1975 à Dakar au Sénégal. À 2 ans, ses parents divorcent, il emménage avec sa mère en France. À 15 ans, il reçoit sa première guitare par sa mère. Le jeune Sénégalais écrit et compose pour son groupe. Il décide rapidement de se lancer dans le métier, et part sur les routes de France. Il joue dans des petites salles ainsi que dans des bars. Il acquiert ainsi une grande expérience scénique.

En 1999, il est repéré par Sony/Epic avec ses amis Alberto Malo et Evy. Tété passe plusieurs mois à écrire « L'air de rien ». L'album de Tété sorti en janvier 2001 est un succès : le style est original à la fois funk, pop, blues et soul.

M, Mathieu Chédid, est né le 21 décembre 1971 à Boulogne-Billancourt. Son père est chanteur. Il a donc connu les studios d'enregistrement très jeune. Il a appris très vite la musique et a joué dans divers groupes. Il travaille sur des albums aux côtés d'artistes comme NTM ou Faudel. Il enregistre son premier album solo en 1997. « Le Baptême » trouve aussitôt son public grâce aux concerts. Avec « Je dis aime », M reçoit la Victoire de la Musique du meilleur artiste masculin et devient une figure incontournable du paysage musical français. Après un double live en 2001 et « Labo M1 », M sort « Qui de nous deux » en 2002, une très grande réussite musicale.

activité 141
Proposition :
Marjorie, avec sa belle robe blanche, a pleuré à la sortie de la mairie, les amoureux ont ouvert le bal avec une valse, le père de la mariée a fait un beau discours… Il y a eu des moments drôles : Marjorie a marché sur sa longue robe et elle est tombée. Heureusement, elle n'a pas eu mal !
Et un moment triste : à la fin de la soirée, James a dansé avec une autre femme pendant que Marjorie dormait… Bizarre !

activité 142
Ordre : 1. I – 2. C – 3. G – 4. D – 5. E – 6. A – 7. F – 8. B – 9. H – 10. K – 11. J – 12. M – 13. N – 14. L.

activité 144
La voyante a parlé : amour, santé, famille, voyage, rencontre.
Proposition :
D'après la voyante, je vais bientôt être très heureux. Un grand bonheur m'attend quelque part. Je vais bientôt rencontrer la femme de ma vie et lui déclarer mon amour (4). D'après la voyante, on va d'abord vivre des bons moments, partir en vacances, etc. (5). Puis, nous allons nous marier (3) et avoir des enfants (2). Mais à la fin de la rencontre, la voyante a parlé d'accident et d'hôpital (1), elle m'a vu sur un lit d'hôpital… ma femme à côté de moi…

activité 145
Événements : 2. J'ai joué aux cartes / j'ai gagné un voyage en jouant aux cartes – 3. J'ai rencontré des comédiens / j'ai participé à un stage de théâtre / J'ai assisté à une pièce de théâtre – 4. J'ai visité plusieurs pays d'Europe / je suis allé en/au + pays d'Europe – 5. J'ai fait du vélo / j'ai loué un vélo / J'ai eu un accident de vélo…
Proposition :
Mes vacances en Hollande
J'ai gagné un voyage en Hollande ! Par tirage au sort ! Quelle chance ! Le jour du départ, je n'y croyais toujours pas. Je suis parti visiter la Hollande et rejoindre les autres gagnants du jeu « Eurovoyageur ». Bien sûr, j'en ai profité pour visiter plusieurs pays d'Europe… Pendant les vacances, j'ai rencontré des gens fabuleux : une comédienne italienne, un couple de cyclistes belges et une joueuse de cartes espagnole.

activité 146
Proposition :
Tout d'abord, nous sommes allés au zoo. Depuis tout petit, j'adore les animaux et j'étais très heureux de voir les éléphants, les lions, les animaux « exotiques » pour moi. J'avais l'impression d'avoir 5 ans. Puis, je suis allé faire un vol en montgolfière. Quelles sensations ! Quel paysage magnifique ! La Terre vue du ciel, quelle magie ! C'était un moment inoubliable ! Et pour finir la soirée en beauté, nous sommes tous allés manger une pizza ! Nous avons bien ri !

activité 147
Proposition :
Je reviens d'un voyage dans le sud de la France. Je suis allé en avion jusqu'à Bordeaux puis j'ai circulé en voiture dans cette belle région. Je suis bien sûr allé me baigner dans l'océan Atlantique, à Arcachon. Il faisait beau, mais il y avait beaucoup de vent.
Puis, je suis descendu plus au sud pour les Fêtes de Bayonne. Il y avait du monde partout et même la fête dans les rues ! J'ai aussi assisté à une corrida. Je ne pouvais pas aller dans le sud de la France sans voir cette bizarrerie ! Il y a une ambiance dans les arènes… !

activité 148
1. *Proposition [Le texte comprend plus de 80 mots car tous les mots proposés ont été utilisés.] :*
Objet : retour catastrophique
Je suis enfin de retour à la maison après un voyage difficile. Tout d'abord, arrivé à l'aéroport, j'ai appris

CORRIGÉS PRODUCTION ÉCRITE

que les pilotes de ma compagnie étaient en grève. On m'a annoncé que je n'étais pas sûr de partir. Mon vol a été annulé mais j'ai été orienté vers un autre. J'ai donc pris un autre vol de la même compagnie à l'autre bout de l'aéroport… J'ai couru pour attraper mon avion. Et une fois installé, je me suis plaint auprès de l'hôtesse de l'air de la grève… Mais elle n'a rien répondu.
Pendant le trajet, mon voisin, un enfant de 3 ans, a renversé mon verre de champagne !
Et avec le changement de vol, je suis arrivé à 3 heures du matin, très en colère et très fatigué. Et en plus, j'ai attendu longtemps le métro, deux heures !
Voilà pour mes dernières aventures.

2. Proposition :
En effet, arrivé à l'aéroport, j'ai appris que les pilotes de ma compagnie étaient en grève. On m'a annoncé que je n'étais pas sûr de partir. Mon vol a finalement été annulé et j'ai été orienté vers un autre. J'ai donc pris un autre vol de la même compagnie à l'autre bout de l'aéroport… J'ai couru pour attraper mon avion. Et une fois installé, je me suis plaint auprès de l'hôtesse de l'air de la grève… Mais elle n'a rien répondu. Et avec le changement de vol, je suis arrivé à 3 heures du matin, très en colère et très fatigué. C'est inadmissible.

activité 149
Remise en ordre des vignettes de la planche [les vignettes sont numérotées dans l'ordre où elles apparaissent p. 144] :
1. Vignette 3.
2. Vignette 4 ; texte : – 'Jour M'Dame, c'est au sujet de la chambre… – Euh… Déjà loué ! Déjà loué !
3. Vignette 5 ; texte : – J'ai rien contre les Noirs (d'ailleurs, j'adore Eddie Murphy !) mais en avoir un sous mon toit, non merci ! – Hein, Minou ? – Miaou !
4. Vignette 6 ; sonnette
5. Vignette 7 ; texte : – Bonjour madame ! Nous avons vu l'affiche… Voici mon père et ma p'tite sœur, Amina… – Dé… Désolée ! Mais c'est déjà loué ! Euh… Héhé !
6. Vignette 8 ; texte : – Et enfin, un peu plus tard… – Voilà, le bail est signé. – Dieu merci ! Avec un bon petit gars bien de chez nous ! Je ne suis pas raciste mais, à mon âge, vous savez…
7. Vignette 1 ; texte : – Dites, ça ne vous dérange pas que mes copains viennent me rendre visite ? – Bien sûr que non ! Vous recevez qui vous voulez, jeune homme !
8. Vignette 2 ; sifflement.

activité 150
Propositions :
a. Amine,
Ça y est, j'ai trouvé une chambre. Cela n'est pas très difficile, surtout quand on est blanc, blond à lunettes. Je suis le locataire parfait. D'ailleurs, je vais habiter chez une vieille dame. Tu connais Georges et Nordine. Ils ont visité la chambre aussi. Mais la vieille dame leur a dit « c'est loué ». Et pour moi, elle a accepté tout de suite. Alors, quand elle m'a vu repartir avec eux après la signature… elle était plutôt surprise.

b. Amine,
Je n'ai toujours pas trouvé de chambre. Mais Patrick, lui, a trouvé ! Il va habiter chez une vieille dame. Il de la chance. C'est sûr, quand on est blanc, blond à lunettes, on trouve plus facilement ! J'ai visité sa chambre, mais la dame m'a dit « c'est loué ». Nordine aussi a visité, elle lui a dit la même chose… Mais quand Patrick est arrivé, elle souriait. 10 minutes après, le bail était signé !

activité 151
Proposition :
Un homme marchait sur le trottoir d'en face. Il avait une canne blanche : c'était un non-voyant. Au carrefour, l'homme s'est arrêté. Il a voulu aller tout droit, traverser le boulevard. J'ai tourné la tête et un instant plus tard, le feu était vert, l'homme à la canne était à terre, la jambe en sang. C'était atroce. Une femme sur une moto rouge a redémarré… Elle a renversé le non-voyant, c'est sûr !

activité 152
a. Du XIIe siècle. – **b.** Pour protéger la maison de la foudre et des pouvoirs maléfiques du diable. – **c.** Dans la plupart des pays d'Europe, et même au Canada, jusqu'à la fin du XIXe siècle. – **d.** Une pâtisserie. – **e.** Traditionnel, succulent.

ÉPREUVES TYPES

▶ Activité 153
Exercice 1
Proposition :
Objet : aéroport
Monsieur,
Je vous écris pour vous informer que je viendrai vous chercher à l'aéroport la semaine prochaine. Je ne sais pas quel jour ni à quelle heure vous arrivez. Merci de me donner votre numéro de vol. Je serai au comptoir d'arrivée. Vous me reconnaîtrez facile-

ment : je suis grand, blond, je porte des lunettes vertes et je serai en costume beige avec une chemise bleu marine.

Exercice 2
Proposition :
J'étais sur mon vélo, rue Claire. Je voulais tourner à gauche, alors j'ai mis mon bras bien longtemps à l'avance. Quand j'ai commencé à tourner, une voiture est arrivée en face de moi. Je l'ai vue mais elle ne m'a pas vu. Elle m'a percuté de face. Je suis passé par-dessus mon vélo. J'ai atterri 5 mètres plus loin, sur le trottoir. J'avais mal partout. Le temps de me relever, la voiture était déjà partie. C'était une Citroën C2, dernier modèle, immatriculée dans le Calvados.

▶ Activité 154
Exercice 1
Proposition :
Salut Laurence,
Merci pour ton invitation. Tu as déjà 30 ans… Je n'arrive pas à y croire…

J'adore la Bretagne et je viendrai avec plaisir à ton week-end d'anniversaire. Je serai en vacances cette semaine-là, je peux donc t'aider à tout préparer.
Tu ne donnes pas beaucoup de détails dans l'invitation : Où se trouve la maison ? Que faut-il apporter ? Veux-tu de l'aide pour organiser les activités du week-end ?
À bientôt.
Amina

Exercice 2
Proposition :
Je suis en France pour 2 semaines et je profite pleinement de tous les instants de mon expérience niçoise. Je suis ici pour le travail, j'ai beaucoup de réunions de travail avec 4-5 collègues. Mais le soir, je peux me promener sur la Promenade des Anglais, au coucher du soleil.
Mes collègues m'ont emmené cours Saleya, le célèbre marché de Nice. Je goûte aussi aux spécialités de la région : la salade niçoise et les farcis. C'est délicieux !

PRODUCTION ORALE

1- Entretien dirigé
activité 155
Saluer : 1. ; 2. ; 8. ; 11. ; 13. ; 15. ; 17.
Remercier : 6. ; 10. ; 14. ;16. ; 18.
Prendre congé : 3. ; 4. ; 5. ; 7. ; 9. ; 12.

activité 156
1. a. Salut ! / Christophe, ça fait un bail… / Salut, comment ça va ? – **b.** À la prochaine, bonne journée. / Allez, salut ! / Au revoir.
2. a. Bonjour, je m'appelle… / Bonjour, madame/monsieur. – **b.** Au revoir, merci. / Au revoir, bonne journée.
3. a. Excusez-moi, je cherche… / Pardon monsieur, vous savez… / S'il vous plaît, vous connaissez… – **b.** Merci, monsieur. / Ah, je vois, merci bien.

activité 157
1. a. ; d. – 2. a. ; c. ; d. – 3. b. ; d. – 4. b. ; c. – 5. a. ; d. – 6. a. ; b.

activité 158
Nom : i. – **ge :** d. ; j. – **Nationalité ou origine :** c. – **Profession ou activité :** h. ; l. – **Situation familiale :** a. ; e. – **Langues parlées :** b. ; f. – **Domicile / Quartier :** g. ; k.

activité 159
1. f. ; l. – 2. b. – 3. e. ; j. – 4. d. ; h. – 5. k. – 6. c. – 7. a. ; i.

activité 162
Exemples :
1. J'ai l'habitude d'aller au cinéma avec mes amis tous les lundis soir. – **2.** Depuis l'âge de 8 ans, je fais de la danse classique. – **3.** Normalement, je fais du sport deux fois par semaine : je joue au tennis ou je vais à la piscine. – **4.** Je ne fais jamais de jogging. Je déteste courir. – **5.** Souvent avec mon père, on allait en montagne faire des randonnées dans les Alpes. – **6.** Pendant les vacances, j'aime voyager et découvrir de nouvelles régions. – **7.** Comme nouvelle activité, j'aimerais bien faire de la photographie. – **8.** Le week-end, je fais du lèche-vitrine, je vais au concert et au restaurant avec mon petit ami.

activité 163
Exemples :
1. J'aime bien la ville, parce que c'est toujours animé.

CORRIGÉS PRODUCTION ORALE

– **2.** J'adore la mer, j'aime me baigner et faire du bateau. – **3.** La musique, ça me plaît beaucoup, surtout la musique classique. – **4.** Je n'aime pas trop le soleil. Dans mon pays, on préfère avoir la peau blanche. – **5.** J'ai horreur de la pluie, parce que j'oublie toujours mon parapluie et je suis tout mouillé. – **6.** Je n'aime pas tellement les chats, je préfère les chiens, ils sont plus affectueux. – **7.** Voyager, c'est ce que je préfère, j'aime bien découvrir les autres cultures. – **8.** J'aime beaucoup lire. Pour moi, c'est un moment de détente. – **9.** Les chiens, j'adore. Dans ma famille, on a toujours eu un chien. – **10.** J'adore les voitures, mais pas seulement les voitures de sport. C'est pratique, on va où on veut, quand on veut. On est libre. – **11.** J'aime bien regarder la télévision de temps en temps, surtout quand il fait mauvais, pendant l'hiver. – **12.** Danser ? Quelle horreur, je n'aime pas du tout. Je ne sais pas danser. – **13.** J'aime bien regarder les autres courir, mais moi, je n'aime pas. – **14.** J'adore le café. En France, on en trouve partout. Chez nous, on boit plutôt du thé. – **15.** Ça me plaît de travailler parce qu'on peut rencontrer des gens et discuter, échanger des idées.

activité 164
1. Elle se réveille vers 6 heures. – **2.** Elle prend son petit déjeuner à 6 heures et demie. Elle se prépare pour partir. – **3.** De 8 heures à midi et demi, elle est en cours. Elle est étudiante à l'université. – **4.** À 13 heures, elle déjeune avec ses amies. – **5.** Ensuite, elle prend le bus vers 2 heures : elle rentre chez elle avant d'aller à son travail. – **6.** Elle travaille dans un magasin de vidéo. Elle commence à 16 heures. – **7.** Puis elle rentre chez elle et dîne vers 21h30. – **8.** Après le dîner, elle étudie / elle travaille ses cours et finalement elle va se coucher vers minuit.

activité 165
2. 1. d. – **2.** a. – **3.** i. – **4.** b. – **5.** c. – **6.** j. – **7.** g. – **8.** f. – **9.** h. – **10.** e.

activité 166
1. b. n° 9 – **2.** b. n° 7 – **3.** c. n° 3 – **4.** a. n° 8 – **5.** b. n° 6 – **6.** a. n° 1 – **7.** c. n° 10 – **8.** b. n° 2 – **9.** a. n° 4 – **10.** c. n° 5.

activité 167
a. 1 – **b.** 4 – **c.** 6 – **d.** 2 – **e.** 7 – **f.** 5 – **g.** 8 – **h.** 3 – **i.** 10 – **j.** 9.

2- Monologue suivi
activité 168
1. Je suis né en 1980. – **2.** À partir de l'âge de 4 ans, je suis allé à l'école à côté de chez moi. – **3.** À 11 ans, je suis entré au collège pour les études secondaires. – **4.** À l'université, j'ai fait des études d'ingénieur. – **5.** J'ai obtenu mon diplôme il y a six mois.

activité 169
Ordre : e. ; b. ; d. ; a. ; c.

activité 170
1. les parents – **2.** la mère – **3.** le frère – **4.** le fils – **5.** la grand-mère – **6.** la femme – **7.** le mari – **8.** le grand-père – **9.** la sœur – **10.** la fille.

activité 171
1. cousins – **2.** neveu et tante – **3.** oncle et nièce – **4.** tante et nièce – **5.** oncle et neveu.

3- Exercice en interaction
activité 180
1. salutations ; commande – **2.** salutations ; félicitations – **3.** remerciements ; prise de congé – **4.** excuses ; expression d'un mécontentement.

activité 181
A. a. 2 – **b.** 3 – **c.** 4 – **d.** 1.
B. 1. demande de renseignements – **2.** expression d'un mécontentement – **3.** expression d'un mécontentement – **4.** récit – **5.** demande de renseignements.

activité 182
1. Faux – **2.** a. b. c. Faux – **3.** Vrai – **4.** Faux – **5.** Vrai.

activité 183
1. a. – **2.** b. – **3.** a. et c. – **4.** b. – **5.** b.

activité 184
1. C – **2.** F – **3.** E – **4.** G – **5.** A – **6.** M – **7.** I – **8.** H – **9.** B – **10.** J – **11.** K – **12.** L – **13.** D – **14.** N.

activité 185
1. F – **2.** H – **3.** Q – **4.** I – **5.** C – **6.** L – **7.** D – **8.** E – **9.** B – **10.** J – **11.** R – **12.** M – **13.** N – **14.** P – **15.** O – **16.** G – **17.** S – **18.** K – **19.** A.

activité 186
1. C – **2.** E – **3.** D – **4.** B – **5.** H – **6.** A – **7.** G – **8.** I – **9.** F – **10.** K – **11.** J.

activité 187
Dire du bien : Il est génial – Il est super – Il est sympa – Je le trouve hyper tendance – Il va bien m'aller – Je trouve ce pantalon très beau.
Critiquer : Ce serait vraiment moche – Pas terrible – Bof – Elle fait très mode (moquerie) – C'est forcément beau (moquerie).

activité 188
1. B – 2. I – 3. C – 4. E – 5. D – 6. F – 7. A – 8. J – 9. H – 10. K – 11. G.

activité 189
Proposition :
– Bonjour, je voudrais deux places pour le concert de Zazie.
– Oui, lequel ?
– Le dernier concert de sa tournée, le 25 février prochain.
– Vous venez trop tard, il n'y a plus de place depuis longtemps.
– Ah bon ? Mais pourtant, c'est dans 6 mois.
– Oh, mais tout est complet depuis plus de 3 semaines.
– Oh, non… Je me faisais une joie d'y aller. Vous n'avez pas des places pour un autre jour ?
– Attendez, je regarde… Ah, vous avez de la chance, il reste quelques places pour le 23 février. Vous avez vraiment de la chance.
– Oh, super. C'est génial ! Je prends les places bien sûr. Oh, quelle peur ! Hi hi, on a des places !
– Alors ça fera 85 euros pour les deux places. En carte ou en chèque ?
– En carte… Merci, madame, au revoir… Et bonne journée.

activité 190
Proposition :
– Bonjour, c'est pour quoi ?
– Bonjour, je viens pour une déclaration… pour un portefeuille.
– Vous l'avez perdu ou on vous l'a volé ?
– Je pense qu'on me l'a volé.
– Vous pensez ou vous êtes sûr ?… Bon, on va faire une déclaration de vol. Installez-vous. Je vais prendre des notes. Nom, prénom, adresse…
– Bourgeais, Jean-Pierre, 145 avenue de Versailles, 75016 Paris.
– Alors, où est-ce que ça s'est passé ?
– Je ne sais pas exactement. Je me suis promené cet après-midi. Je suis allé dans le quartier de l'Opéra et sur les grands boulevards.
– Bon, ce n'est pas très précis. Quand avez-vous réalisé que vous n'aviez plus votre portefeuille ?
– Euh, j'ai acheté un pain au chocolat à 16 heures, je l'avais… Et ensuite, quand j'ai voulu payer mon ticket de métro une heure plus tard, je ne l'avais plus.
– Vous avez vu le voleur ? un suspect ? Vous avez noté un comportement étrange à la boulangerie… quelqu'un autour de vous ?
– Non non.
– Bon… Qu'est-ce qu'il y avait dans ce portefeuille ?
– Mon passeport, ma carte d'identité, de l'argent (environ 25 euros), ma carte bleue, tout quoi…
– Vous partiez en voyage ?
– Non, pourquoi ?
– Ce n'est pas la peine de vous déplacer avec votre passeport et votre carte d'identité… Maintenant, vous devez tout refaire. Autre chose à signaler ?
– Non, mais je fais comment maintenant ?
– Vous lisez, vous signez là, en bas de la feuille… et après, vous allez faire refaire vos papiers avec cette déclaration.

activité 191
Proposition :
– Bonjour, je voudrais envoyer ce livre.
– Bonjour. Vous avez le poste-livre qui est un paquet spécial.
– Combien ça coûte ?
– 4 euros pour ce format.
– Très bien, mais c'est possible de l'envoyer à l'étranger ?
– À l'étranger… Ah, je ne sais pas… Je vais me renseigner… Personne ne sait !
– Bon alors, je ne sais pas comment faire. Qu'est-ce que vous me conseillez ?
– À mon avis, vous pouvez l'envoyer dans le poste-livre. Et vous écrivez bien votre adresse. Si le paquet est perdu, il est renvoyé en France.
– Je vais suivre vos conseils.
– C'est tout ce qu'il vous fallait ?
– Non, je vais prendre aussi un carnet de timbres.
– Alors avec les timbres, cela vous fera 8,30 euros.
– Tenez. Merci, au revoir.
– Au revoir.

activité 192
Proposition :
– Bonjour, on vient d'arriver avec ma femme et les enfants et on cherche un terrain de camping. On voudrait louer un bungalow pour une semaine.
– Bonjour, monsieur. Vous ne vous rendez pas

compte. On est en plein mois d'août. Tous les terrains de camping sont complets. Enfin, il reste peut-être de la place dans les terrains de camping mais, pour un bungalow, cela m'étonnerait.
– C'est une catastrophe. Comment on va faire… avec 2 enfants en bas âge en plus… ? Où est-ce qu'on va dormir ?
– Il y a les hôtels et les chambres d'hôtes. Je peux vous donner la liste, si vous voulez.
– Mais c'est beaucoup plus cher !
– Oui, monsieur, mais vous n'avez pas réservé votre bungalow, alors… Il ne faut pas vous étonner. Ici, les réservations se font en janvier-février pour le mois de juillet, alors…
– Les gens sont prévoyants… Plus que nous… Bon, je vais prendre la liste des hôtels et des chambres d'hôtes mais je crois que nous allons devoir écourter nos vacances. Merci, madame.
– Je vous en prie, monsieur. Bonne journée et bonnes vacances dans notre belle région.

activité 193
Propositions :
Le client :
– Bonjour. Tenez, je vous rends votre pull. Il est troué.
– Bonjour, je viens me faire rembourser. Vous m'avez vendu un pull troué la semaine dernière !
– Je veux être remboursé.
– Vous ne pouvez pas vendre des articles troués !
– Est-ce que vous avez le même pull ?
– Je veux absolument le même pull.
L'employé :
– Bonjour, monsieur, je suis désolé de ce qui vous arrive.
– Bonjour. Attendez, on va voir le problème ensemble.
– Suivez-moi, on va regarder ça.
Questions :
– Vous avez le ticket de caisse ?
– Vous avez déjà porté le pull ?
– Vous voulez un échange ?
– Vous souhaitez un remboursement ?
– Pourquoi ne pas faire un tour dans le magasin pour trouver un autre article ?

activité 194
Propositions :
L'usager du métro :
– Bonjour, j'ai trouvé un sac.
– J'ai vu un homme.
– La rame était vide/pleine.

– C'était à 18 heures/23 heures.
– Je ne veux pas vous donner mon nom.
– Pourquoi avez-vous besoin de mon nom ?
L'employé :
– Où ? Vous étiez sur quelle ligne de métro ?
– Dans quelle rame de métro ?
– Est-ce que vous avez vu le propriétaire ?
– À quelle station est-il descendu ?
– Avez-vous noté des comportements suspects ?
– C'était à quelle heure ?
– Je vais prendre vos nom et prénom.
– Donnez-moi vos coordonnées.

activité 195
Propositions :
– Où se trouve la gare ? le centre-ville ? les commerces ?
– Avez-vous un plan de la ville ? Avez-vous de la documentation sur la ville ?
– Quel sport peut-on pratiquer ?
– Est-ce qu'il y a un cinéma ? une patinoire ? une piscine ? un club de golf ?
– Je cherche une école de karaté.
– Je souhaite m'abonner au théâtre.
– Organisez-vous des visites de la ville ?
– Est-ce qu'il y a des festivals dans l'année ?
– Pouvez-vous me conseiller une école de langue ?
– Je voudrais faire de la musique, est-ce que vous avez des adresses de professeurs de musique ?
– Quelles sont les spécialités de la région ?
– Quels monuments sont à visiter ?

activité 196
– Bonjour. Je viens d'emménager et j'aurais besoin de quelques informations.
– Oui, bonjour. Je vous souhaite la bienvenue. Que voulez-vous savoir ?
– J'aimerais faire du sport. Est-ce que vous avez une liste des clubs de sport ?
– Oui, bien sûr… Tenez… il y a de tout. Sport collectif ou individuel ?
– Eh bien volley pour mon fils Damien, karaté pour ma fille Julie, aquagym pour ma femme, et moi, planche à voile et hockey sur glace.
– Eh bien, vous êtes une famille de sportifs. La ville propose tous les sports sauf le hockey sur glace. La patinoire est en travaux depuis un an déjà… Elle réouvrira en septembre prochain.
– Tant pis, je choisirai un autre sport. Euh, sinon, dites-moi où se trouve le centre-ville ? Et la zone commerciale ?

– Attendez, je sors un plan… Vous voyez, le centre-ville est ici… et le centre commercial… là.
– D'accord, je vois. Sinon, je cherche une école de langue. Ma femme veut apprendre le chinois…
– Alors, il y a l'université bien sûr… euh, Lingua-School, mais je ne suis pas sûre qu'ils proposent le chinois, et l'école municipale.
– Merci. Et pour faire une visite de la ville avec un guide, c'est possible ?
– Oui, il y a des visites de deux heures, chaque jour, départ à 14 heures devant l'office de tourisme. Vous êtes intéressé ?
– Oui, bien sûr. Euh, demain, c'est possible ?
– Oui, je vous inscris. Vous êtes monsieur ?
– Colibri, comme l'oiseau.
– C'est noté. Vous avez d'autres questions ?
– Non, je pense que c'est bon. Merci pour toutes ces informations. Bonne journée, au revoir.
– Au revoir et bonne visite demain.

activité 197
Proposition :
– Bonjour, mademoiselle Vauzel. Je viens vous voir pour le loyer.
– Bonjour, monsieur.
– Une fois de plus, je viens vous demander le chèque du loyer.
– Oui, monsieur. Je suis désolée, je suis un peu en retard ce mois-ci.
– En retard, vous plaisantez. On est le 9 du mois.
– Oui, je sais, je suis confuse. Mais je n'ai pas encore été payée.
– Je ne veux pas le savoir. Vous devez payer votre loyer le 2 de chaque mois, mais pas le 10 ou le 15. Si tout le monde faisait comme vous…
– Je sais… Je sais… Je peux vous payer demain ?
– Ah non, vous payez aujourd'hui.
– Mais je n'ai pas mon chéquier, je l'ai oublié chez des amis la semaine dernière. Je les vois ce soir.
– Bon d'accord, je reviens demain matin… Mais c'est la dernière fois que j'accepte un retard.
– Merci, monsieur. Bonne journée.
– Au revoir.

activité 198
– Alors, qu'est-ce qu'on va leur offrir ?
– Je ne sais pas du tout. Je n'ai pas beaucoup d'idées. Il faut un beau cadeau…
– Un cadeau qui reste…
– Oui, bien sûr… un cadeau pour la vie… Pourquoi pas un vase ?
– Oh non… Ce n'est pas une bonne idée, tout le monde peut offrir un vase… Il faut un cadeau plus personnel.
– Oui, tu as raison… Alors qu'est-ce que tu proposes ?
– Pourquoi pas de l'argent pour un voyage ?
– Oh non, ce n'est pas « personnel », comme tu dis… Et si on leur offrait un arbre, témoin de leur amour… ?
– Oui, bonne idée… Mais quel arbre alors ?
– Je ne sais pas moi… Un olivier ou un chêne… C'est solide et ça peut durer des générations.
– D'accord, va pour un olivier… C'est un cadeau très original… Beau… et en plus personnel… On pourra mettre un mot amusant : « Sandra et Olivier : voici un olivier témoin de votre amour, tout comme nous » !
– Super… Excellente idée !

N° d'éditeur : 10221959 - Dépôt légal : janvier 2013
Achevé d'imprimer en France en janvier 2019 sur les presses de JOUVE, Mayenne - N° 2290250A

COMPRÉHENSION ORALE

1- Comprendre des annonces et des instructions orales

activité 1 Vous téléphonez à Fréquence Voyages (système de réservation par téléphone). Écoutez le message et appuyez sur la touche qui convient.

1. Vous voulez faire un voyage avec vos enfants. Vous voulez avoir des renseignements sur les réductions. Sur quelle touche appuyez-vous ?
- a. ❑ Touche 1
- b. ❑ Touche 2
- c. ❑ Touche 3

2. Vous voulez réserver une place. Sur quelle touche appuyez-vous ?
- a. ❑ Touche 1
- b. ❑ Touche 2
- c. ❑ Touche 3

3. Vous voulez des renseignements sur la carte Fréquence Voyages. Sur quelle touche appuyez-vous ?
- a. ❑ Touche 1
- b. ❑ Touche 2
- c. ❑ Touche 3

4. Vous voulez partir en week-end avec votre ami(e). Sur quelle touche appuyez-vous ?
- a. ❑ Touche 1
- b. ❑ Touche 2
- c. ❑ Touche 3

activité 2 Écoutez de nouveau le message précédent et mettez dans l'ordre de l'enregistrement les mots et expressions suivants :

Mots et expressions	Ordre d'apparition
a. carte fidélité	
b. attente	
c. réservation	
d. conseiller	
e. touche étoile	
f. voyages et séjours	

activité 3 Identification d'une annonce.

Écoutez ces huit annonces données en gare. Indiquez :
– les annonces d'arrivée ou de départ d'un TGV (train à grande vitesse),
– les annonces pour d'autres types de trains,
– les annonces sur un autre sujet que la circulation des trains.

N° de l'annonce	Arrivées/départs des TGV	Arrivées/départs d'autres trains	Autres sujets
1			
2			
3			

Comprendre des annonces et des instructions orales • 9

COMPRÉHENSION ORALE

N° de l'annonce	Arrivées/départs des TGV	Arrivées/départs d'autres trains	Autres sujets
4			
5			
6			
7			
8			

activité 4 🎧 Écoutez de nouveau l'enregistrement précédent et dans la liste ci-dessous, cochez les mots et expressions entendus dans les annonces correspondantes.

Annonce 1
    a. ❏ train rapide
    b. ❏ train Corail

Annonce 2
    a. ❏ passagers
    b. ❏ voyageurs

Annonce 3
    a. ❏ à destination
    b. ❏ au départ de

Annonce 4
    a. ❏ passage
    b. ❏ démarrage

Annonce 5
    a. ❏ venant de
    b. ❏ en provenance de

Annonce 6
    a. ❏ fermeture
    b. ❏ ouverture

Annonce 7
    a. ❏ reprise de travail
    b. ❏ arrêt de travail

Annonce 8
    a. ❏ train express régional
    b. ❏ train express européen

activité 5 🎧 Repérage d'une indication précise.
Écoutez les annonces une à une et indiquez dans le tableau vers quelle voie vous devez vous diriger pour prendre le train à destination des sites et villes suivantes :

Villes de destination	Voie
1. Bordeaux	
2. Nantes	
3. Lille	
4. Lyon	
5. Aéroport Charles-de-Gaulle	
6. Eurodisney	
7. Orléans	
8. Tours	

activité 6

🎧 Écoutez les deux annonces faites dans des trains. Quelles sont les personnes qui prennent la parole pour informer les voyageurs ?

Annonce 1
- a. ❏ le conducteur du train
- b. ❏ une hôtesse
- c. ❏ le contrôleur

Annonce 2
- a. ❏ le responsable du bar
- b. ❏ le contrôleur
- c. ❏ une hôtesse

activité 7

🎧 Écoutez de nouveau l'enregistrement précédent et identifiez dans quelle annonce se trouvent les informations suivantes :

Informations données	Annonces
a. la destination du train et les arrêts prévus	
b. l'existence d'une voiture bar	
c. la possibilité de payer avec une carte de crédit	
d. l'obligation de réserver sa place	
e. la localisation du bar	
f. l'obligation de composter le billet avant de monter dans le train	
g. la possibilité de prendre un plat ou une boisson	
h. l'identification des bagages	

activité 8

🎧 Écoutez l'enregistrement et dites si les affirmations ci-dessous sont vraies ou fausses.

	Vrai	Faux
a. Les passagers doivent se présenter porte n° 6.	❏	❏
b. Il faut montrer son passeport et sa carte d'accès à bord.	❏	❏
c. Les passagers n'ont pas encore enregistré leurs bagages.	❏	❏
d. Les passagers des classes économiques seront les derniers à embarquer.	❏	❏
e. Le vol est à destination de Bangkok.	❏	❏
f. Les passagers peuvent embarquer immédiatement.	❏	❏

activité 9

🎧 Quelle est l'information principale donnée par chacune des annonces ? Cochez la case correspondante.

Annonce 1
- a. ❏ la destination de l'avion
- b. ❏ les consignes de sécurité
- c. ❏ le type d'avion

Annonce 2
- a. ❏ des informations concernant le vol
- b. ❏ une présentation de l'avion
- c. ❏ une indication de l'heure actuelle

Annonce 3
- a. ❏ les remerciements pour avoir choisi la compagnie
- b. ❏ les moyens de transport pour Genève
- c. ❏ les règles de sécurité à respecter avant de descendre

Comprendre des annonces et des instructions orales

COMPRÉHENSION ORALE

activité 10 🎧 Écoutez de nouveau l'enregistrement précédent et complétez les phrases avec les indications données dans l'enregistrement.

Annonce 1
  a. L'avion est un ....
  b. La destination du vol est ....
  c. L'hôtesse demande :
    – d'........................ les ceintures.
    – de .... le siège.

Annonce 2
  a. L'altitude de croisière de l'avion est de ....
  b. La température extérieure est de ....
  c. L'atterrissage est prévu à ....

Annonce 3
  a. L'hôtesse demande d'abord de .... et de ....
  b. Elle dit ensuite de faire attention ....
  c. Il est .... à l'heure de Genève.

activité 11 🎧 Visite de musée.
Après avoir écouté la présentation du musée par le guide, indiquez à quel étage se trouvent les informations concernant les éléments ci-dessous.

Éléments	Rez-de-chaussée	1er étage	2e étage	3e étage
a. Les satellites				
b. Les langues				
c. L'histoire de la télévision				
d. Internet				
e. L'imprimerie				
f. Les dessins préhistoriques				
g. Le télégraphe				
h. Les gravures préhistoriques				

activité 12 🎧 Écoutez de nouveau l'enregistrement précédent et indiquez si les affirmations ci-dessous sont vraies ou fausses, ou si on ne sait pas.

	Vrai	Faux	On ne sait pas
a. Le Musée de la communication est un château.	❏	❏	❏
b. La visite dure vingt-cinq minutes.	❏	❏	❏
c. Il y a aussi un restaurant.	❏	❏	❏
d. Le musée comporte quatre étages.	❏	❏	❏
e. C'est Marie qui guide la visite.	❏	❏	❏
f. Il y a un parc autour du château.	❏	❏	❏
g. Il y a aussi des jeux pour enfants.	❏	❏	❏
h. Le musée occupe treize salles.	❏	❏	❏

COMPRÉHENSION ORALE

activité 13 🎧 Une recette de dessert (1).
1. Écoutez l'enregistrement cette recette et répondez aux questions.

    a. Quand cette émission a-t-elle lieu ? ....
    b. Quel est le nom de l'émission ? ....
    c. Quel est le nom de la recette ? ....
    d. Que propose Charline le lendemain ? ....

2. Relevez les principaux ingrédients et les quantités nécessaires.

Ingrédients	Quantités
a.	
b.	
c.	
d.	
e.	

activité 14 🎧 Une recette de dessert (2).
Écoutez de nouveau l'enregistrement précédent. Complétez le tableau avec les verbes utilisés par Charline pour réaliser la recette.

Verbes d'action	Ingrédients ou précisions
a.	chocolat
b.	beurre et sucre en poudre
c.	chocolat fondu
d.	œufs
e.	les blancs et les jaunes
f.	pincée de sel
g.	en neige
h.	les jaunes avec le chocolat
i.	les blancs
j.	au réfrigérateur

Verbes utilisés (dans le désordre) : cassez - battez - faites fondre - mettez - ajoutez (2 fois) - mélangez - séparez - laissez refroidir.

activité 15 🎧 Au supermarché.
Cochez la réponse convenable.

1. Cette annonce s'adresse :
    a. ❏ au personnel du supermarché
    b. ❏ à des clients

2. L'annonce concerne :
    a. ❏ une petite fille
    b. ❏ des clés retrouvées

3. L'accueil du supermarché se trouve :
    a. ❏ à droite de l'entrée du supermarché
    b. ❏ à droite de la sortie

4. Julie est maintenant avec :
    a. ❏ des hôtesses à l'accueil
    b. ❏ les responsables du magasin

COMPRÉHENSION ORALE

activité 16   🎧 En salle d'examen.
Écoutez deux fois ces instructions données en salle d'examen et dites si les affirmations sont vraies ou fausses.

	Vrai	Faux
a. M. Leroy est responsable du département de français.	❏	❏
b. L'examen a déjà commencé.	❏	❏
c. L'épreuve dure deux heures trente.	❏	❏
d. Les cartes d'identité sont vérifiées.	❏	❏
e. On ne peut pas quitter la salle avant deux heures trente.	❏	❏
f. On peut aller aux toilettes librement.	❏	❏
g. Les dictionnaires sont interdits.	❏	❏
h. On doit écrire sur des feuilles spéciales.	❏	❏

activité 17   🎧 Dans le métro parisien.
Écoutez l'enregistrement et cochez la case correspondante.

1. Pour aller au musée du Louvre, la personne doit prendre :
   a. ❏ deux lignes de métro
   b. ❏ trois lignes
   c. ❏ quatre lignes
   d. ❏ une dizaine de lignes

2. La ligne 4 va en direction de :
   a. ❏ la porte de Saint-Cloud
   b. ❏ la porte de Clignancourt
   c. ❏ la porte d'Orléans
   d. ❏ la porte de Bagnolet

3. La personne doit descendre :
   a. ❏ à la station Pont-de-l'Alma
   b. ❏ à la station Louvre
   c. ❏ à la station Palais-Royal
   d. ❏ à la station Balard

4. Après la station Châtelet, la personne doit descendre :
   a. ❏ à la dixième station
   b. ❏ à la deuxième station
   c. ❏ à la treizième station
   d. ❏ à la troisième station

activité 18   🎧 Aller à la Sorbonne.
Écoutez l'enregistrement et cochez la réponse qui convient.

1. On doit suivre le boulevard Saint-Germain pendant :
   a. ❏ trois cents mètres
   b. ❏ quatre cents mètres

2. La rue Saint-Jacques se trouve :
   a. ❏ à droite du boulevard Saint-Germain
   b. ❏ à gauche du boulevard Saint-Germain

3. Avant d'arriver rue Saint-Jacques :
   a. ❏ il y a quatre autres rues à gauche
   b. ❏ il y a trois autres rues

4. L'entrée principale est :
   a. ❏ rue des Écoles
   b. ❏ rue de la Sorbonne

5. À pied, la personne a besoin de :
   a. ❏ deux minutes
   b. ❏ dix minutes

activité 19 🎧 Écoutez de nouveau le dialogue précédent et relevez :

1. les verbes indiquant une action :
   a. ....
   b. ....
   c. ....
   d. ....
   e. ....

2. les mots et expressions indiquant une direction :
   a. ....
   b. ....
   c. ....

activité 20 🎧 Consignes de sécurité.
Écoutez les consignes que donne un enseignant de sciences à de jeunes élèves et complétez les phrases avec les mots entendus.

1. Si tu regardes directement une ampoule électrique, cela peut ....
....

2. Si tu touches une ampoule avec les doigts, tu risques de ....
....

3. Tu ne dois pas manipuler les lampes avec ....
....

4. Entre des objets et une ampoule, il faut une distance de ....
....

5. Fais aussi attention ....
....

COMPRÉHENSION ORALE

activité 21 🎧 Conseils pour pratiquer la planche à voile (1).

1. Écoutez l'enregistrement et répondez aux questions.

a. Que permet la planche à voile ?
– ....
– ....

b. Combien y a-t-il de véliplanchistes en France ?
– ....
– ....

c. Quelles sont les principales conditions pour pratiquer ce sport ?
– ....
– ....

2. Écoutez les conseils de Noël, le moniteur, et relevez pour chacun des conseils le verbe utilisé.

Conseil	Verbe utilisé	Conseil	Verbe utilisé
1		6	
2		7	
3		8	
4		9	
5		10	

activité 22 🎧 Conseils pour pratiquer la planche à voile (2).
Écoutez de nouveau les dix conseils donnés par Noël, le moniteur, et classez-les dans le tableau.

Quatre conseils pour la tenue nécessaire (vêtements, chaussures...)	1	
	2	
	3	
	4	

16 • Comprendre des annonces et des instructions orales

	1	
Six conseils de prudence	2	
	3	
	4	
	5	
	6	

2- Comprendre des émissions de radio et des enregistrements

activité 23 🎧 Crédit à la consommation.
Écoutez l'enregistrement concernant un prêt pour un achat et cochez la réponse qui convient.

1. Le nom de la société de crédit est :
   a. ❑ Sofiprep
   b. ❑ Coviprep

2. On peut vous prêter :
   a. ❑ 10 000 euros au minimum
   b. ❑ 10 000 euros au maximum

3. Le taux d'intérêt est de :
   a. ❑ 5,5% par an
   b. ❑ 7,5 % par an

4. L'offre rentrée des classes propose :
   a. ❑ 4 500 euros
   b. ❑ 1 500 euros

5. Cette offre concerne :
   a. ❑ l'équipement scolaire
   b. ❑ l'équipement de la maison

activité 24 🎧 Publicité radio (1).
Écoutez la publicité radio sur l'Auvergne et répondez par vrai ou faux.

	Vrai	Faux
a. Cette publicité radio concerne la gastronomie.	❑	❑
b. On peut visiter l'Auvergne aussi bien en été qu'en hiver.	❑	❑
c. Gergovie est un lac d'Auvergne.	❑	❑
d. On peut faire des sports d'hiver dans plusieurs stations.	❑	❑
e. L'Auvergne est une région intéressante aussi bien pour son histoire que pour sa géographie.	❑	❑

COMPRÉHENSION ORALE

activité 25
🎧 Publicité radio (2).
Écoutez de nouveau l'enregistrement précédent et associez les morceaux de phrases en utilisant les chiffres et les lettres.

a. L'Auvergne se trouve
b. En hiver, on pratique
c. L'Auvergne a su
d. En été, on peut faire
e. À Gergovie a eu lieu

1. les sports de glisse (ski…).
2. une bataille célèbre.
3. au centre de la France.
4. des randonnées et des promenades.
5. préserver la nature.

| a. ……… | b. ……… | c. ……… | d. ……… | e. ……… |

activité 26
🎧 Découvrez la Réunion avec Fly Tours (1).
Écoutez attentivement les deux formules de séjour proposées dans la publicité pour un voyage à l'île de la Réunion.
Rayez les mots que vous n'avez pas entendus.

Formule 1 : *île – passion – fantastique – explorer – paysages.*
Formule 2 : *désir – détente – décor – artistique – accueillir.*

activité 27
🎧 Découvrez la Réunion avec Fly Tours (2).
Écoutez deux fois le message publicitaire précédent et répondez en cochant la case correspondante :

1. Cette annonce concerne :
   a. ❏ une croisière dans l'océan Indien
   b. ❏ des randonnées en montagne
   c. ❏ un stage de plongée à la Réunion
   d. ❏ des séjours détente ou découverte

2. Le prix de chacun de ces séjours est :
   a. ❏ de 1000 euros par personne
   b. ❏ de moins de 2000 euros par personne
   c. ❏ de moins de 1000 euros par personne
   d. ❏ de 2000 euros par personne

3. Le Flamingo-Club :
   a. ❏ est situé près d'une plage de sable
   b. ❏ se trouve dans les rochers
   c. ❏ est situé en montagne
   d. ❏ est ouvert seulement pendant l'été

4. Il est possible de faire une réservation :
   a. ❏ par téléphone seulement
   b. ❏ uniquement par courrier
   c. ❏ par courriel seulement
   d. ❏ par téléphone et par courriel

5. Au Flamingo-Club, il y a des loisirs :
   a. ❑ culturels
   b. ❑ sportifs uniquement
   c. ❑ réservés aux enfants
   d. ❑ culturels et sportifs pour tous

6. Le Flamingo-Club propose des réductions :
   a. ❑ à partir du 12 septembre
   b. ❑ à partir du 15 septembre
   c. ❑ à partir du 15 novembre
   d. ❑ à partir du 15 décembre

7. On peut téléphoner au prix de :
   a. ❑ 53 centimes par minute
   b. ❑ 53 euros par minute
   c. ❑ 53 centimes pour la communication
   d. ❑ 53 centimes pour 5 minutes

8. Une hôtesse peut :
   a. ❑ noter les réclamations
   b. ❑ donner des renseignements et faire les réservations
   c. ❑ donner l'adresse des hôtels
   d. ❑ appeler les hôtels pour réserver

activité 28 🎧 **Bulletin météo.**
Répondez aux questions en cochant la case correspondante.

1. Cet enregistrement concerne-t-il :
   a. ❑ une publicité ?
   b. ❑ la météo régionale ?
   c. ❑ des informations générales ?

2. Ce bulletin est-il :
   a. ❑ régional ?
   b. ❑ national ?
   c. ❑ international ?

3. L'après-midi du 8 avril, les températures se situeront-elles :
   a. ❑ entre 12 et 14 degrés ?
   b. ❑ entre 2 et 3 degrés ?
   c. ❑ entre 17 et 18 degrés ?

4. Pendant le week-end, les températures seront-elles :
   a. ❑ en hausse ?
   b. ❑ en baisse ?
   c. ❑ stationnaires ?

COMPRÉHENSION ORALE

5. Samedi après-midi, le temps sera-t-il :
   a. ❑ pluvieux ?
   b. ❑ très ensoleillé ?
   c. ❑ ensoleillé avec des nuages d'altitude ?

activité 29 🔊 Bulletin radio et météo des plages (1).

Écoutez l'enregistrement, relevez les indications correspondant aux questions suivantes :

a. Quel est le nom de la station de radio ?
....
b. Quels sont les conseils de sécurité pour les enfants ?
....
....
c. Quelle est la température de l'eau à Arcachon ?
....
d. Quelle est la température de l'air à Perpignan ?
....
e. À quelle heure donnera-t-on, après la météo des plages, les informations économiques ?
....

activité 30 🔊 Bulletin radio et météo des plages (2).
Écoutez deux fois l'enregistrement précédent et répondez au questionnaire en cochant la bonne réponse.

1. Ce bulletin météo concerne :
   a. ❑ les plages seulement
   b. ❑ la mer et la montagne
   c. ❑ l'ensemble du pays

20 • Comprendre des émissions de radio et des enregistrements

COMPRÉHENSION ORALE

2. L'indice UV 8* caractérise l'ensoleillement à :
   a. ❑ l'île de Ré
   b. ❑ Arcachon
   c. ❑ Nice

3. La température de l'air atteint 35° à :
   a. ❑ Deauville
   b. ❑ Marseille
   c. ❑ Perpignan

4. On doit éviter l'exposition au soleil entre :
   a. ❑ 10 et 16 heures
   b. ❑ 11 et 15 heures
   c. ❑ 12 et 16 heures

5. La température de l'eau est plus élevée à :
   a. ❑ La Baule
   b. ❑ Cannes
   c. ❑ Cap d'Agde

* L'indice UV – rayons ultraviolets – indique la force du soleil et les risques qui sont liés.

activité 31 Programmes TV.
1. Écoutez les programmes proposés et associez les titres de films ou d'émissions avec les genres correspondants donnés ci-dessous.

Titres de films ou d'émissions	Genres
Exemple : 1. L'Enfant de l'aube	c. : film dramatique français
2. FBI, portés disparus	
3. Le Paris de Napoléon Ier	
4. Preuve à charge	
5. Deux en un	

   a. comédie américaine
   b. téléfilm policier danois
   c. film dramatique français
   d. série policière américaine
   e. émission de Patrick de Carolis

2. Écoutez une deuxième fois l'enregistrement et complétez l'information en précisant la chaîne et l'heure de diffusion.

Émissions ou films	Chaînes	Heures de diffusion
1. L'Enfant de l'aube	TF 1	20 h 50
2.		
3.		
4.		
5.		

Comprendre des émissions de radio et des enregistrements • 21

COMPRÉHENSION ORALE

activité 32 🎧 Information radio.
Écoutez cette information radio et complétez les phrases suivantes :

a. Le 8 mars est .... de la femme.
b. Clara Zetkin a proposé cette idée en ....
c. En 1977, cette journée a été officialisée par ....
d. L'objectif de cette journée ....
e. Même en France, les femmes gagnent .... de moins que les hommes.
f. Les femmes n'ont pas le droit de vote dans ....
g. Quelquefois, elles n'ont pas le droit ....
h. ou de .... sans être accompagnées.

activité 33 🎧 Bulletin d'information télévisé.
Écoutez les titres de ce bulletin d'information et répondez aux questions en cochant la case qui convient.

1. Au moment de l'accident d'avion au Canada, il y avait à bord :
   a. ❑ trois cents personnes
   b. ❑ deux cents personnes

2. Les personnes hospitalisées sont :
   a. ❑ une dizaine
   b. ❑ une quinzaine

3. Le chômage en France a baissé de 1,4% par rapport :
   a. ❑ à l'an dernier
   b. ❑ au mois de mai

4. En Europe de l'Ouest :
   a. ❑ sept
   b. ❑ cinq
      autres pays ont limité la consommation en eau

5. Dans le Championnat de France de football :
   a. ❑ Auxerre a gagné 4 à 1
   b. ❑ Lyon a gagné 4 à 1

6. Pour les trois prochains jours :
   a. ❑ il n'y a aucun risque de pluie
   b. ❑ il y a un risque d'orage

activité 34 🎧 Sur la route des vacances.
1. Écoutez cette information et répondez aux questions.

a. Quel jour sommes nous ? ....
b. Quel est le sujet de cette information ? ....
c. Pourquoi la circulation va-t-elle être difficile ? ....
d. Combien de voitures attend-on sur les routes ? ....
e. Dans quel sens la journée est-elle classée noire ? ....

22 • Comprendre des émissions de radio et des enregistrements

COMPRÉHENSION ORALE

2. Cochez la bonne réponse.

1. On prévoit des bouchons dans :
   a. ❏ la vallée de la Loire
   b. ❏ la vallée du Rhône

2. La journée est classée rouge pour les retours vers Paris et les grandes villes :
   a. ❏ du Nord et de l'Est
   b. ❏ du Nord et de l'Ouest

3. L'autoroute A10 est en direction :
   a. ❏ de Bordeaux
   b. ❏ de Nantes

4. À la frontière italienne, il y avait une attente de :
   a. ❏ plus de 2 heures
   b. ❏ moins de 2 heures

3. Réécoutez l'information. Relevez les consignes de sécurité et complétez le tableau.

Éléments	Indications et précisions données
a. Vitesses maximales	
b. Les distances	
c. La durée de conduite	
d. Les ceintures de sécurité	
e. Les boissons	

activité 35

🎧 Annonce publicitaire.

1. Écoutez l'enregistrement et répondez aux questions.

a. Quelle est l'émission citée ? ....
b. Quel est le produit proposé ?
   – son nom ? ....
   – ses effets ? ....
c. Comment se présente le produit ? ....
d. Quel est le poids qu'il est possible de perdre ? ....
e. Le produit peut être commandé dans quels pays ? ....

2. L'annonce Aqua minceur indique des différences pour les femmes et pour les hommes. Écoutez de nouveau l'enregistrement et complétez le tableau avec les informations qui conviennent.

	Femmes	Hommes
a. Couleur des bouteilles		
b. Parfum de la boisson		
c. Quantité par jour		
d. Durée de la cure		
e. Prix de l'ensemble		

Comprendre des émissions de radio et des enregistrements • **23**

COMPRÉHENSION ORALE

activité 36   🎧 Les festivals (1).
Écoutez deux fois l'enregistrement et indiquez pour chaque ville le genre du festival qui s'y déroule en utilisant la liste.

jazz – théâtre – chanson – arts de la rue – opéra – musique classique – photographie.

      a. Avignon ....
      b. Aix-en-Provence ....
      c. Saint-Céré ....
      d. Nantes ....
      e. Arles ....
      f. Antibes-Juan-les-pins ....
      g. La Rochelle ....
      h. Aurillac ....

activité 37   🎧 Les festivals (2).
Écoutez de nouveau l'enregistrement et indiquez à quelle période se déroule chaque festival. Dans certains cas on ne sait pas.

	Juin	Juillet	Août	On ne sait pas
a. Avignon				
b. Aix-en-Provence				
c. Antibes-Juan-les-pins				
d. Aurillac				
e. Arles				
f. Cannes				
g. Deauville				
h. La Rochelle				
i. Nantes				
j. Saint-Céré				

3- Comprendre une conversation entre locuteurs natifs

activité 38   🎧 Réservation de train.
Écoutez le dialogue et cochez la case correspondant à l'information exacte.

1. Mme Delavigne voyage :
    a. ❑ en 1re classe
    b. ❑ en 2de classe

2. Son train arrive à Paris à :
    a. ❑ 22 heures
    b. ❑ 20 heures

3. Mme Delavigne paie son billet :
    a. ❑ plein tarif
    b. ❑ demi-tarif

4. La gare d'arrivée est :
   a. ❏ Montparnasse
   b. ❏ Saint-Lazare

5. La place de Mme Delavigne est :
   a. ❏ voiture n° 4 n° 52
   b. ❏ voiture n° 2 n° 54

activité 39 🎧 Chez le coiffeur.
Écoutez l'entretien téléphonique. Dites si les affirmations sont vraies ou fausses, ou si on ne sait pas.

	Vrai	Faux	On ne sait pas
a. M. Lemaître a rendez-vous avec Émeline.	❏	❏	❏
b. M. Lemaître est un habitué de ce salon de coiffure.	❏	❏	❏
c. La conversation a lieu un jeudi.	❏	❏	❏
d. Émeline est aussi coiffeuse.	❏	❏	❏
e. M. Lemaître a rendez vous à 18 heures.	❏	❏	❏
f. C'est Christelle qui répond au téléphone.	❏	❏	❏
g. Il y a au moins trois employés dans le salon de coiffure.	❏	❏	❏
h. Le salon ferme à 20 heures.	❏	❏	❏

activité 40 🎧 Rendez-vous chez le médecin (1).
Écoutez le dialogue et dites si les mots et expressions suivants ont été employés. Cochez les cases correspondantes.

a. ❏ je suis désolée
c. ❏ je regrette
e. ❏ je préfère
g. ❏ à plus tard
i. ❏ je souhaiterais avoir un rendez-vous
k. ❏ elle a mal aux oreilles
m. ❏ si c'est urgent
o. ❏ c'est d'accord
b. ❏ cabinet médical La Roseraie
d. ❏ j'aimerais mieux
f. ❏ à tout à l'heure
h. ❏ allô, qui est à l'appareil ?
j. ❏ c'est entendu
l. ❏ bonsoir, mademoiselle
n. ❏ je désire

activité 41 🎧 Rendez-vous chez le médecin (2).
Écoutez de nouveau l'enregistrement précédent et répondez aux questions avec une phrase courte.

1. Quel est le nom du cabinet médical ?
....

Comprendre une conversation entre locuteurs natifs • **25**

COMPRÉHENSION ORALE

2. Pourquoi M. Laroche souhaite-t-il un rendez-vous ?
....
3. Avec quel médecin prend-il rendez-vous ?
....
4. Jusqu'à quand le docteur Praslin est-elle absente ?
....
5. À quelle heure M. Laroche et sa fille ont-ils rendez vous ?
....

activité 42 🎧 À l'hôtel.
1. Écoutez et répondez aux questions.

a. Que demande Mme Cabrera ? ....
b. Quel est son numéro de chambre ? ....
c. Qui répond ? ....
d. La commande concerne-t-elle une ou deux personnes ? ....
e. Dans combien de temps sera-t-elle servie ? ....

2. Retrouvez les éléments mentionnés pour le petit déjeuner et associez-les aux dessins correspondants.

26 • Comprendre une conversation entre locuteurs natifs

COMPRÉHENSION ORALE

activité 43 🎧 Au restaurant.
1. Écoutez l'enregistrement et répondez aux questions.

a. Quel est le nom du restaurant ? ....
b. Quels sont les mots qui indiquent qu'il s'agit d'un dîner ?
.... / .... / ....

2. Indiquez si les affirmations sont vraies ou fausses.

	Vrai	Faux
a. M. Deville souhaite réserver quatre couverts.	❏	❏
b. Le dîner est prévu demain soir.	❏	❏
c. La table est réservée à l'extérieur.	❏	❏
d. La table est dans la partie non-fumeur.	❏	❏
e. La réservation est au nom de Laville.	❏	❏

activité 44 🎧 Au restaurant, choix d'un menu.
Cochez la case correspondant à la bonne réponse.

1. Le repas concerne :
   a. ❏ deux personnes
   b. ❏ trois personnes
   c. ❏ quatre personnes

2. Le menu a 13 euros est servi :
   a. ❏ à midi et en semaine
   b. ❏ le soir en semaine
   c. ❏ pendant le week-end

3. Avec le menu à 35 euros, on peut prendre :
   a. ❏ trois plats différents
   b. ❏ quatre plats différents
   c. ❏ cinq plats différents

4. Les clients commandent :
   a. ❏ trois poissons et une viande
   b. ❏ trois plats de viande et un poisson
   c. ❏ deux plats de viande et un poisson

5. Les clients vont prendre :
   a. ❏ un apéritif et du vin rouge
   b. ❏ seulement du vin rouge
   c. ❏ un apéritif et du vin blanc

activité 45 🎧 L'inscription à un examen.
1. Choisissez les mots utilisés dans l'enregistrement.

1. Le candidat ❏ doit / ❏ peut s'inscrire dès aujourd'hui.
2. Le prix de l'examen est de ❏ 65 euros / ❏ 75 euros.

Comprendre une conversation entre locuteurs natifs • **27**

COMPRÉHENSION ORALE

3. La durée de l'examen est de 3 h et demie ❏ avec / ❏ sans l'épreuve de production écrite.
4. Le dossier d'inscription doit être déposé avant le ❏ 6 septembre / ❏ 10 septembre.
5. L'examen se déroule ❏ à la Maison des langues / ❏ au centre d'examen de l'université.

2. Écoutez de nouveau l'enregistrement. Indiquez quels mots utilisés ont le même sens ou un sens voisin. (Dans deux cas, il y a deux possibilités.)

a. Examen .... et ....
b. Avoir lieu .... et ....
c. Payer ....
d. Prix ....

activité 46

🎧 Discussion entre amis (1).
1. Complétez le tableau et dites ce qu'a fait Julie hier soir.

a.	Julie	est sortie	
b.	Elle	a	
c.	Julie et Pierre	sont allés	
d.	Julie et Pierre	ont pris	
e.	Elle	est rentrée	

2. Écoutez de nouveau le dialogue et répondez aux questions.

a. Quel est le titre du film que Pierre et Julie sont allés voir ? ....
b. Quelle est l'opinion de Julie sur le film ? ....
c. Quel est l'avis de Pierre ? ....
d. Le film est sorti il y a combien de temps ? ....
e. Que dit Julie pour résumer l'histoire ? ....

activité 47

🎧 Discussion entre amis (2).
A. Écoutez de nouveau l'enregistrement précédent et complétez en choisissant ce qui convient.

1. L'auteur du film est :
   a. ❏ Jacques Rivette
   b. ❏ Jacques Audiard
   c. ❏ Michel Audiard

2. Ce film est la reprise d'un film policier :
   a. ❏ américain
   b. ❏ mexicain
   c. ❏ arménien

3. Le titre du film est celui d'une chanson :
   a. ❏ d'Alain Dupont
   b. ❏ de Jacques Lebreton
   c. ❏ de Jacques Dutronc

COMPRÉHENSION ORALE

4. Romain Duris travaille dans l'immobilier avec :
   a. ❏ ses deux frères
   b. ❏ son père
   c. ❏ son grand frère

5. L'actrice chinoise principale joue un rôle de musicienne. Elle est :
   a. ❏ flûtiste
   b. ❏ organiste
   c. ❏ pianiste

B. Relevez dans le dialogue des mots ou expressions qui ont le même sens (ou un sens voisin) que ceux donnés ci-dessous.

   a. On a bu un verre ....
   b. Je suis revenue chez moi ....
   c. Qui est l'auteur ? ....
   d. Environ ....
   e. Le scénario ....
   f. Les acteurs sont excellents ....
   g. La passion ....
   h. S'améliorer ....

activité 48

🎧 Abonnement TV satellite (1).

1. Retrouvez et classez dans l'ordre de l'enregistrement les mots ou expressions qui ont une relation avec le logement ou la télévision. (Ils sont donnés ci-dessous dans le désordre.)

abonnement - maison - boîtier numérique - déménager - bouquet - habiter - chaînes - parabole - programmes - immeuble - appartement.

	Mots en relation avec le logement	Mots en relation avec la télévision
1.		
2.		
3.		
4.		
5.		
6.		

2. Cochez la case correspondant à la bonne réponse.

1. Quel est le nom du service appelé ?
   a. ❏ TV.sat
   b. ❏ CanalSat TV

2. Que dit Dorothée pour commencer la conversation ?
   a. ❏ À votre service, j'écoute...
   b. ❏ Service plus, je vous écoute...

COMPRÉHENSION ORALE

   3. Que dit Dorothée pour vérifier que M. Lecomte a bien compris ?
   a. ❏ Tout est en ordre ?
   b. ❏ Tout est clair ?

   4. Que dit-elle pour terminer la conversation ?
   a. ❏ Au revoir et à bientôt.
   b. ❏ Merci de votre appel et au plaisir.

activité 49 🎧 **Abonnement TV satellite (2).**
Écoutez de nouveau deux fois la conversation précédente et répondez aux questions.

   a. Que veut M. Lecomte en téléphonant à CanalSat TV ?
   ....
   b. Que demande Dorothée à M. Lecomte concernant son logement ?
   ....
   c. M. Lecomte peut-il rapidement accéder aux chaînes proposées ?
   ....
   d. Quand doit-il déménager ?
   ....
   e. De quoi aura-t-il besoin pour recevoir les chaînes de TV?
   ....
   f. Où doit-il aller chercher son boîtier ?
   ....
   g. Combien y a-t-il de chaînes proposées dans le bouquet ?
   ....
   h. Que va faire M. Lecomte ?
   ....

activité 50 🎧 **Johanne et Noël partent en week-end.**
1. Indiquez si les affirmations ci-dessous sont vraies ou fausses.

	Vrai	Faux
a. Noël propose d'aller à la mer.	❏	❏
b. Johanne pense que c'est une très bonne idée.	❏	❏
c. C'est la première fois qu'ils vont dans cet hôtel.	❏	❏
d. Le nom de l'hôtel est « Hôtel du Nord ».	❏	❏
e. Noël va réserver le même jour.	❏	❏
f. Johanne va aller chercher Noël au bureau.	❏	❏
g. Pour aller à La Baule, il faut moins d'une heure et demie.	❏	❏
h. Ils vont revenir dimanche soir très tard.	❏	❏

2. Justifiez votre réponse.
   a. ....
   b. ....
   c. ....
   d. ....
   e. ....
   f. ....
   g. ....
   h. ....

ÉPREUVES TYPES

➤ Activité 51 (25 points)

Vous allez entendre trois enregistrements correspondant à trois documents différents.
Pour chaque document, vous aurez :
– 30 secondes pour lire les questions ;
– une première écoute, avec 30 secondes de pause pour commencer à répondre aux questions ;
– une deuxième écoute, puis 30 secondes à une minute pour compléter vos réponses.
Vous répondrez en cochant la bonne réponse (☒) ou en écrivant l'information demandée.

Exercice 1 (7 points)

Comprendre des annonces et des instructions.
🕭 Lisez les questions, puis écoutez une fois l'enregistrement.
1. Écoutez une deuxième fois et cochez la case correspondant à la bonne réponse. *(3 points)*

1. Les clients doivent composer un numéro :
   a. ❏ à 2 chiffres
   b. ❏ à 6 chiffres
   c. ❏ à 10 chiffres *(1 point)*

2. Pour des vêtements on doit utiliser :
   a. ❏ la touche 1
   b. ❏ la touche 2
   c. ❏ la touche 3 *(1 point)*

3. Pour avoir un renseignement, on doit taper sur :
   a. ❏ la touche 5
   b. ❏ la touche 6
   c. ❏ la touche 7 *(1 point)*

2. Dites si les quatre affirmations ci-dessous sont vraies ou fausses. *(4 points)*

	Vrai	Faux	
a. À Euroconfort, on peut commander des meubles et des vêtements.	❏	❏	*(1 point)*
b. Euroconfort propose des voyages.	❏	❏	*(1 point)*
c. On peut acheter des produits de beauté.	❏	❏	*(1 point)*
d. Ceux qui ne sont pas clients doivent téléphoner à un autre numéro.	❏	❏	*(1 point)*

COMPRÉHENSION ORALE

Exercice 2 (8 points)
🎧 Comprendre des émissions de radio et des enregistrements.
1. Répondez en cochant la bonne réponse. *(4 points)*

1. Cette émission s'appelle :
   - a. ❏ le jeu des 1 000 euros
   - b. ❏ le jeu des 5 000 euros
   - c. ❏ le jeu des 10 000 euros *(1 point)*

2. On appelle aussi le département du Cantal :
   - a. ❏ le Pays des forêts
   - b. ❏ le Pays des fleurs
   - c. ❏ le Pays vert *(1 point)*

3. Le Cantal est connu pour :
   - a. ❏ l'industrie du bois
   - b. ❏ les fromages
   - c. ❏ la pêche *(1 point)*

4. À Aurillac, on fabrique :
   - a. ❏ des parapluies
   - b. ❏ des machines-outils
   - c. ❏ du matériel électronique *(1 point)*

2. Dites si les affirmations sont vraies ou fausses. *(4 points)*

	Vrai	Faux	
a. L'émission a lieu le mercredi 30 août.	❏	❏	*(1 point)*
b. Claudine Renaudy habite Aurillac.	❏	❏	*(1 point)*
c. Gilles Camoins est professeur au lycée.	❏	❏	*(1 point)*
d. Aurillac est une ville de 45 000 habitants.	❏	❏	*(1 point)*

Exercice 3 (10 points)
🎧 Comprendre une conversation entre locuteurs natifs.
Lisez les questions, écoutez le dialogue et répondez avec des mots et expressions relevés dans le dialogue.

1. Depuis combien de temps Lætitia et son ami ne se sont-ils pas vus ?
....*(1 point)*

2. Pour quelles raisons Lætitia est-elle allée au Canada ? (2 réponses)
a. ....*(1 point)*
b. ....*(1 point)*

3. Combien de jours de vacances a-t-elle pris ?
....*(1 point)*

4. Qu'a-t-elle fait pendant ses vacances ? (2 réponses)
a. ....*(1 point)*
b. ....*(1 point)*

5. Pourquoi est-elle allée à Vancouver ?
....*(1 point)*

6. Combien de temps Charles a-t-il passé au Sénégal ?
....*(1 point)*

7. Qu'a-t-il fait pendant ses vacances ?
....*(1 point)*

8. Quand doivent-ils se revoir ?
....*(1 point)*

COMPRÉHENSION ORALE

AUTO-ÉVALUATION

Vous avez fait les activités de compréhension de l'oral.
Réagissez aux affirmations ci-dessous pour faire un bilan de ce que vous savez ou comprenez.
Lorsque vous répondez **pas très bien** ou **pas bien du tout**, refaites les exercices de la section concernée.

	Très bien	Assez bien	Pas très bien	Pas bien du tout

▶ 1. Compétences générales de l'oral

Je peux faire la différence entre différents types d'oral (publicité, conversation, information radio…).	❑	❑	❑	❑
Je peux comprendre les formules de politesse courantes.	❑	❑	❑	❑
Je peux comprendre quelqu'un qui parle lentement sur des sujets courants.	❑	❑	❑	❑
Je peux comprendre les chiffres, les prix, et l'heure et la date.	❑	❑	❑	❑
Je peux comprendre les expressions et le vocabulaire simples (vie courante).	❑	❑	❑	❑

▶ 2. Comprendre des annonces et des instructions orales

Je peux comprendre des indications sur les lieux et les directions.	❑	❑	❑	❑
Je peux comprendre des annonces dans les transports en commun et réagir.	❑	❑	❑	❑
Je peux comprendre les actions à effectuer (messages enregistrés).	❑	❑	❑	❑
Je peux comprendre des consignes formulées dans un langage courant.	❑	❑	❑	❑

▶ 3. Comprendre des émissions et des enregistrements

Je peux comprendre les principales informations de courts passages.	❑	❑	❑	❑
Je peux comprendre les points principaux de bulletins d'information radio ou TV courts.	❑	❑	❑	❑
Je peux relever des informations précises (chiffres, dates, noms, lieux).	❑	❑	❑	❑
Je peux comprendre l'information sur un sujet qui m'intéresse.	❑	❑	❑	❑

▶ 4. Comprendre une conversation entre locuteurs natifs

Je peux comprendre ce qui m'est dit dans une langue standard.	❑	❑	❑	❑
Je peux comprendre pour échanger sur des sujets familiers (famille, loisirs, formation, goûts).	❑	❑	❑	❑
Je peux reconnaître le sujet d'une conversation. (même si on ne s'adresse pas à moi).	❑	❑	❑	❑
Je peux participer à un échange simple avec des francophones.	❑	❑	❑	❑

COMPRÉHENSION ÉCRITE

CHAPITRE 2

▶ *En quoi consiste l'épreuve ?*
Vous devrez répondre à des questions de compréhension portant sur trois ou quatre documents écrits ayant trait à des situations de la vie quotidienne.
Il faudra, par exemple, cocher des réponses, sélectionner des informations, les classer, répondre à des questions ouvertes courtes, sélectionner des éléments pour justifier des réponses vraies ou fausses…
L'épreuve dure 30 minutes.

▶ *Types de documents utilisés*
Les documents utilisés pour l'épreuve A2 sont des documents écrits concernant la vie de tous les jours tels que des lettres, horaires, publicités, panneaux, annonces, menus, courts articles de journaux, consignes et modes d'emploi…

▶ *Comment allez-vous être évalué ?*
Vous serez évalué sur votre capacité à distinguer différents types de documents, à comprendre, reconnaître, repérer, sélectionner, noter, identifier les informations importantes ou les sujets abordés dans les documents présentés.

▶ *Quelques conseils pour vous aider lors de l'épreuve*
Dès que vous avez reçu la feuille de réponses et **avant** de commencer l'épreuve, lisez attentivement les consignes. Puis regardez rapidement les questions posées pour découvrir quelles sont les informations à retrouver dans le document.
Faites attention à ne pas perdre de temps en cherchant à tout comprendre. Parfois, cela n'est pas nécessaire pour répondre correctement aux questions.

▶ *Les supports proposés dans ce chapitre*
Dans ce chapitre, vous allez trouver des activités variées qui vont vous permettre de préparer l'épreuve. Elles sont classées en quatre grandes sections :
  1. Lire des instructions
  2. Lire pour s'orienter
  3. Lire pour s'informer et discuter
  4. Comprendre la correspondance

Toutes les activités s'appuient sur des documents courts, du même type que ceux de l'épreuve.
- Les documents de la section **Lire des instructions** sont des modes d'emploi, des notices d'utilisation, des recettes et des consignes de sécurité.
- Dans la section **Lire pour s'orienter**, les documents supports des activités sont des horaires, panneaux, cartes de visites, prospectus, brochures, publicités, annonces, guides et répertoires.
- Les documents de la section **Lire pour s'informer et discuter** sont des articles courts, des documents publicitaires ou des brochures.
- Les documents de la section **Comprendre la correspondance** servant de support aux activités sont des lettres personnelles ainsi que des lettres de type formel, comme des lettres administratives concernant des sujets familiers, par exemple des lettres de commande, de confirmation ou des demandes d'informations.

COMPRÉHENSION ÉCRITE

Vous apprendrez dans ce chapitre à reconnaître et à comprendre ces différents types de documents de la vie quotidienne, c'est-à-dire à y retrouver les informations utiles ou importantes.

➤ *Dans ces activités, vous devrez :*
– répondre à des questionnaires à choix multiples ;
– répondre à des questions en sélectionnant l'information dans le document ;
– répondre à des questions en justifiant vos réponses ;
– relever des informations telles que des prix, des horaires, des lieux, des noms, des adresses, des numéros de téléphone, des informations sur les personnes ou leurs activités ;
– associer des images et des informations ;
– associer des expressions de sens équivalent ;
– compléter des tableaux ;
– remettre des indications dans l'ordre ;
– distinguer des informations vraies ou fausses ;
– compléter des documents ;
– comparer des informations ;
– reconstituer des documents.

À la fin du chapitre, vous trouverez une fiche pour faire votre auto-évaluation. Elle est conçue pour vous permettre de vérifier vous-même ce que vous pensez savoir faire ou connaître.

➤ *Conseils*

Afin de faciliter votre travail :
– commencez toujours par lire les consignes puis les documents ou les textes proposés ;
– ensuite, recherchez les réponses demandées dans le document.

Il est important, pour faciliter la compréhension, de chercher d'abord à reconnaître le type du document, sa forme et sa fonction, et à comprendre l'illustration, même si ce n'est pas demandé à chaque activité. Cela vous aidera à comprendre plus vite et à répondre à certaines questions. Puis vous chercherez les informations de détail pour répondre aux questions.

COMPRÉHENSION ÉCRITE

1- Lire des instructions

activité 52

1. Les instructions suivantes, prises dans des documents de type différent, ont été coupées en deux. Reconstituez-les en associant les éléments des deux colonnes.

1. Insérez votre carte
2. Laissez l'appareil refroidir
3. Prendre 2 comprimés
4. Ajoutez 10 cl de champagne
5. Gardez votre calme.
6. Veuillez indiquer au verso
7. Composez le numéro de téléphone
8. Vous allez entendre trois petits dialogues.

a. de votre correspondant précédé de l'indicatif.
b. Donnez l'alarme en appelant le 3333.
c. les réparations nécessaires dans votre chambre.
d. et composez votre code confidentiel.
e. quelques minutes avant de l'éteindre.
f. Associez chaque situation à une image.
g. matin et soir pendant 3 jours.
h. et 2 cl de jus de citron.

Relevez-les dans le tableau suivant :

1.	2.	3.	4.	5.	6.	7.	8.

Notez-les ici dans leur forme complète pour continuer l'exercice :

1. ....
2. ....
3. ....
4. ....
5. ....
6. ....
7. ....
8. ....

2. Où peut-on lire ces instructions ?

Situations \ Instructions	1.	2.	3.	4.	5.	6.	7.	8.
a. Sur une ordonnance de médecin								
b. Sur la fiche de commentaire d'un hôtel								
c. Dans le mode d'emploi d'un appareil électroménager								
d. Dans les consignes d'un exercice								
e. Dans un livre de cuisine								
f. Dans une cabine téléphonique								
g. Dans une recette de cocktail								
h. Sur un distributeur automatique de billets de banque								
i. Dans des consignes de sécurité								

Lire des instructions • 37

COMPRÉHENSION ÉCRITE

3. Quels sont les mots clés des instructions qui vous ont aidé à les identifier ? Notez-les ci-dessous.

1. ....
2. ....
3. ....
4. ....

5. ....
6. ....
7. ....
8. ....

activité 53 **1.** Lisez les trois recettes suivantes :

Tarte aux poireaux

Préparation : 20 min
Cuisson : 40 min
Pour 6 personnes
Niveau de difficulté :
• • •
Budget :
• • •

Ingrédients
— ...
— ...
— ...
— ...
— ...
— ...
— ...

Étaler la pâte dans un moule à tarte. La piquer à l'aide d'une fourchette. Enlever le vert des poireaux abîmé et tailler les poireaux en rondelles. Laver les rondelles sous l'eau froide. Les cuire à l'eau pendant 10 à 15 min. Les égoutter. Faire griller les lardons dans une poêle sans ajout de matière grasse. Préchauffer le four à 230 °C (th. 7/8). Étaler les poireaux et les lardons sur la pâte à tarte. Ajouter le gruyère râpé. Dans un petit saladier, battre à l'aide d'une fourchette les œufs et la crème fraîche liquide. Saler, poivrer. Verser le tout sur les poireaux. Cuire 30 min au four à 180 °C (th. 6).

Conseil : pour bien nettoyer le poireau, il suffit de le fendre en croix sur les 2/3 de la longueur et de le passer sous l'eau.

Ⓐ

Tarte aux figues

Préparation : 20 min
Cuisson : 35 min
Pour 6 personnes
Niveau de difficulté :
• • •
Budget :
• • •

Ingrédients
— ...
— ...
— ...
— ...

Préchauffer le four à 200 °C (th. 7). Laver délicatement les figues sous un filet d'eau froide. Les sécher sur un linge. Dans un moule à tarte, étaler la pâte sablée. La piquer à l'aide d'une fourchette. La faire précuire 15 min au four recouverte d'une feuille de papier sulfurisé et de légumes secs (haricots secs par exemple). La laisser refroidir. Disposer les figues entières, légèrement fendues en forme de croix sur la pâte (la queue vers le haut). Disperser quelques petits morceaux de margarine. Saupoudrer de sucre. Faire cuire pendant 20 min à 200 °C (th. 7).

Ⓑ **Conseil :** la présence d'une gouttelette blanche (suc laiteux) à la base du fruit est un gage de fraîcheur. Les choisir ni trop mûrs ni trop fermes.

38 • Lire des instructions

Quiche aux asperges

Préparation : 15 min
Cuisson : 25-30 min
Pour 6 personnes
Niveau de difficulté :
• • •
Budget :
• • •

Ingrédients

Préchauffer le four à 180 °C (th. 6). Dans un moule à tarte, étaler la pâte brisée et la piquer à l'aide d'une fourchette. Passer sous l'eau les asperges et les brins de ciboulette. Éplucher les asperges, les ficeler en botte, puis les faire cuire environ 10 min dans une casserole d'eau salée (au gros sel). Les égoutter et les disposer sur un linge sec. Les découper en tronçons de 3-5 cm. Dans un saladier, mélanger les œufs battus en omelette, la crème fraîche, le lait et le parmesan. Saler, poivrer et ajouter les brins de ciboulette ciselés. Disposer les tronçons d'asperges sur la pâte, puis verser dessus la préparation. Cuire à feu doux pendant 30 min.

Conseil : pour peler les asperges sans les casser, les déposer à plat sur une planche à découper et vous munir d'un couteau économe. Retirer alors la peau de la tête (en commençant à 2-3 cm) vers le talon. Renouveler l'opération en tournant au fur et à mesure l'asperge.

2. Associez à chaque recette ses ingrédients.

1. Recette ....

- 1 pâte brisée
- 3 œufs
- 1/2 botte d'asperges
- 100 ml de crème fraîche liquide
- 100 ml de lait 1/2 écrémé
- Parmesan râpé
- Quelques brins de ciboulette
- Sel, poivre et gros sel

2. Recette ....

- 1 pâte brisée
- 2 gros poireaux
- 100 g de lardons fumés
- 200 ml de crème liquide
- 3 œufs
- 100 g de gruyère râpé
- Sel, poivre

3. Recette ....

- 1,5 kg de figues
- 1 pâte sablée
- 50 g de margarine
- Sucre en poudre
  (juste pour saupoudrer)

COMPRÉHENSION ÉCRITE

3. Lisez les indications de la recette de la tarte aux poireaux. Choisissez l'illustration correspondante.

a.

b.

c.

d.

e.

f.

g.

1. Étaler la pâte. ....
2. Couper les poireaux en rondelles. ....
3. Étaler les lardons et les poireaux sur la pâte. ....
4. Ajouter le gruyère. ....
5. Battre les œufs et la crème fraîche. ....
6. Verser sur les poireaux. ....
7. Cuire 30 minutes. ....

4. Lisez attentivement la recette de la tarte aux figues. Dites si ces affirmations sont vraies ou fausses. Soulignez dans le texte les éléments correspondants.

	Vrai	Faux
a. Vous devez faire chauffer le four avant de commencer.	❏	❏
b. Il faut faire des petits trous dans la pâte avec un couteau.	❏	❏
c. Vous devez couper les figues en deux.	❏	❏
d. Vous posez directement les fruits sur le moule.	❏	❏
e. Il faut mettre un peu de sucre sur les figues avant de faire cuire la tarte.	❏	❏

40 • Lire des instructions

COMPRÉHENSION ÉCRITE

activité 54

La cabine téléphonique (1).
Comprendre les indications.

Pour téléphoner d'une cabine publique en France, il vous faut une carte de téléphone comme celle-ci.

Sur l'écran du téléphone s'affiche :

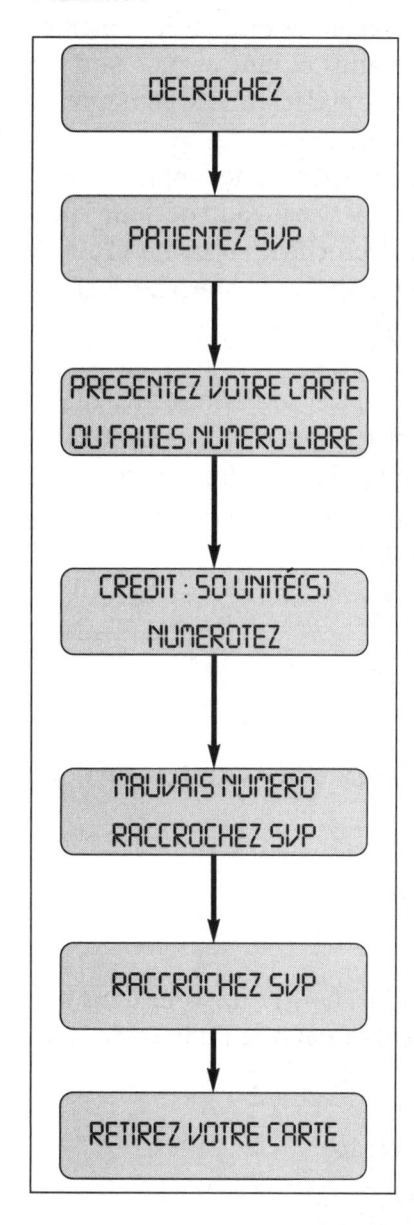

- DECROCHEZ
- PATIENTEZ SVP
- PRESENTEZ VOTRE CARTE OU FAITES NUMERO LIBRE
- CREDIT : 50 UNITE(S) NUMEROTEZ
- MAUVAIS NUMERO RACCROCHEZ SVP
- RACCROCHEZ SVP
- RETIREZ VOTRE CARTE

le combiné — l'écran

1. Répondez aux questions.

a. *PRÉSENTEZ VOTRE CARTE* signifie :
❏ Introduisez la carte.
❏ Sortez la carte.
❏ Montrez votre carte.
❏ Composez le numéro.

b. Si *PATIENTEZ SVP* s'affiche sur l'écran, vous devez :
❏ raccrocher le combiné
❏ reprendre votre carte
❏ refaire le numéro
❏ attendre un peu

c. Quel est contraire de *DÉCROCHEZ* ?
....

d. Le numéro composé ne fonctionne pas ou bien vous vous êtes trompé de numéro. Sur l'écran s'affiche :
....

Lire des instructions • **41**

COMPRÉHENSION ÉCRITE

e. La première indication donnée sur l'écran du téléphone est :
....

f. Quand la communication est finie, on lit sur l'écran : ....

g. Que signifie NUMÉROTEZ ?
❏ Cherchez le numéro.
❏ Comptez les unités.
❏ Faites le numéro.
❏ Achetez des unités.

2. Soulignez dans les trois textes les opérations réalisées pour téléphoner.
Parmi les situations décrites, lesquelles ne correspondent pas à l'ordre des instructions vu dans l'étape 1 ?

a. Marion doit téléphoner à ses parents pour les prévenir qu'elle rentre tard ce soir. Elle entre dans une cabine téléphonique. Elle raccroche le combiné et compose immédiatement le numéro de ses parents. Elle retire sa carte. Elle attend un peu. Il reste 15 unités. Elle entend la sonnerie et quelques secondes plus tard, sa maman répond. Marion lui explique qu'elle va sortir avec ses amis et rentrer plus tard que d'habitude. La conversation finie, elle reprend sa carte et décroche le combiné.

b. Grégoire téléphone à sa petite amie Nina. Il s'arrête dans une cabine. Il voit sur l'écran qu'il ne reste que 6 unités sur sa carte. Il n'aura pas beaucoup de temps pour lui parler. Il introduit sa carte dans le téléphone et décroche le combiné. C'est bizarre, elle ne répond pas, c'est pourtant bien son numéro. Après 14 sonneries, il décide d'abandonner et raccroche.

c. M. Allard est en panne sur l'autoroute. Il veut appeler son associé avec qui il a rendez-vous. Il décroche le combiné. Il prend sa carte de téléphone et l'introduit dans l'appareil. Quelques secondes plus tard, le nombre d'unités disponibles s'affiche. Il compose le numéro. Ça sonne. Son associé répond et Monsieur Allard lui explique la situation. Quand c'est terminé, il raccroche et reprend sa carte.

Réponses : .... et ....

activité 55 La cabine téléphonique (2).
Dans les cabines téléphonique sont affichées des informations sur les fonctions de certaines touches du téléphone :

1. Vous voulez téléphoner d'une cabine téléphonique. Que faites-vous dans les situations suivantes ? Recherchez dans le document et notez le numéro de la touche correcte.

a. Vous voulez voir les indications en anglais sur l'écran.
— Vous tapez sur la touche n° ....

42 • Lire des instructions

b. Vous entendez mal votre correspondant.
– Vous tapez sur la touche n° ....

c. Vous voulez rappelez immédiatement le même numéro.
– Vous tapez sur la touche n° ....

d. Vous ne comprenez pas bien le français.
– Vous tapez sur la touche n° ....

e. Vous voulez téléphoner à une autre personne, tout de suite après votre premier appel.
– Vous tapez sur la touche n° ....

f. Vous demandez à votre correspondant de vous rappeler dans la cabine.
– Quel numéro doit-il composer ? ....

	france telecom	Ici le numéro d'appel est le : 01 45 24 74 95
	Utilisation de l'appareil	
n° 1	🚩→🚩	Choix de la langue
n° 2	☎↓	Enchaîner les communications sans retirer la carte
n°3	🔊+	Amplifier le son
n° 4	Bis	Recomposer le dernier numéro appelé avec la même carte

2. Choisissez un synonyme pour les mots suivants dans l'ensemble ci-dessous.

a. Choix ....   **d.** Amplifier ....
b. Enchaîner ....   **e.** Recomposer ....
c. Retirer ....   **f.** Numéro d'appel ....

Diminuer   Augmenter le volume   Sélection   Numéro de téléphone
Obligation   Recommencer   Refaire
Annuler   Continuer
Numéro de carte   Refaire le numéro   Enlever   Décomposer

COMPRÉHENSION ÉCRITE

activité 56 — Observez le document puis répondez aux questions.

> **france telecom** Téléphonez plus facilement :
>
> 1. Décrochez, introduisez la carte, numérotez, parlez.
>
> • **En France métropolitaine et vers les DOM**, composez les 10 chiffres du numéro de votre correspondant.
>
> • **Vers l'étranger et les TOM**, composez le 00 + indicatif pays (voir tableau) + indicatif zone sans le zéro + numéro de votre correspondant.

Indicatifs pays	
Australie	61
Chine	86
États-Unis	1
France	33
Hongrie	36
Japon	81
Inde	91
Venezuela	58
Zimbabwe	263

1. Pour téléphoner à Montpellier, dans le sud de la France, Nicolas compose le :

    a. ❏ 00 33 04 67 61 78
    b. ❏ 33 04 67 91 78 02
    c. ❏ 04 67 91 78 02
    d. ❏ 33 46 79 17 80

2. Quel numéro doit composer Michèle, depuis la France, pour appeler son ami Keiichi au Japon ?

    1. ❏ Recherchez dans le tableau l'indicatif du Japon.
    2. ❏ Lisez les instructions pour appeler l'étranger.
    3. ❏ Choisissez le bon numéro :
        a. ❏ 00 03 34 90 76 98
        b. ❏ 00 81 03 34 90 76 98
        c. ❏ 03 34 90 76 98
        d. ❏ 00 81 3 34 90 76 98

3. Pour téléphoner dans votre pays depuis la France, quel numéro devriez-vous composer ?

    a. Quel est votre numéro de téléphone dans votre pays ?
       Notez-le ici : ....
    b. Quel numéro devez-vous composer depuis la France ? Regardez les indications de l'encadré.
       Notez-le ici : ....

4. Dans quel ordre doit-on procéder ? Regardez les images et relevez les lettres dans le bon ordre.

    n° 1 : ....
    n° 2 : ....
    n° 3 : ....
    n° 4 : ....

COMPRÉHENSION ÉCRITE

Écrivez maintenant sous les images les mots correspondants pris dans le document.

a. .... b. .... c. .... d. ....

activité 57 Au distributeur de billets.
1. Voici les indications mentionnées sur l'écran d'un distributeur automatique de billets. Remettez-les dans l'ordre où elles apparaissent.

a. Composez votre code à l'abri des regards indiscrets

b. Veuillez patienter, vérification en cours

c. Reprenez votre carte

d. Veuillez indiquer le montant désiré et tapez valider

e. Veuillez prendre votre ticket et vos billets

f. Introduiser votre carte SVP

Notez vos réponses dans le tableau :

Ordre	1.	2.	3.	4.	5.	6.
Écran						

2. Parfois, cette indication apparaît. Quelle est sa signification ? Que doit-on faire ?

Code non valide
Veuillez recomposer votre code SVP

a. ❏ Je me suis trompé de code, je dois recommencer.
b. ❏ Mon code a changé, je dois contacter ma banque.
c. ❏ Le code est bon mais il n'y a plus d'argent dans le distributeur.
d. ❏ Le code est inutile pour retirer de l'argent.

Lire des instructions • **45**

COMPRÉHENSION ÉCRITE

3. À quel écran correspondent les situations suivantes ? Notez la lettre qui correspond. (Attention ! il y a seulement quatre bonnes réponses.)

1. ....

2. ....

3. ....

4. ....

5. ....

46 • Lire des instructions

activité 58 Lisez ce document.

Parc animalier La Savane

Consignes de sécurité

Pour votre sécurité et le bien-être des animaux, il est impératif de respecter les consignes de sécurité !

Il est strictement interdit de nourrir les animaux du parc.

❖ **Circuit en voiture**

- Les motos, vélos et voitures décapotables sont interdits.
- Prenez le minibus collectif.
- Roulez lentement : 10 km/h maximum.
- Ne laissez pas les fenêtres de votre voiture ouverte.
- N'ouvrez les portières en aucun cas.

**DANS LE PARC À LIONS
DANGER !**

- N'arrêtez pas votre voiture près des animaux.
- Ne descendez de votre voiture sous aucun prétexte.
- En cas d'accident ou de panne : KLAXONNER 3 fois longuement, un responsable viendra vous aider.

❖ **Circuit à pied**

- Ne quittez pas les chemins.
- Ne grimpez pas sur les murs.
- Ne courez pas derrière les animaux.
- Ne nourrissez pas les animaux.
- Ne jetez rien sur les animaux.
- Les feux sont strictement interdits ; ne fumez pas.

1. Dites si ces affirmations sont vraies ou fausses. Si c'est faux, relevez l'information correcte.

	Vrai	Faux
a. La vitesse minimum dans le parc est de 10 km/h.	❏	❏
....		
b. On peut se promener à pied dans le parc à lions.	❏	❏
....		
c. On doit arrêter sa voiture juste à côté des lions.	❏	❏
....		

COMPRÉHENSION ÉCRITE

　　　d. On ne doit pas rouler en bicyclette dans le parc.　　　❏　❏
　　　..
　　　e. Il est interdit d'ouvrir les fenêtres de la voiture dans le parc.　❏　❏
　　　..

2. Qu'est-ce qu'on ne peut pas faire dans le circuit à pied ? Entourez les réponses.

a. 　　　　　　　　　b. 　　　　　　　　　c.

d. 　　　　　　　　　e. 　　　　　　　　　f.

3. Choisissez la phrase qui a le même sens.

1. Ne descendez de votre voiture sous aucun prétexte.
　　a. ❏ On peut descendre de voiture où on veut.
　　b. ❏ Il est interdit de descendre de voiture.

2. N'ouvrez les portières en aucun cas.
　　a. ❏ Il faut toujours garder les portes de la voiture fermées.
　　b. ❏ On peut ouvrir les portes de la voiture pour donner à manger aux animaux.

3. Ne quittez jamais les chemins.
　　a. ❏ On peut se promener où on veut.
　　b. ❏ On est obligé de rester sur le parcours indiqué.

48 • Lire des instructions

COMPRÉHENSION ÉCRITE

activité 59 Lire et comprendre des consignes de sécurité.
Observez attentivement les documents.

e. ......   i. ......

Savoir pour ne jamais regretter

ASSISTANCE PUBLIQUE — HÔPITAUX DE PARIS

a. ......
EN CAS D'INCENDIE
GARDEZ VOTRE CALME

b. ......
DONNEZ L'ALERTE
Briser la glace — 33 33

PRÉCISEZ VOTRE POSITION

c. ......
Attaquez le foyer au moyen des extincteurs appropriés
OU
Isolez le local sinistré en fermant les portes de celui-ci
d. ......

Si vous êtes bloqué dans la fumée baissez-vous, l'air frais est près du sol

N'utilisez pas les ascenseurs ou monte-charge

Suivez les instructions du personnel en place

Dirigez-vous vers les compartiments voisins

Ne revenez pas en arrière sans y avoir été invité

MESURES PRÉVENTIVES
• Respectez et faites respecter les consignes et affichettes de sécurité.
• N'encombrez pas les issues de secours et les circulations.
• Ne déposez pas de matières combustibles dans les circulations.
• Relisez souvent la consigne particulière propre à votre service.
• Respectez l'interdiction de fumer.

MOYENS D'EXTINCTION
• Différents types d'appareils extincteurs
  bois
  papier
  tissu
  plastique

  solvants
  graisses
  feux d'origine électrique

• Feu sur une personne : étouffer le feu au moyen d'une couverture ou utiliser un extincteur à eau pulvérisée.

❶

f. ......   g. ......   h. ......   j. ......

CONSIGNES DE SÉCURITÉ

LE FEU : COMMENT RÉAGIR ?

1. Gardez votre calme, donnez l'alarme en téléphonant au 3333 (24 heures sur 24, 7 jours sur 7).
2. Procédez à l'extinction des feux au moyen des extincteurs d'incendie placés aux extrémités des couloirs.
3. Si vous ne pouvez éteindre le feu avec un seul extincteur, isolez le local en fermant les portes.
4. Ne retournez jamais dans ce local.
5. Si vous êtes bloqué dans la fumée, baissez-vous, l'air frais est près du sol.
6. N'utilisez jamais les ascenseurs quand un incendie est déclaré.

MESURES PRÉVENTIVES

❖ Respectez les consignes et affichettes de sécurité.
❖ N'encombrez pas les issues de secours.
❖ Respectez et faites respecter l'interdiction de fumer.

EN CAS DE DANGER : ÊTRE EFFICACE, C EST D'ABORD ÉVITER LA PANIQUE

❷

Lire des instructions • **49**

COMPRÉHENSION ÉCRITE

1. Ces consignes de sécurité concernent :

    a. ❑ les dangers de la route
    b. ❑ l'utilisation de produits toxiques
    c. ❑ les incendies
    d. ❑ un sport dangereux

2. Où peut-on voir le document n° 1 ?

    a. ❑ dans les cinémas de Paris
    b. ❑ dans les hôpitaux parisiens
    c. ❑ dans les grands magasins
    d. ❑ dans les écoles publiques

3. Dans le texte du document n° 2, soulignez tous les mots ou les expressions qui justifient votre réponse à la question 1, puis écrivez-les dans la liste.

Exemple : le feu
    a. ....
    b. ....
    c. ....
    d. ....
    e. ....
    f. ....

4. Dans le document n° 1, retrouvez les symboles (dessins) qui illustrent les consignes de sécurité n° 1, 2, 3, 5 et 6 du document n° 2. Entourez-les et notez le numéro sur le document lui-même.

Puis relevez les lettres dans ce tableau :

1	2	3	4	5	6
			X		

5. En cas d'incendie, quelles sont les consignes ? Dites si c'est vrai ou faux.

	Vrai	Faux
a. Ne pas paniquer.	❑	❑
b. Rester le plus près possible du sol pour ne pas respirer la fumée.	❑	❑
c. Appeler au secours pas la fenêtre.	❑	❑
d. Bien fermer les portes des endroits où il y a le feu.	❑	❑
e. Prendre l'ascenseur pour sortir le plus rapidement possible.	❑	❑
f. Essayer d'éteindre le feu avec les extincteurs.	❑	❑
g. Rester debout dans la fumée et ne pas bouger.	❑	❑
h. Passer par le couloir pour sortir.	❑	❑
i. Téléphoner au numéro d'urgence pour prévenir.	❑	❑

activité 60   Lisez ce document et répondez aux questions.

BFK 200
RADIALEX
Notice d'utilisation   (F)

1. **Fonctionnalités**
   Peut souffler de l'air froid ou chaud selon votre choix.

2. **Mise en marche**
   – Brancher le cordon d'alimentation électrique dans une prise de courant.
   – Le témoin lumineux s'allume.

   - **Réglage**
     Position ✱ : l'appareil démarre en soufflage d'air froid.
     I : chauffage, puissance 1000 W
     II chauffage, puissance 2000 W
     O : arrêt

3. **Précautions d'emploi**
   a. Vérifier le cordon d'alimentation électrique.
   b. Ne rien poser sur la grille du ventilateur.
   c. Ne pas utiliser l'appareil près d'une baignoire, d'une douche ou d'une piscine.

4. **Nettoyage**
   - Nettoyez l'extérieur avec un chiffon légèrement humide.
   - **Ne pas laisser pénétrer d'eau à l'intérieur de l'appareil.**

---

1. Il s'agit d(e) :

     a. ❏ une recette de cuisine
     b. ❏ un mode d'emploi
     c. ❏ un manuel de survie
     d. ❏ un manuel d'électronique

2. Cette notice d'utilisation concerne l'utilisation d(e) :

     a. ❏ un sèche-linge
     b. ❏ un grille-pain
     c. ❏ une cuisinière
     d. ❏ un radiateur

3. Pour les situations suivantes, dans quelle partie du document allez-vous trouver des informations ? Relevez le numéro et le nom de la rubrique.

Situations	Vous consultez la rubrique...
a. Vous voulez savoir à quoi sert cet appareil.	n° ....
b. Vous utilisez l'appareil pour la première fois.	n° ....
c. Vous voulez éviter les accidents.	n° ....
d. Pour l'entretien de l'appareil.	n° ....
e. Vous voulez comprendre les différentes positions du bouton de mise en route.	n° ....

COMPRÉHENSION ÉCRITE

4. Répondez aux questions et justifiez en relevant les mots ou expressions du document.

1. Sur quelle position l'appareil est-il arrêté ?   a. ☐ O   b. ☐ I   c. ☐ II

2. Lorsqu'on règle en position ✱ l'appareil chauffe.   ❑ Vrai   ❑ Faux
   Justifiez votre réponse en relevant les mots du document : ....
   ....

3. Il est dangereux de placer l'appareil à côté d'une baignoire.   ❑ Vrai   ❑ Faux
   Justifiez : ....

4. Il faut faire attention à ne pas laisser entrer d'eau dans l'appareil.   ❑ Vrai   ❑ Faux
   Justifiez : ....

2- Lire pour s'orienter

activité 61   De quels types de documents s'agit-il ? Choisissez dans la liste le type correspondant à chaque document puis notez vos réponses dans le tableau.

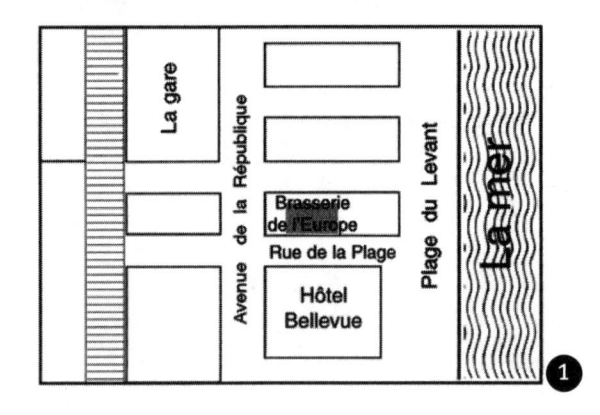

1) Plan : La gare, Avenue de la République, Brasserie de l'Europe, Rue de la Plage, Hôtel Bellevue, Plage du Levant, La mer

2) Librairie Tricher
facture
N°050602073423
07/011/06   16 :45 :21

Feutre lilot finliner vert   1   1,15€
Enveloppe kraft 114x162   1   0,80 €

1,95 €

Nombre d'articles   2
Total à payer   1,95 €
                 12,79 F

Dont TVA   0,32€

Ouverture du lundi au samedi
De 10 heures à 19 heures
Merci pour votre visite

4) Mardi 7 janvier
Menu suggestion

Saucisson à l'ail
ou
Œuf dur mayonnaise
******
Rôti de porc purée
ou
Sauté d'agneau pommes ragoût
****
Mousse chocolatée
ou
Tranche glacée vanille chocolat
****
1/2 de vin rouge
ou 1/2 Badoit ou Évian

3)

15 Départ de Bellecour - Direction Irigny						
Lundi-Vendredi						
6H	7H	8H	9H	10H	11H	12H	13H
03	08	05	02	11	05	01	05
16	23	17	17	29	09	11	08
35	35	48	46	47	27	23	25
46	42		57		41	30	34
58	51				56	56	49

52 • Lire pour s'orienter

COMPRÉHENSION ÉCRITE

Multivitamines
Vitamines et oligo-éléments
Arôme citron vert
15 comprimés effervescents

Vitamine B1 .... 1,600 mg
Vitamine B2 .... 2,000 mg
Vitamine B9 .... 0,400 mg
Vitamine B12 .... 0,004 mg
Vitamine C .... 150,000 mg
Vitamine E .... 20 UI
Vitamine PP .... 30,000 mg

❺

a. Un horaire
b. Une carte de visite
c. Un ticket de bus
d. Un plan
e. Un menu
f. Un ticket de caisse
g. Une publicité
h. Une notice

Documents	1	2	3	4	5
Types					

activité 62 Observez ces documents.

Le Turquoise
SPÉCIALITÉS TURQUES
Tél : 03 27 249 248
Du mardi au vendredi
12h-14h / 19h-22h30
le samedi
19h-1h30
le dimanche
19h-22h30

❶

La Crêperie de Mélanie
Crêpes - Galettes   ouverte toute l'année
Entrecôte   de 11h30 à 14h30
Plat du Jour   et de 19h00 à 22h30
Fermée Dimanche et Lundi Soir
102, RUE DU THÉÂTRE, 75015 PARIS - TÉL. 01 45 77 33 88
R.C. 327 374 989 00017   APE 553A

❷

Traiteur Asiatique
PHENIX D'OR
金鳳凰
Tél : 01 47 00 38 14
26 Rue de la Roquette 75011 Paris
M° : Bastille - ligne 1, 5, 8

❸

"LE DELPHES"
PH. GOTZORIDES
20, rue de la Huchette
75005 PARIS
01 43.54.20.15

❹

LE TAJ - MAHAL
Restaurant Pakistanais - Indien
Spécialités:
TANDOORI
GRILLADES
CURRY
RIZ
Horaires du restaurant:
12h00 à 14h00
19h00 à 23h00
Plats à emporter - 10%
Menus
midi 5,50€ 8,50€ 10,00€
soir 13,00€ 15,00€ 19,00€
Tél. 02 41 87 57 00
Ouvert tous les jours
NOUVEAU RESTAURANT
22 rue Boisnet 49100 ANGERS Apéritif offert sur présentation de cette carte

❺

Lire pour s'orienter • 53

COMPRÉHENSION ÉCRITE

1. Des personnes souhaitent manger au restaurant. Elles sont toutes des goûts différents. Indiquez-leur un restaurant choisi parmi ceux proposés.

                                                                                 Ils peuvent aller à/au :

    a. Jacques et Annie aiment les crêpes. ....
    b. Franck et Véronique préfèrent la cuisine chinoise. ....
    c. Noémie aimerait bien manger de la cuisine turque. ....
    d. Maxime a envie de manger grec. ....

2. Quel numéro de téléphone doivent-ils composer pour réserver une table au restaurant ?

    a. Jacques : ....
    b. Franck : ....
    c. Maxime : ....
    d. Noémie : ....

3. Quels sont les restaurants fermés le dimanche midi ?
    a. ....
    b. ....

4. Si l'on veut aller au restaurant chinois, à quelle station de métro faut-il descendre ?
....

5. Dans quelle rue se trouve le restaurant le Taj-Mahal ?
....

6. À quelle adresse doivent se rendre Jacques et Annie pour dîner ?
....

activité 63

Art'Coiff

Ouvert du lundi au samedi journée continue

Bénéficiez d'une réduction de 10 % à la présentation de ce document

Masculin Coupe 9 €

Féminin 25 €
- Shampooing
- Coupe
- Brushing

Enfant 11 €
- Shampooing
- Coupe
- Coiffage

• Coiffure des Mariées
• Forfait familial

40, St. Lazare - Angers.
Tél./Fax : 02 41 42 92 13
Mobile : 06 81 92 68 02

Place BICHON — Rue St. LAZARE — ART-COIFF N°40 — Direction AVRILLE — LA POSTE

à ne pas jeter sur la voie publique

COMPRÉHENSION ÉCRITE

Observez les documents et répondez aux questions.

Document 1
1. Quel magasin diffuse ce prospectus ?
    a. ❏ un salon de thé
    b. ❏ un magasin de lampes
    c. ❏ un salon de coiffure
    d. ❏ un magasin de vêtements

2. Quel est le nom du magasin ? ....

3. Quel est le jour de fermeture ? ....

4. Il est fermé entre 12 et 14 heures :   ❏ oui   ❏ non
Justifiez votre réponse ....

5. Pour avoir la réduction de 10 %, il faut :
    a. ❏ apporter le prospectus au magasin
    b. ❏ présenter sa carte d'identité
    c. ❏ acheter un shampoing
    d. ❏ avoir beaucoup de chance

Lire pour s'orienter • 55

COMPRÉHENSION ÉCRITE

Document 2

1. Ce prospectus sert à :
   a. ❏ annoncer l'ouverture d'un nouveau magasin
   b. ❏ informer des nouveaux horaires d'ouverture
   c. ❏ informer de l'arrivée des nouveaux patrons
   d. ❏ annoncer la fermeture du magasin

2. Il s'agit d'une :
   a. ❏ boucherie   c. ❏ laverie
   b. ❏ mercerie   d. ❏ boulangerie

3. Nom du magasin : ....

4. Date du changement : ....

5. Noms des propriétaires : ....

6. L'adresse a changé :   ❏ oui   ❏ non

7. Situation précise du magasin : ....

activité 64 Voici le menu d'un restaurant français. Certains titres et quelques plats ont été oubliés. Pouvez-vous les replacer au bon endroit ? Attention ! des mots pièges se sont glissés dans la liste.

Boissons - Camembert - Charentaise - Desserts - Lasagnes bolognaises - Œufs durs mayonnaise - Pâté de sable - Salade mélangée - Salades - Steak au poivre poêlé pommes frites - Tarte aux fraises crème chantilly - Soupière.

```
                    MENU
                   Entrées
Potage aux courgettes        Crevettes roses
Pâté de lapin                Escargots la douzaine
1. ..........................  Jambon de Paris cornichon

            2. ..........................
Salade de concombre          3. ..........................
Salade de chou rouge         Céleri rémoulade

                Plats complets
Roti de porc purée Saint-Germain   Escalope de veau petits pois
4. ..........................       5. ..........................
Poulet rôti gratin dauphinois      Côte d'agneau haricots verts

                  Fromages
6. ..........................       Roquefort
Fromage pur chèvre                 Comté du Jura

            7. ..........................
Clafoutis aux griottes        8. ..........................
Compote de poires             Mousse au chocolat

            9. ..........................
Eau minérale                         Soda - Jus de fruits
Vin pétillant                        Côte de Blaye AOC
Vin en carafe : rouge/rosé/ blanc 25 cl/50 cl   Beaujolais Villages
```

56 • Lire pour s'orienter

COMPRÉHENSION ÉCRITE

activité 65 Observez les panneaux suivants puis répondez aux questions.

1 Avancez vers le fond SVP

2 Zone non fumeur — Salle du fond

3 Film interdit aux moins **de 12 ans** — Certaines scènes peuvent choquer les plus jeunes

4 Pelouse interdite — Ne pas franchir

5 Soldes d'été − 50 % sur tout le stock

6 (pictogramme cigarette barrée — interdiction de fumer)

7 A LOUER T3 70m² — Leblond Immobilier — 04 78 45 78 89

8 BAIGNADE INTERDITE

9 35-23635 — IV LICENCE — LOI du 24 septembre 1941

10 Le magasin sera fermé du 1er au 21 août pour les congés annuels.

1. Où peut-on trouver ces panneaux ?

	1	2	3	4	5	6	7	8	9	10
Dans un café										
À la piscine										
Dans un lieu public										
Dans le bus										
Sur un immeuble										
Sur la vitrine d'un magasin										
Au bord de l'eau										
Dans un bureau de poste										
Sur la porte d'une boulangerie										
Dans un restaurant										
Dans des toilettes publiques										
Dans un jardin public										
À l'entrée d'un cinéma										

2. Que signifient-ils ? Reliez la phrase à la réponse correcte.

N°1   Avancez vers le fond

- Ne bougez plus.
- Descendez du bus.
- Allez vers l'arrière du bus.
- Déplacez-vous vers l'avant du bus.

Lire pour s'orienter • 57

COMPRÉHENSION ÉCRITE

N° 3   Film interdit au moins de 12 ans
- Un enfant de moins de 12 ans a l'autorisation de voir le film.
- Les enfants de moins de 12 ans sont interdits dans ce cinéma.
- Un enfant de moins de 12 ans n'a pas le droit de voir le film.
- Tous les enfants de 12 ans peuvent voir le film.

N° 5   Soldes d'été
– 50 % sur tout le stock
- Tout est vendu à moitié prix.
- Tous les articles sont en stock.
- La moitié du stock est en solde.
- Tout est déjà vendu.

N° 8   Baignade interdite
- La baignade est agréable.
- On ne peut pas se baigner.
- La baignade est autorisée.
- On ne peut pas plonger.

N° 10 Le magasin sera fermé du 1er au 21 août pour les congés annuels
- Fermeture définitive du magasin.
- Fermeture pour cause d'inventaire.
- Ouverture fin août.
- Fermeture pour les vacances.

3. À quel panneau correspondent les phrases suivantes ?

a. J'ai arrêté de fumer depuis deux mois, je ne supporte plus l'odeur du tabac quand je mange.
- n° ....

b. On va s'asseoir dans l'herbe, c'est plus agréable.
- n° ....

c. Je cherche un appartement plus grand, de trois pièces, avec balcon et parking.
- n° ....

d. Vous n'avez pas le droit de fumer, monsieur, vous avez vu le panneau là-bas?
- n° ....

COMPRÉHENSION ÉCRITE

activité 66   Observez les documents et répondez aux questions.

1.

NOUVEAU à ANGERS
DISCOTHÈQUE TROPICALE
ASTORIA
EX PHOEBUS
avec GUY-DS

INAUGURATION VEND 11 MARS
GRATUIT POUR TOUS
avant minuit et 10€ + conso après minuit
1 cocktail de bienvenue vous sera offert

SAM 12 MARS EN SPECTACLE
DADDY MORY
Entrée 12€ + conso

SALLE V.I.P. DJ GUY-DS
Ambiance assurée Cocktail de musique BLACK

Ouvert tous les VENDREDIS, SAMEDIS et VEILLES de JOURS FÉRIÉS
Les vendredis : entrées féminines gratuites avant 1h, hors spectacle
La direction se réserve le droit d'entrée

L'ACCÈS AU PARADIS EST RÉSERVÉ AUX ANGES

ASTORIA EX PHOEBUS
Route de Nantes - RN 23 - St Martin du Fouilloux
à 7 min d'Angers - RENS & RÉSA 02 41 43 19 97 / 06 10 98 01 47
Ne pas jeter sur la voie publique

2.

ENTREZ DANS LA FONCTION PUBLIQUE AVEC
FORMAD

PRÉPARATIONS AUX CONCOURS ADMINISTRATIFS
- Cours en présence
- Cours à distance
- Cours en e-learning

www.formad.fr   08 1234 5678

3.

Initiez-vous au japonais

Des cours axés sur la communication orale en mini-groupe de 2 à 6 personnes maximum et sans frais d'inscription !

- Horaires : Tous les jeudis (18h30-20h30)
- Dates : Du 10 mars au 26 mai 2005
- Niveau : Débutant
- Tarifs : 348€ le stage

L'Atelier des Langues
75, rue des Dames 75017 Paris (métro Rome)
01 43 87 00 92 latelierdeslangues@wanadoo.fr

4.

SOIREE FRANCO-CHINOISE
牡丹亭中法文化交流社团联欢晚会

JEUDI 27 NOVEMBRE
LA PÉNICHE   21H00

1 CONSO GRATUITE ! ! !
JEUX
ANIMATIONS
SOIREE DANSANTE

PLEIN TARIF : 8 €
TARIF ADHÉRENTS : 5 €

Le Pavillon aux Pivoines, Association franco-chinoise
E-mail : pav-piv@wanadoo.fr - www.pav-piv.com
Tel : 06 62 78 53 56 Ne pas jeter sur la voie publique

Lire pour s'orienter • 59

COMPRÉHENSION ÉCRITE

1. Notez dans le tableau le numéro du document qui a pour but de :

	N° du document
a. proposer une formation professionnelle	
b. annoncer une soirée franco-asiatique	
c. annoncer l'ouverture d'une nouvelle discothèque	
d. proposer des cours de langue	

2. Lisez et choisissez le document qui correspond à chacune.
Puis cochez si la personne peut ou ne peut pas et justifiez avec les informations trouvées dans les documents.

    a. Je travaille tous les jours jusqu'à 21 h. Je voudrais aller à la soirée franco-chinoise.
    Document n°..........
        ❏ Je peux   ❏ Je ne peux pas
    Pourquoi ? ....

    b. Je voudrais prendre des cours de japonais, je travaille les lundis et jeudis soir jusqu'à 19 h 30.
    Document n°..........
        ❏ Je peux   ❏ Je ne peux pas
    Pourquoi ? ....

    c. J'aimerais devenir professeur d'anglais. J'ai vu une annonce pour une formation. Je vais m'inscrire.
    Document n°..........
        ❏ Je peux   ❏ Je ne peux pas
    Pourquoi ? ....

d. Je parle déjà très bien japonais. Je prends des cours depuis deux ans, je sais lire et écrire plus de 1000 caractères. Je vais m'inscrire au cours proposé à l'Atelier des langues.
    Document n°..........
        ❏ Je peux   ❏ Je ne peux pas
    Pourquoi ? ....

e. J'adore danser et le week-end je sors souvent avec mes amis. La semaine prochaine, il y a une soirée le vendredi. Malheureusement, je n'ai plus assez d'argent pour les sorties.
    Document n°..........
        ❏ Je peux   ❏ Je ne peux pas
    Pourquoi ? ....

COMPRÉHENSION ÉCRITE

activité 67 Lisez d'abord les questions qui suivent ce document. Ensuite, cherchez dans le texte les informations demandées.

ROISSYBUS

Pour vous rendre de l'aéroport Charles-de-Gaulle au cœur de Paris, choisissez la ligne directe ROISSYBUS
To get the center of Paris from the Charles-de-Gaulle Airport, choose the direct line ROISSYBUS

Horaires de Roissybus / Schedule of Roissybus

- Départ d'Opéra tous les jours : toutes les 15 minutes de 5h45 à 20h et toutes les 20 minutes de 20h à 23h
- Départ de Roissy Aérogare 2 tous les jours : toutes les 15 minutes de 6h00 à 20h et toutes les 20 minutes de 20h à 23h

- Departure from Opera daily : every 15 minutes from 5.45 a.m. to 8.00 p.m. and every 20 minutes from 8.00 to 11.00 p.m.
- Departure from Charles de Gaulle Airport Terminal 2 daily: every 15 minutes from 6.00 a.m. to 8.00 p.m. and every 20 minutes from 8.00 to 11.00 p.m.

Prix du trajet / Trip cost

- Billet spécial 48 F ou 7,32 € (tarif au 1/7/99), "Paris Visite" 5 zones ou carte Orange 5 zones.
- Special ticket 48 F ou 7.32 € (tariff as of 1/7/99), pass "Paris Visite" 5 zones, carte Orange 5 zones (monthly pass).

Durée du trajet / Duration of the trip

- 45 minutes en moyenne
- 45 minutes on average

Où acheter votre billet / Where to buy your ticket

- A bord de Roissybus
- Aux distributeurs automatiques des points d'arrêt
- Aux comptoirs Ratp Aérogares 1 et 2, de 7h30 à 18h30

- On all Roissybus shuttles
- From vending machines at bus stops
- At the Ratp desks Terminals 1 and 2, from 7.30 a.m to 6.30 p.m

Où trouver Roissybus ? / Where to find Roissybus ?

- A Paris : RER Auber, métro Opéra ; Rue Scribe, devant American Express
- Aérogares 2B et 2D, porte D11. Aérogare 2A et 2C, porte A10. Aérogares 2F, porte H niveau arrivée. Aérogare T9. Aérogare 1 porte 30 niveau arrivée.

- At Paris : RER Auber, metro Opéra ; Rue Scribe, front of American Express
- Terminals 2B and 2D, gate D11. Terminals 2A and 2C gate A10. Terminal 2F gate H, arrival level. Terminal T9. Terminal 1 gate 30 arrival level.

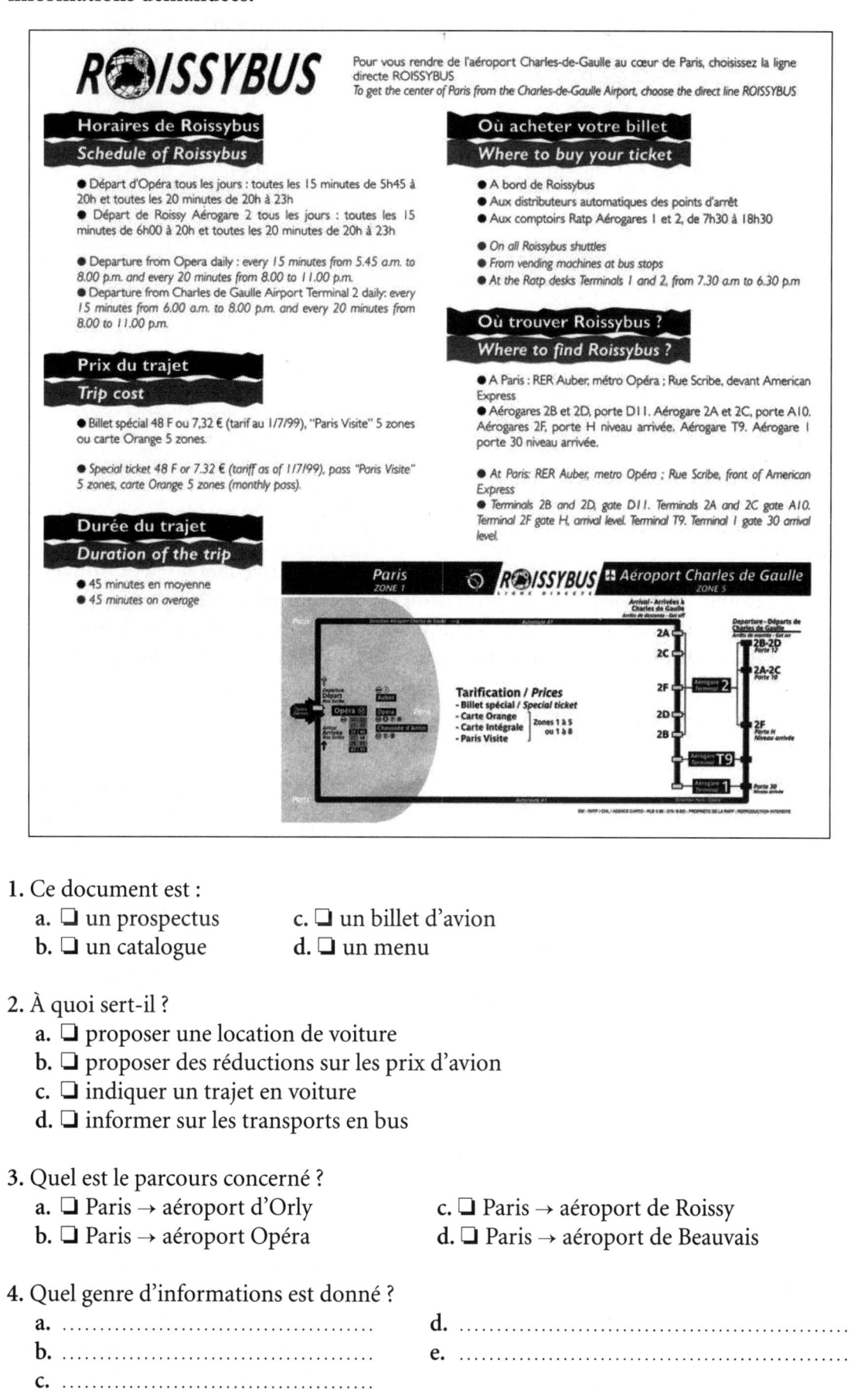

---

1. Ce document est :
   a. ❏ un prospectus   c. ❏ un billet d'avion
   b. ❏ un catalogue   d. ❏ un menu

2. À quoi sert-il ?
   a. ❏ proposer une location de voiture
   b. ❏ proposer des réductions sur les prix d'avion
   c. ❏ indiquer un trajet en voiture
   d. ❏ informer sur les transports en bus

3. Quel est le parcours concerné ?
   a. ❏ Paris → aéroport d'Orly   c. ❏ Paris → aéroport de Roissy
   b. ❏ Paris → aéroport Opéra   d. ❏ Paris → aéroport de Beauvais

4. Quel genre d'informations est donné ?
   a. ....   d. ....
   b. ....   e. ....
   c. ....

Lire pour s'orienter • **61**

COMPRÉHENSION ÉCRITE

5. Combien coûte le billet ? ....

6. Combien de temps faut-il pour aller de Paris à l'aéroport ? ....

7. D'où part-on à Paris ? ....

8. On peut acheter les tickets à plusieurs endroits :
   a. ❏ au distributeur   d. ❏ au comptoir à l'aéroport
   b. ❏ dans l'avion   e. ❏ au bureau de tabac
   c. ❏ dans le métro   f. ❏ dans le bus

9. À quelle heure part le premier bus de Paris le matin ? ....

10. À quelle heure part le dernier bus de l'aéroport ? ....

11. Quel est le premier endroit où le bus s'arrête à l'aéroport en venant de Paris ? ....
....

12. Quel est le dernier arrêt à l'aéroport ? ....

activité 68 — Les « Pages jaunes » sont le nom d'un annuaire dans lequel on peut trouver l'adresse et le numéro de téléphone de professionnels, de tous les domaines, dans une région. Il existe aussi un service « Pages Jaunes » sur Internet qui permet de trouver les informations. Les adresses et numéros de téléphone sont rassemblés par thème.

Voici les rubriques que vous pouvez trouvez sur le site Internet :

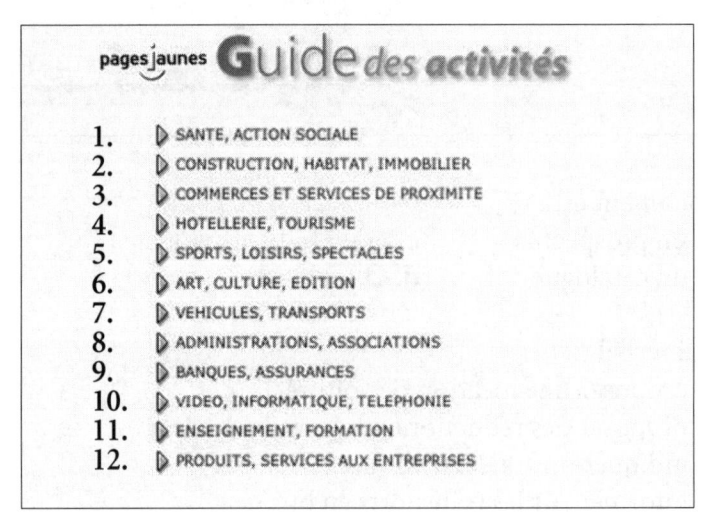

pages jaunes Guide des activités

1. ▷ SANTE, ACTION SOCIALE
2. ▷ CONSTRUCTION, HABITAT, IMMOBILIER
3. ▷ COMMERCES ET SERVICES DE PROXIMITE
4. ▷ HOTELLERIE, TOURISME
5. ▷ SPORTS, LOISIRS, SPECTACLES
6. ▷ ART, CULTURE, EDITION
7. ▷ VEHICULES, TRANSPORTS
8. ▷ ADMINISTRATIONS, ASSOCIATIONS
9. ▷ BANQUES, ASSURANCES
10. ▷ VIDEO, INFORMATIQUE, TELEPHONIE
11. ▷ ENSEIGNEMENT, FORMATION
12. ▷ PRODUITS, SERVICES AUX ENTREPRISES

Sur quelle rubrique doit-on cliquer si on cherche les services suivants ?
Notez le numéro.

	Rubrique		Rubrique
a. Un médecin	......	f. Une salle de sport	......
b. Une pizzeria	......	g. La préfecture	......
c. Une agence immobilière	......	h. Un magasin de sport	......
d. Un cours de langue étrangère	......	i. Une agence de location de voitures	......
e. Une compagnie aérienne	......	j. Une librairie	......

62 • Lire pour s'orienter

COMPRÉHENSION ÉCRITE

activité 69 Voici maintenant quelques mots clés donnés dans l'annuaire des Pages jaunes pour faciliter la recherche d'informations. Lisez ce document.

Les mots clés

Pour faciliter votre recherche, consultez
les rubriques associées aux mots clés suivants

Administration	67	Avocats	152	Informatique	488	Médecins	562
Associations	122	Banque crédit	157	Internet	482	Meubles	587
Assurance mutuelle	126	Chauffage	214	Jardin	487	Musique	606
Automobiles garages	147	Enseignement	374	Location	502	Sport	758
		Immobilier	461	Maison	539	Vêtements	819
						Voyages	842

Les personnes suivantes sont à la recherche d'informations et de services. Elles vont chercher dans les Pages jaunes.
Quel est le mot clé qui les aidera à trouver la rubrique et l'information dont elles ont besoin ? Notez le mot en face de la situation.

Situations	Mots clés
a. Victor cherche d'urgence un dentiste.	
b. Aurore a besoin d'un billet d'avion pour le Chili.	
c. Léa cherche le numéro de téléphone d'une boutique de mode très connue.	
d. Francis veut demander conseil à un vendeur pour l'achat d'une guitare.	
e. Phil a des problèmes avec les radiateurs de son appartement.	
f. Gérard a décidé de faire du tennis à la rentrée.	
g. Clémence recherche un appartement.	
h. Monika veut se renseigner sur les cours de français dans sa ville.	
i. Guillaume souhaite refaire la décoration de sa maison.	
j. Edgar veut faire réparer sa voiture.	

activité 70 Les annonces suivantes sont tirées des Pages jaunes.

❶
Atout service 6j/7
....
Toutes marques
Électricité
Dépannage-rénovation
27 bd Gaston Dumesil 49100 Angers
02 41 86 17 77

❷
Garage Saint-Michel
Service rapide sans RDV
....
04 78 45 12 74
65 rue du Port Rambeau
69006 Lyon

❸
....
*Spécialiste du chignon et
des coiffures de mariée.
Tif' coiffure : 9 place du
Marché 43200 Yssingeaux.*
04 71 72 24 24

❹
GRAND HOTEL DU LAC
*** 45 ch, tél direct, Canal+, restaurant,
bar, salons, jardin, piscine.
Accès direct à la plage..........................

33 route des Montagnes 74000 Annecy
04 56 62 34 34

Lire pour s'orienter • **63**

COMPRÉHENSION ÉCRITE

5.
Roucoule Transports
DÉMÉNAGEMENTS
....
Devis gratuit

78 bd de Strasbourg 49300 Cholet
02 41 65 60 00 / fax : 02 41 68 54 78

6.
Cuisine des îles
l'Antillais *Cédric et Josiane*
....
Pour vos repas de fêtes
Ambiance exotique et douceur des îles.
01 42 45 76 76
15 rue des Dames 75017 Paris

7.
Paul Trousseau
❖ Décoration d'intérieur
❖ Revêtement sols et murs
❖ ....

23 rue de Villoutreys 49000 Angers
02 41 66 74 33

8.
Crédit solidaire
Pour que votre argent ne dorme pas inutilement. Investissez dans des placements solidaires.
....
34 avenue de Clichy 75017 Paris
Email : cresol@bancanjou.fr
N° vert 0 800 224 224

1. Replacez dans chacun des documents ci-dessus les éléments de la liste.

   a. Vente neuf et occasion
   b. Tous les services d'une banque, la solidarité en plus
   c. Tif' Coiffure
   d. Terrasse au bord de l'eau
   e. Restaurant traiteur
   f. Peinture vitrerie façades
   g. Garde-meuble
   h. Électroménager

Relevez vos réponses dans le tableau.

Documents	1	2	3	4	5	6	7	8

2. Dans quelle situation, illustrée par les documents, peut-on entendre ces phrases ? Associez chaque situation à l'un des 8 documents.

   a. Je voudrais faire une réservation pour trois personnes, pour le 25 septembre. Une seule chambre avec vue sur le lac, bien sûr.
   b. Vous avez le choix entre plusieurs menus : menu des îles, menu des mers.
   c. Si vous ouvrez un compte chez nous, votre argent servira à des placements équitables.
   d. Je suis en panne à 15 km, je crois que c'est l'embrayage. Est-ce que vous pouvez me dépanner ?
   e. J'aimerais bien une coiffure assez moderne, avec des petites mèches plus claires sur le côté.
   f. J'ai environ 10 m² de mobilier à entreposer en attendant mon nouvel appartement. Qu'est-ce que vous me proposez ?
   g. Monsieur, ma télé est encore en panne. Pourtant vous êtes venu la réparer il y a à peine 15 jours. Je ne comprends pas.

COMPRÉHENSION ÉCRITE

h. C'est vous qui avez avez fait la décoration du nouveau restaurant italien, place Molière ? C'est superbe !

Notez vos réponses dans le tableau.

Phrases	a.	b.	c.	d.	e.	f.	g.	h.
Documents								

activité 71 Lisez ce document.

C'est la fête des voisins

Immeubles en fête

Le 31 mai prochain, vous êtes tous invités à partager un moment avec vos voisins afin de faire connaissance autour d'un verre ou d'un repas.

Vous souhaitez participer à cet événement ?
C'est simple !
Venez chercher les cartons d'invitation
et les affiches que nous avons créés pour vous.
Remplissez-les et déposez-les dans les
boîtes aux lettres de vos voisins.

Invitez vos voisins !
Comité « Immeubles en fête », 34 rue de Belleville, Paris

1. De quel type de document s'agit-il ?

a. ❑ Une invitation
b. ❑ Une annonce
c. ❑ Une lettre
d. ❑ Un article

2. Que propose-t-on de faire ?

a. ❑ Créer des affiches et des cartons d'invitation
b. ❑ Boire un verre avec des amis
c. ❑ Organiser une fête avec ses voisins
d. ❑ Distribuer des journaux dans les immeubles

3. Quand a lieu cet événement ? ....

4. Où cela se passe-t il ? ....

5. Qui peut participer ? ....

Lire pour s'orienter • **65**

COMPRÉHENSION ÉCRITE

6. Que faut-il faire pour participer ? Relevez les informations dans le texte et notez l'ordre exact.

a. ....
b. ....
c. ....

activité 72 Avant de lire le document, lisez la première question.
Ensuite seulement, lisez l'ensemble du document et répondez aux questions qui suivent.

1. Regardez le titre du document. De quel type de texte s'agit-il ?

a. ❏ Un article médical
b. ❏ Une publicité pour un médicament
c. ❏ Une notice de médicament
d. ❏ Un prospectus publicitaire

Médicament
Paracétamol 500 mg

Composition :
Paracétamol..500 mg

Forme pharmaceutique :
Comprimé - boîte de 16

Dans quel cas utiliser ce médicament ?
Ce médicament contient du paracétamol. Il est indiqué en cas de douleurs et/ou de fièvre telles que maux de tête, états grippaux, douleurs dentaires, courbatures.

Précaution d'emploi :
Si la douleur persiste plus de 5 jours ou la fièvre plus de 3 jours, ne pas continuer le traitement sans l'avis du médecin.

Comment utiliser ce médicament ?
Posologie
Cette présentation est réservée à l'adulte et à l'enfant à partir de 27 kg (environ 8 ans).
Pour les **adultes** et les enfants dont le poids est supérieur à 50 kg. La posologie usuelle est de 1 à 2 comprimés à 500 mg par prise, à renouveler au bout de 4 heures minimum. Ne pas dépasser 10 par jour.
Chez **l'enfant.** La posologie de paracétamol dépend du poids de l'enfant.
- Pour les enfants entre **27 et 40 kg** : 1 comprimé par prise, à renouveler au bout de 4 heures, **sans dépasser 4 comprimés par jour.**
- Pour les enfants entre **41 et 50 kg** : 1 comprimé par prise, à renouveler au bout de 4 heures, **sans dépasser 6 comprimés par jour.**

Mode et voie d'administration :
Voie orale. Les comprimés sont à avaler tels quels avec une boisson (par exemple eau, lait, jus de fruit).

2. A. Sous quelle forme ce médicament est-il proposé ?

Sous forme :
   a. ❏ de poudre
   b. ❏ de comprimé
   c. ❏ de gélule
   d. ❏ d'ampoule

B. Choisissez le dessin qui correspond à la forme du médicament : n°..........

1   2   3   4

3. Dans quel cas peut-on prendre ce médicament ? Cochez les cas mentionnés dans le document.

   a. ❏ Quand on tousse
   b. ❏ Quand on a mal à la tête
   c. ❏ Quand on a des ampoules aux pieds
   d. ❏ Quand on a une angine
   e. ❏ Quand on est fatigué
   f. ❏ Quand on a la grippe
   g. ❏ Quand on a de la température

4. Quel est le nombre maximum de comprimés que peut prendre un adulte par jour ?
....

5. Quel est le nombre maximum de comprimés que peut prendre un enfant de 30 kilos par jour ? ....

6. Comment doit-on prendre ce médicament ?

Il faut :
   a. ❏ le diluer dans l'eau
   b. ❏ l'avaler avec une boisson
   c. ❏ le mélanger avec un aliment
   d. ❏ le laisser fondre dans la bouche

7. Si la douleur ou la fièvre ne passent pas, que faut-il faire ?

   a. ❏ Jeter les médicaments
   b. ❏ Appeler les pompiers
   c. ❏ Prendre un autre médicament
   d. ❏ Consulter un médecin

COMPRÉHENSION ÉCRITE

3- Lire pour s'informer et discuter

activité 73 — Identifiez chacun des documents. Cochez la case du tableau qui correspond. Attention il y a 7 documents et seulement 6 possibilités.

---

1. **Gaufres croustillantes pur beurre**
Ingrédients : farine de froment, sucre, beurre (15%), œufs, sel.
À consommer avant le 12/12/2006. Conserver au sec.
Fabriqué en France pour Géfin, biscuiterie. Lille 59.

---

2. **Le temps aujourd'hui**

Temps gris sur toute la région en matinée.
Belles éclaircies dans l'après-midi.
Températures entre 8° le matin et 17° l'après-midi.

---

3. Partir.fr
Agence de voyages

Fiona Bellotto
3 impasse des Lys
69520 Grigny

Chère Cliente,

Nous avons le plaisir de vous faire parvenir vos billet d'avion. Commande N°wie-AA0224.

Nous vous souhaitons un agréable séjour.

L'équipe Partir.fr

---

4. **Faits divers**

500 paires de chaussures ont été volées la nuit dernière, dans un magasin du centre ville de Chalon-sur-Saône. Les voleurs ont cassé la vitrine pour s'introduire dans la boutique et dérober la marchandise. Des voisins ont donné l'alerte mais la police est arrivée trop tard sur les lieux…

Léon Soulier
Envoyé spécial

---

5. **ROBOTS**

Film d'animation
Pays : États-Unis
Durée : 1h30

L'histoire : Un petit robot, nommé Rodney, travaille avec son père, lave-vaisselle dans un restaurant. Il rêve d'une nouvelle vie et part à la rencontre d'un grand inventeur spécialiste des robots…
Notre avis : Ce film est spectaculaire. Effets spéciaux, humour et émotion sont au rendez-vous. Les amateurs du genre vont adorer. Les plus jeunes en particulier.

---

6. **RFE vous offre un voyage extraordinaire**

Partez à deux pour Hawaï pendant 10 jours, en plein océan Pacifique.
Profitez de la douceur de vivre dans les îles.
Vol Paris-Los Angeles-Honolulu A/R en Classe Affaires.
Écoutez notre radio du lundi au vendredi de 17 à 19 h
Et jouez avec nous.

---

7. **Petitprix**

Un nouveau magasin dans votre ville
Ouverture le 1ᵉʳ septembre

Services :
Service traiteur-réception
Livraison à domicile
Carte de fidélité
Location de caddy
1 heure de parking gratuit à partir de 20 € d'achat

Documents	Article de journal	Bulletin météo	Critique de film	Étiquette de biscuits	Publicité	Lettre	Annonce
1							
2							
3							
4							
5							
6							
7							

68 • Lire pour s'informer et discuter

COMPRÉHENSION ÉCRITE

activité 74 Lisez les titres des articles. D'après vous, dans quelle rubrique d'un journal peut-on les trouver ? Cochez la case correspondante.

① Vers un contrôle renforcé des chômeurs
② Deux enfants écrasés par un tracteur
③ **Une nouvelle ligne de métro pour les Parisiens**
④ Le temps : une amélioration s'annonce enfin
⑤ Visite du président serbe en Grèce
⑥ *Le Théâtre de l'Empire détruit par une explosion*
⑦ Un dictionnaire Internet en 14 langues
⑧ **Record de gain à l'Euromillions : 35 millions**
   Un gagnant mystérieux dans la Loire
⑨ **Ramassage des ordures ménagères : Vive le tri sélectif !**
⑩ Le portable volé sonne dans la chaussette
⑪ Une ligne aérienne Angers-Tours-Lyon devrait être créée
⑫ « Transparence », le nouveau film de Marc Besson sur tous les écrans dès mercredi

Rubriques	1	2	3	4	5	6	7	8	9	10	11	12
Emploi												
Transports												
Faits divers												
Météo												
Culture												
Environnement												
Sciences et techniques												
Jeux												
Étranger												

activité 75 Lisez ce petit document paru dans un magazine publié par la SNCF (la Société nationale des chemins de fer français) et répondez aux questions.

Plongée gratuite dans la magie Disney

Incroyable ! Les enfants voyagent gratuitement grâce à la SNCF et Disneyland Resort Paris. Pour chaque forfait Disneyland adulte acheté, incluant l'aller-retour en TGV effectué entre le 9 janvier et le 24 mars 2005 inclus[1], un enfant entre 4 et 11 ans peut bénéficier gratuitement du même forfait et de ses options, réservé et payé à l'avance, en même temps que le forfait adulte[2]. Une occasion rêvée de plonger aux sources de la magie Disney.

(1) Offre valable sur tous les TGV en 1re classe et sur les TGV de période normale en 2e classe. Seuls les frais de réservation sont à régler.
(2) L'enfant doit partager la chambre d'un ou plusieurs adultes, maximum quatre personnes par chambre.

RENSEIGNEMENTS : 0 825 305 300* (0,15 €/min) ou dans les agences de voyages agréées.

Lire pour s'informer et discuter • **69**

COMPRÉHENSION ÉCRITE

1. Quelle est l'offre proposée par la SNCF et le parc Disneyland Resort Paris ?

   a. ❏ Des entrées gratuites au parc Disney pour toute la famille.
   b. ❏ Des voyages gratuits en TGV pour les parents.
   c. ❏ Des voyages et séjours gratuits pour les enfants au parc Disney.

2. Quelles sont les conditions pour profiter de cette offre ?

   a. ❏ Acheter une entrée adulte pour le parc Disney.
   b. ❏ Acheter une entrée adulte pour le parc Disney et un billet de TGV.
   c. ❏ Acheter un billet de TGV pour un adulte pour Marne-la-Vallée.

3. Pour quelle période de l'année 2005 est-elle valable ?
   ....

4. Cette offre concerne les enfants de quel âge ?
   ....

activité 76 Associez les titres suivants aux extraits des articles.
1. Soulignez dans l'article les mots qui reprennent le thème du titre.
2. Écrivez le titre au-dessous du texte qui lui correspond.

> a. *Étonnants Voyageurs* lance un festival du film. Saint-Malo pousse le documentaire
>
> b. Les Galettes Saint-Michel ont 100 ans
>
> c. La première Nuit des musées promet d'être riche
>
> d. Farid s'appelait Mathieu au boulot
>
> e. Cannes : le 58e festival

1. Plus de 800 musées français ouvriront leurs portes ce soir pour ne les refermer qu'au milieu de la nuit. Le but de l'opération : encourager nombre de visiteurs, et surtout les jeunes, à se familiariser avec ces endroits qu'ils connaissent mal.

   Le Parisien, 14 mai 2005.

   Titre : ....

2. Les 46e marché du film a ouvert ses portes au Palais des Festivals, affichant une fréquentation en hausse de 10 % avec 8 672 participants venant de 79 pays : 3 507 films sont proposés aux 1 384 acheteurs enregistrés, dont 1 908 longs métrages terminés (550 premières mondiales).

   Libération, 13/05/2005.

   Titre : ....

3. Dans la vraie vie, il s'appelle Farid Hamraoui, a 23 ans et habite à Belfort. Chez Esdi-European Line, société de téléprospection, il s'appelait Farid… seulement lors des pauses. Au téléphone, avec les clients, Farid Hamraoui devenait Mathieu Duval.

   Libération, 14/05/2005.

   Titre : ....

70 • Lire pour s'informer et discuter

COMPRÉHENSION ÉCRITE

4. Elle est ronde, dorée à souhait. La célèbre galette qui fête cette année son centenaire a régalé des générations d'enfants. Rachetée en 1994 par l'Allemand Bahlsen, la biscuiterie et ses 280 salariés abordent sereinement le XXIe siècle.

Pascal Charoy. Ouest France, 14/02/2005.

Titre : ....

5. « Beaucoup de réalisateurs ne trouvent pas de diffuseurs parce que la télévision a trop formaté ces films, rappelle pourtant Rachid Ouadji. Elle veut des formats courts avec du people ou du spectaculaire. Ici, on a choisi de programmer des inédits, des films qui peuvent durer 1 h 30 ou bien 26 minutes. »

Ouest France, 4/05/2005.

Titre : ....

Relevez les réponses ici :

1	2	3	4	5

activité 77 Lisez le document et répondez aux questions.

Notre coup de cœur — **WEEK-END À DEUX**

3 jours/2 nuits (toute l'année sauf juillet et août)

Dans une ambiance romantique, venez profiter d'un court séjour au calme, préservé de l'agitation extérieure.

Découvrez avec un guide le charme de la cité.
Prenez le temps d'un petit déjeuner à deux.

Prix par personne, sur la base de deux personnes, à partir de **46,60 €** *(comprenant une visite guidée de Pornic, deux petits déjeuners et deux nuits d'hébergement en chambre d'hôtes, hôtel ou résidence de tourisme).*

Renseignements et réservation :
Office de tourisme de Pornic
Place de la Gare - B.P. 1110 - 44210 PORNIC Cedex
Tél : 02 40 82 04 40 - Fax : 02 40 82 90 12
Internet : www.ot-pornic.fr - E-mail : contact@ot-pornic.fr

Elle, 05/06/2004.

---

1. Quel est le but de ce document ?
    a. ❏ Annoncer un événement
    b. ❏ Présenter quelqu'un
    c. ❏ Présenter une région
    d. ❏ Proposer un séjour

Justifiez votre réponse en citant le texte :

....

Lire pour s'informer et discuter • 71

COMPRÉHENSION ÉCRITE

2. Quelles sont les informations données ? Cochez les réponses correspondantes.

- a. ❏ Les tarifs
- b. ❏ Les moyens de transports
- c. ❏ La période
- d. ❏ Le contact sur place
- e. ❏ La composition des repas
- f. ❏ L'atmosphère
- g. ❏ Le programme des visites
- h. ❏ Les musées de la ville
- i. ❏ Le climat de la région
- j. ❏ L'hébergement
- k. ❏ Le trajet

3. Quelle est la ville dont on parle ? ....

4. La découverte de la ville se fait :

- a. ❏ seul
- b. ❏ avec un accompagnateur

5. La proposition est valable pour :

- a. ❏ 1 personne seule
- b. ❏ 2 personnes
- c. ❏ Pour les groupes

6. Quel est le prix par personne ? ....

7. Que comprend le prix ?

a. Tous les repas	❏ oui	❏ non
b. Les transports	❏ oui	❏ non
c. Les petits déjeuners	❏ oui	❏ non

Justifiez vos réponses en relevant les mots du texte pour les questions suivantes :

d. Les nuits d'hôtel	❏ oui	❏ non

....

e. Toutes les visites	❏ oui	❏ non

....

8. L'offre est valable :

- a. ❏ pendant l'été seulement
- b. ❏ toute l'année sauf l'été
- c. ❏ toute l'année, y compris l'été

9. À qui faut-il s'adresser pour faire une réservation ?
....

72 • Lire pour s'informer et discuter

activité 78 Lisez l'article et répondez aux questions.

> # TGV EST EUROPÉEN :
> ## 37 millions de Français et d'Européens plus proches
>
> Juin 2007. Dans deux ans et demi, les voyageurs qui préféreront le TGV EST EUROPÉEN relieront Paris à Strasbourg en 2 heures 20, soit presque 2 heures de moins qu'aujourd'hui. Ils rejoindront Metz ou Nancy en 1 heure 30 (presque 3 actuellement), Reims en 45 minutes (soit 45 minutes de gagnées). Ils iront aussi, par exemple, directement de Strasbourg à Nantes en un peu plus de 5 heures et ils prendront le temps d'aller vraiment plus vite, la vitesse commerciale de ce nouveau matériel TGV pouvant être poussée à 320 km/h contre 300 (seulement) sur les autres lignes dédiées à la grande vitesse.
>
> *TGV Magazine*, mars 2005.

1. De quoi parle-t on dans cet article ?
....

2. Quel est l'origine ce document ?

   a. ❏ une lettre publicitaire
   b. ❏ un guide touristique
   c. ❏ un magazine

3. À partir de juin 2007, quelles seront les nouvelles lignes de train proposées aux Français ? Relevez les noms des villes de départ et d'arrivée des trains.

   a. .... → ....
   b. .... → ....
   c. .... → ....
   d. .... → ....

4. Combien de temps faut-il actuellement pour faire le voyage entre Paris et Metz ou Nancy ?
....

5. Combien de temps faudra-t il en 2007 pour aller de Nantes à Strasbourg en TGV ?
....

6. Quelle sera la vitesse du TGV sur ces nouvelles lignes ?
....

COMPRÉHENSION ÉCRITE

activité 79   **1.** Lisez l'article suivant. Recherchez et soulignez ces informations dans le texte.

    a. ❏ Sujet de l'article
    b. ❏ Origine et date de l'article
    c. ❏ Date et lieu de la compétition
    d. ❏ Type de sport
    e. ❏ Nombre d'équipes participantes
    f. ❏ Origine des équipes
    g. ❏ Distance parcourue
    h. ❏ Temps réalisé par l'équipe féminine d'Angers
    i. ❏ Temps réalisé par l'équipe masculine

2. Lisez maintenant ces petits textes. Choisissez celui qui correspond à l'article original.

LE CHIFFRE
56 min 24 s
c'est le temps qu'il a fallu au meilleur équipage d'aviron pour parcourir les 15 km autour de l'île Saint-Aubin. Angers Nautique organisait cette étonnante compétition les 19 et 20 mars pour des embarcations de huit rameurs en loisirs et vétérans. Une vingtaine d'équipages ont participé à cette épreuve dont certains venus de Bordeaux ou de Dunkerque. Au final : les embarcations angevines ont remporté la coupe des dames le samedi et celle des hommes le dimanche avec respectivement des temps de 1 h 03 et 56 min 24 s.

Vivre à Angers, n° 289, avril 2005.

1. L'année prochaine, les 19 et 20 mars aura lieu pour la 15e année consécutive une compétition de kayak dans la ville de Saint-Aubin près d'Angers. Les embarcations seront au nombre de vingt et des villes comme Dunkerque et Bordeaux ont déjà manifesté leur intérêt pour l'événement. Les Angevins pensent remporter la coupe des hommes avec un temps de 56 minutes et 24 secondes.

2. Environ 20 équipes venues de toute la France ont participé à une compétition d'aviron le 19 mars près d'Angers, à l'île Saint-Aubin. Ce sont les équipes locales qui ont remporté les épreuves dames et hommes. Les temps réalisés étaient d'à peine plus d'une heure pour les femmes et de moins de 60 minutes pour les hommes.

3. C'est le 19 mars qu'à eu lieu la dernière compétition d'aviron organisée à Angers. Elle accueillait cette année les équipes de deux villes : Dunkerque et Bordeaux. Les temps réalisés par les équipes angevines ont été d'à peine moins d'une heure pour les femmes et d'un peu plus pour les hommes pour effectuer le tour complet de l'île Saint-Aubin. La victoire a été remportée par l'équipe dunkerquoise.

74 • Lire pour s'informer et discuter

activité 80

DEMAIN, JE ROULE EN DEUX ROUES

Avec les beaux jours, l'envie vous titille de plaquer[1] titine[2] pour un scooter flambant neuf ou une petite 125 cm³ d'occasion. Avez-vous les reins assez solides ? Gros plan sur les prix.

À scooter comme à moto, vous économisez les frais d'horodateurs[3] et les contraventions sur le pare-brise. En prime, vous êtes zen et vous arriver à l'heure à vos rendez-vous. Adieu bouchon et embouteillage ! Vous gagnez du temps et le temps, c'est de l'argent, pas vrai ?

D'un autre côté, rouler en deux roues, ça taxe un max[4] ! Prévoyez un budget moyen annuel de 1700 euros, sans compter l'investissement de départ et le coût de la panoplie complète du parfait « rider » : casque, blouson…

Chantal Masson

1 : Abandonner.
2 : Surnom pour une voiture.
3 : Machine qui sert à payer les parkings.
4 : Cela coûte très cher.

1. Quel est le sujet de l'article ?

- a. ❑ Rouler en voiture
- b. ❑ Se déplacer à vélo
- c. ❑ Circuler à moto ou à mobylette
- d. ❑ Prendre les transports en commun

2. Cet article présente :

- a. ❑ les avantages
- b. ❑ les dangers
- c. ❑ les utilisateurs
- d. ❑ les bons et les mauvais côtés

} de ce moyen de transport.

3. Voici les avantages et les inconvénients de ce moyen de transport. Pouvez-vous retrouver les expressions qui expriment la même idée dans le texte ? Notez-les dans le tableau.

	Expressions du texte
a. Vous évitez les bouchons.	
b. L'équipement n'est pas bon marché.	
c. Vous n'êtes plus en retard.	
d. Vous ne perdez pas de temps.	
e. Le parking est gratuit.	
f. Vous ne recevez pas d'amende.	

4. Combien faut-il prévoir d'argent par an pour l'utilisation et l'entretien de ce moyen de transport ? ....

Lire pour s'informer et discuter • **75**

COMPRÉHENSION ÉCRITE

activité 81 Lisez les titres suivants et associez chacun à l'article correspondant. Notez votre réponse dans le tableau.

Titres	Articles
a. Une éventuelle sécheresse	
b. Une Logan roule vers l'ouest	
c. Un motard contrôlé à plus de 200 km/h	
d. Europe : un avenir pour les produits bio ?	
e. Ce soir, la remise des prix du concours Pop Reporter.com	
f. Immigration clandestine : rassemblement devant la préfecture	
g. Dans la peau d'un docteur « pas comme les autres »	
h. Marché aux fleurs : la flore méditerranéenne en vedette	
i. Le tabac montré du doigt	

1 Une promenade faite de photos et de films amateurs pour faire vivre au public le quotidien d'un volontaire de Médecins sans frontières sur le terrain, dans un camp de réfugiés en Afrique.

2 Cette année encore, il a attiré des milliers de visiteurs. Toutes sortes de variétés de fleurs, d'arbustes, d'oliviers, de palmiers et de mimosas ont été présentées au public par les producteurs de la région.

3 La pluie de ces derniers jours ne dispense pas de la prudence : les réserves d'eau du département sont très basses. Une limitation de la consommation d'eau s'impose.

4 Dernière née chez Renault, sous la marque Dacia, la Logan a été présentée hier au public.
D'abord destinée au marché d'Europe de l'Est, elle arrive aujourd'hui en France…

5 Pour une fois, on annonce des chiffres plutôt optimistes : les Français consomment moins de cigarettes, les jeunes aussi.
En 2005, on compte deux fois moins de fumeurs chez les 12-19 ans qu'en 2001.

6 Les représentants de la Ligue des droits de l'homme se rassembleront à 14 h 30 devant la préfecture pour s'opposer aux décisions du gouvernement contre l'immigration clandestine.

7 Hier, lors d'un contrôle routier réalisé entre 17 et 22 h, les gendarmes ont arrêté un motocycliste qui roulait à plus de 200 km/h. Son permis a été immédiatement retiré.

8 Créé il y a 17 ans sous le nom de Challenge du jeune reporter économique, il permet à des collégiens, lycéens ou étudiants de mettre en valeur, dans un film documentaire, les entreprises ou les services proposés dans notre région. La soirée palmarès se fera en musique.

9 L'association écologiste **« Les mains vertes »** propose un débat sur l'agriculture biologique, le mardi 15 juin à 20 h 30. Le projet en faveur du Bio Européen sera présenté durant cette rencontre.

COMPRÉHENSION ÉCRITE

activité 82 Relisez les articles de l'activité précédente, soulignez dans les textes les mots correspondants au thème et cochez le sujet qui convient.

Article 1 : a. ❑ La vie quotidienne des réfugiés
           b. ❑ La musique africaine
           c. ❑ La vie des médecins africains
           d. ❑ La vie d'un médecin français en Afrique

Article 2 : a. ❑ Un spectacle de variétés
           b. ❑ Un marché au bord de la mer
           c. ❑ Une exposition-vente de fleurs
           d. ❑ Les fleurs des montagnes

Article 3 : a. ❑ Les fortes pluies
           b. ❑ Le manque d'eau
           c. ❑ La consommation d'alcool
           d. ❑ La sécurité routière

Article 4 : a. ❑ Une nouvelle voiture
           b. ❑ Un prénom américain
           c. ❑ L'Europe de l'Est
           d. ❑ Une petite fille

Article 5 : a. ❑ L'augmentation du nombre de fumeurs
           b. ❑ La baisse du nombre de fumeurs
           c. ❑ L'augmentation du prix des cigarettes
           d. ❑ La baisse du prix des cigarettes

Article 6 : a. ❑ L'annonce d'une manifestation
           b. ❑ L'interdiction d'une manifestation
           c. ❑ Une demande d'autorisation pour une manifestation
           d. ❑ L'arrestation de clandestins

Article 7 : a. ❑ La disparition d'un chauffeur de camion
           b. ❑ Le permis de conduire
           c. ❑ L'accident d'un motocycliste
           d. ❑ L'excès de vitesse d'un conducteur de moto

Article 8 : a. ❑ Les jeunes et la découverte des entreprises
           b. ❑ Un concours de musique pour les jeunes
           c. ❑ Un concours pour les jeunes cinéastes
           d. ❑ Les entreprises de la région

Article 9 : a. ❑ Une discussion sur l'agriculture biologique
           b. ❑ Un spectacle de théâtre
           c. ❑ Une discussion sur l'Europe
           d. ❑ Une rencontre scientifique

Lire pour s'informer et discuter • **77**

COMPRÉHENSION ÉCRITE

activité 83 Regardez le document et répondez aux questions 1 à 5.

LOISIRS/DÉTENTE

Une journée de ski en car

Si vous pensez être un peu fatigué dimanche, partez au ski en car. Si vous êtes séduit par la formule, adoptez-la cette saison.

Fiche tourisme

Stations de montagne
Idée sortie

Une journée de ski en car

La formule a fait ses preuves. Vous vous levez tôt, vous vous rendez au point de rendez-vous et ensuite vous vous laissez porter par la vague.
Il faut aimer le car, le monde et les odeurs d'après-rasage. Mais c'est franchement l'idéal pour se livrer sur les pistes en sachant que le retour se fera dans de bonnes conditions quel que soit l'état de la route. Un petit film vous sera sans doute diffusé et même si vous l'avez déjà vu vingt fois, rien de tel pour un petit roupillon avant de rentrer vous coucher. (...)

Patrick Veyrand
Le Progrès, 23/12/04

Mais aussi : sorties journée ou week-end. Formules améliorées avec départ plus tardif.

Inclus dans le prix : transport, forfait remontées mécaniques et location de l'équipement.

En car : Pour Lyon : départs entre 5 h 45 et 7 h 15 selon formule. Points de ramassage dans toute la région.
Stations et tarifs : dimanche 26 décembre
Skimania :
Alpe-d'Huez :   36,50 €
Valmorel :   34,50 €
SLD Voyages
Les Arcs :   36,50 €
La Plagne :   34,50 €
Magic Evasion :
Les Deux-Alpes :   30 €
Les Arcs :   32 €

---

1. De quel type de texte s'agit-il ? ....

2. De quel journal vient-il ? ....

3. Qui en est l'auteur ? ....

4. À quel type de lecteur s'adresse-t il ? ....

5. D'après l'illustration, de quoi est-il question dans ce texte ?

Il est question :
   a. ❑ de travail
   b. ❑ de santé
   c. ❑ de loisirs
   d. ❑ d'éducation

Maintenant lisez attentivement le document et répondez.

6. Quelle est l'activité dont il est question dans le texte ?
....

78 • Lire pour s'informer et discuter

7. Quel est le but de ce document ?
....

8. Quelles sont les informations données ? Cochez l'information correcte et justifiez en citant le texte comme dans l'exemple.

   a. Dans le texte :
   ❏ Prix ....
   ☒ Moyen de transport   *en car*
   ❏ Destinations ....
   ❏ Date de la sortie ....
   ❏ Déroulement du voyage ....
   ❏ Heures de départ ....
   ❏ Distraction proposée en route ....
   ❏ Noms des agences ....
   ❏ Durée ....
   ❏ Lieux de ramassage ....
   ❏ Type d'activité proposée ....

   b. Dans la fiche tourisme :
   ❏ Prix ....
   ❏ Moyen de transport ....
   ❏ Destinations ....
   ❏ Date de la sortie ....
   ❏ Déroulement du voyage ....
   ❏ Heures de départ ....
   ❏ Distraction proposée en route ....
   ❏ Noms des agences ....
   ❏ Durée de la sortie ....
   ❏ Lieux de ramassage ....
   ❏ Type d'activité proposée ....

9. Que comprennent les prix proposés ?

   a. ❏ le transport
   b. ❏ les repas
   c. ❏ le forfait pour utiliser les remontées mécaniques
   d. ❏ le matériel pour faire du ski
   e. ❏ l'hébergement

COMPRÉHENSION ÉCRITE

activité 84 Lisez le document suivant et répondez aux questions.

AIR FRANCE

Le Billet Électronique
Electronic Ticket

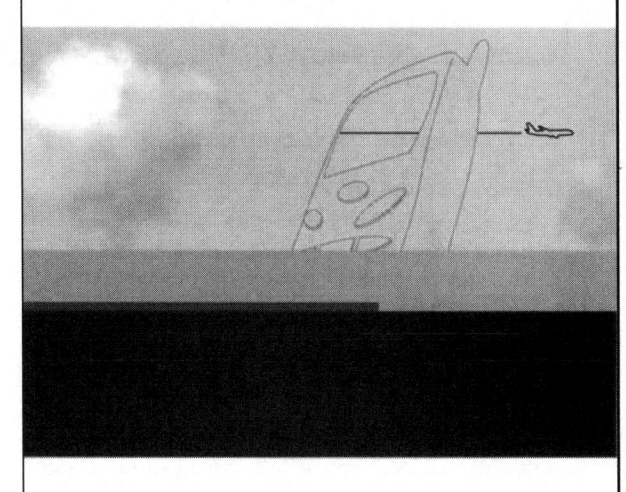

www.airfrance.com

❶ Le Billet Électronique, simplifiez-vous la vie avec le billet... sans billet !

C'est un titre de transport disponible sur l'ensemble des vols Métropole, sur toutes les lignes Amériques Nord et Sud, les principales lignes vers l'Europe, l'Asie et les Caraïbes*. Il est en cours de déploiement sur les lignes Afrique et Moyen-Orient*. Le Billet Electronique Air France sera progressivement disponible sur les vols opérés par nos partenaires.

❷ Avec Air France, facilitez-vous la vie !

Simple comme réserver

Vous pouvez réserver votre Billet Électronique auprès de votre agence de voyages habituelle ou auprès d'Air France.
Il suffit pour cela de donner en référence le numéro d'un identifiant de votre choix (carte bancaire, carte de fidélisation Air France...)**.
Un Mémo Voyage vous sera remis ou envoyé par e-mail ou fax. Il reprendra les informations importantes de votre voyage comme les horaires des vols, les terminaux de départ, les heures limites d'enregistrement, les franchises bagages, etc.

*Vols opérés par Air France, Delta Air Lines ou une compagnie franchisée (BritAir, CityJet ou Régional).

** Au départ de certains pays, la communication d'un identifiant est facultative mais elle permet dans tous les cas de retrouver de façon fiable et rapide votre billet dans la base de données Air France.

1. De quel type de document s'agit-il ?

    a. Un billet d'avion
    b. Un article de journal
    c. Une brochure d'information
    d. Un sommaire

2. Par qui a-t-il été publié ?

    a. Une compagnie d'assurances
    b. Une école de langue
    c. Une compagnie aérienne
    d. Une agence de voyages

COMPRÉHENSION ÉCRITE

❸ Vous pouvez changer d'avis jusqu'au dernier moment

Au départ de France, **sur un simple coup de fil** à votre agence Air France, votre agence de voyages ou au 0 820 320 320 (0,12 € ttc/mn) vous pouvez modifier ou vous faire rembourser votre Billet Électronique et ce, jusqu'au dernier moment (sous réserve des conditions tarifaires) ; inutile de vous déplacer.

❹ Vous n'avez aucun risque de le perdre ou de l'oublier

Votre Billet Électronique est créé et mémorisé par Air France dans une base de données spécifique. **C'est pour vous l'assurance de voyager sans risque de perte ou d'oubli de votre billet.**

Vous gagnez du temps à l'aéroport en vous présentant directement au comptoir d'enregistrement.

❺ Au départ des principaux aéroports en France et en Europe, lorsque vous voyagez sans bagages :

- gagnez du temps à l'aéroport en communiquant dès la réservation les références d'un identifiant magnétique (carte bancaire, carte de fidélisation Air France) ;
- à l'aéroport, enregistrez-vous en moins d'une minute grâce aux Bornes Libre-Service, actuellement disponibles dans les principaux aéroports français et en cours de déploiement en Europe ;
- laissez-vous guider par les indications et votre carte d'accès à bord "code-barres" sera éditée très rapidement.

Bon voyage !

3. Quel est son nom ?
....

4. De quoi est-il question dans ce document ?
....

5. Lorsqu'on veut réserver :

   a. À quel endroit peut-on faire la réservation ? ....
   ....

   b. Quelle information doit-on fournir ?
   ....
   ....

   c. Que contient le document donné lorsque l'on fait une réservation ?
   1. ....
   2. ....
   3. ....
   4. ....

6. Si l'on souhaite changer la date ou se faire rembourser :

   a. Il faut   ❏ écrire   ❏ téléphoner
   Justifiez en citant le texte : ....
   ....

   b. On doit aller en personne à l'agence.
   ❏ oui   ❏ non
   Justifiez en citant le texte : ....
   ....

   c. Il faut faire la demande plusieurs jours avant la date de départ.
   ❏ oui   ❏ non
   Justifiez en citant le texte : ....

7. Recherchez dans quelle partie du document se trouvent les informations suivantes. Soulignez-les dans le texte et relevez le numéro du paragraphe.

   a. Le billet est enregistré par Air France.   N° ....
   b. Il est toujours possible de faire changer son billet.   N° ....
   c. Quand vous voyagez avec peu de choses, vous pouvez faire
      votre enregistrement très vite.   N° ....
   d. Vous trouverez dans ce document les informations sur
      l'assurance des bagages.   N° ....
   e. Vous ne pouvez pas perdre votre billet.   N° ....

Lire pour s'informer et discuter • **81**

COMPRÉHENSION ÉCRITE

activité 85 — Lisez cet article et répondez aux questions.

TERRE

(...). Écologistes et industriels peinent à s'accorder sur les alternatives à un produit que 83 % des sondés sont prêts à abandonner.

Les sacs plastiques jetables n'emballent plus les Français

Pas moins de 15 milliards de sacs en plastique sont distribués chaque année en France. Temps moyen, des caisses aux placards : 20 minutes. La majorité connaît une deuxième jeunesse et sert de sac-poubelle. Puis se retrouve dans l'incinérateur, ou à la décharge, souvent dans la nature, où ils étouffent certains animaux, notamment en milieu marin. Moyenne de vie en liberté : 400 ans. Pour les écologistes, c'en est trop. Appuyés par un sondage CSA qui révèle que 83 % des Français approuvent la suppression des sacs plastiques dans la distribution, le Fonds mondial pour la nature (WWF) et les Amis du vent (organisateurs du Festival du vent de Calvi, ils ont obtenu l'arrêt des sacs jetables en Corse en 2003) ont annoncé hier qu'ils lançaient *«l'estocade aux sacs jetables»,* dont ils exigent l'arrêt pur et simple.

Par Matthieu GOAR

Libération 19 mai 2005.
(Site Internet : libération.fr)

1. Dans quel journal cet article est-il paru ? ....

2. Sur quel site Internet peut-on aussi le lire ? ....

3. Comment s'appelle l'auteur de l'article ? ....

4. Quel est le sujet traité ? ....

5. Dans quelle(s) rubrique(s) du journal peut-on le trouver ? Cochez la/les réponses.

   a. ❑ Santé
   b. ❑ Éducation
   c. ❑ Société
   d. ❑ Loisirs
   e. ❑ Environnement
   f. ❑ Emploi

6. Par quelle phrase pourrait-on remplacer la phrase du chapeau : « *Les sacs plastiques n'emballent plus les Français.* »

   a. ❑ Les sacs plastiques jetables sont très populaires auprès des Français.
   b. ❑ Les sacs plastiques jetables ne servent plus du tout aux Français.
   c. ❑ Les Français ne veulent plus utiliser les sacs plastiques jetables.
   d. ❑ Les Français souhaitent utiliser plus de sacs plastiques jetables.

7. Cherchez dans le texte les chiffres associés aux informations suivantes :

a. Nombre de sacs plastiques utilisés par an en France : ....
b. Durée d'utilisation moyenne d'un sac : ....
c. Durée de vie moyenne d'un sac plastique : ....
d. Proportion de personnes en France qui sont d'accords pour que l'on ne donne plus de sacs plastiques dans les magasins : ....

8. Les sacs plastiques servent d'abord pour transporter les achats. À quoi servent-ils d'autre ?
....

9. Comment sont-ils généralement détruits ?

a. ❏ On les enterre.
b. ❏ On les brûle.
c. ❏ On les recycle.
d. ❏ On les donne à manger aux animaux.

10. D'après l'article, pour quels animaux les sacs plastiques sont-ils les plus dangereux ?
....

activité 86 Lisez rapidement ce document puis répondez aux questions. Soulignez les informations demandées lorsque vous les trouvez dans le texte.

Succès des Trans Musicales en Chine

Dans le cadre de l'année de la France en Chine, le festival français des Trans Musicales, né à Rennes en 1979, s'est expatrié à Pékin samedi et dimanche. Pendant deux jours, des milliers de Pékinois ont découvert les joies de la techno-pop en plein air.

Le festival français Trans Musicales, né à Rennes (ouest de la France) il y a un quart de siècle, a choisi la Chine pour sa première expatriation, samedi 18 et dimanche 19 juin, faisant découvrir à quelques milliers de Pékinois les joies de la techno-pop en plein air.

« C'est la première fois que nous avons exporté les Trans Musicales hors de France avec une production aussi importante », a déclaré l'organisateur Jean-Louis Brossard.

« Nous espérons pouvoir monter un festival de musique populaire et moderne qui comprend des artistes et des chansons reflétant notre époque », a-t-il ajouté.

Environ trois milliers de personnes, dont un tiers d'expatriés et 400 membres des forces de l'ordre, se sont réunis de samedi à dimanche sur le gazon du parc Chaoyang de Pékin.

Le Nouvel Observateur, 20/06/05.

COMPRÉHENSION ÉCRITE

1. Il s'agit :

    a. ❏ d'une publicité
    b. ❏ d'une brochure d'informations
    c. ❏ d'un programme de spectacle
    d. ❏ d'un article

2. De quel magazine est tiré ce document ? ....

3. Les « Trans Musicales » sont :

    a. ❏ un festival de musique classique
    b. ❏ un festival de cinéma
    c. ❏ un festival de musique moderne
    d. ❏ un festival d'arts martiaux

4. À l'origine, c'est un événement :

    ❏ français   ❏ chinois

5. Dans quelle ville française, les Trans Musicales ont-elles été créés? ....

6. En quelle année ? ....

7. Complétez le tableau avec les informations données dans le texte. Relevez les mots du texte.

	Pays :	Ville :	Lieu précis :
a. Lieu de l'événement			
b. Date			
c. Durée			
d. Nom de l'organisateur			
e. Type de musique proposé			
f. Nombre de participants			

activité 87

La Logan roule à l'économie

La voiture cheap de Renault, en vente en France le 9 juin, passée au banc d'essai.

Partir en week-end avec quatre amis basketteurs, leurs gros sacs de sport dans le coffre, dans une voiture au look ringard et pour pas cher, c'est désormais possible. C'est au volant de la Logan, la voiture ultraéconomique que Renault commercialisera en France le 9 juin. Fabriqué en Roumanie, dans l'usine Dacia de la ville de Pitesti rachetée en 1999 par la marque au losange, ce véhicule *low-cost* visait à l'origine les pays émergents, de l'Amérique du Sud à l'Asie, et même l'Afrique de l'Ouest. Il a déjà été lancé à partir de l'automne dernier dans 17 pays d'Europe centrale et du Proche-Orient, où 59 000 exemplaires ont été écoulés. (…) Finalement, elle arrive même dans l'Hexagone où la fameuse « voiture à 5 000 euros » sera en réalité vendue à partir de 7 500 euros. Un peu plus que la Fiat Seicento (6 350 euros), un peu moins que la Kia Picanto (7 790 euros). Différence de taille avec ces deux petits modèles : la Logan est une vraie berline cinq portes, longue de 4,25 mètres. *« Aussi longue qu'une Mégane, aussi haute qu'une Peugeot 307, aussi large qu'une Golf IV ».* (…)

Par David REVAULT D'ALLONNES
Libération, 14/05/05.

1. Lisez l'article et répondez aux questions.

a. Le sujet de cet article est :
1. ❏ La nouvelle voiture d'un constructeur français
2. ❏ La nouvelle voiture de sport d'un constructeur italien

b. Quel est le nom de ce constructeur ?
❏ Ferrari   ❏ Peugeot   ❏ Fiat   ❏ Renault

c. Cette voiture s'appelle : ....

d. Quelle est la principale caractéristique de ce véhicule ?
1. ❏ le prix incroyablement bas
2. ❏ la puissance exceptionnelle
3. ❏ la couleur originale
4. ❏ la très faible consommation d'essence

e. Quand a-t elle été mise en vente en France ? ....

2. Repérez les informations suivantes dans le texte. Soulignez-les puis notez la réponse.

a. Dans quel pays et dans quelle ville cette voiture est-elle construite ?
....
b. Quel est le lieu précis de production ? ....
c. La voiture est vendue en France à partir de :
❏ 6350 euros   ❏ 7500 euros   ❏ 7790 euros   ❏ 5000 euros
d. Quel est son prix dans les autres pays ? ....

3. Complétez avec la réponse correcte. Notez les mots ou cochez la case.

a. Cette nouvelle voiture est plus chère que ....
b. Elle mesure .... de long.
c. La Peugeot 307 a la même ❏ hauteur ❏ largeur que cette voiture.

Lire pour s'informer et discuter • 85

COMPRÉHENSION ÉCRITE

4- Comprendre la correspondance

activité 88 Lorsqu'on écrit une lettre formelle, on doit respecter un ordre précis.
1. Choisissez parmi les trois propositions suivantes celle qui est dans l'ordre convenable.
Entourez le numéro.

N°1
1. Date
2. Nom et signature
3. Nom et adresse de l'expéditeur
4. Objet de la lettre
5. Formule d'appel
6. Corps de la lettre
7. Formule de clôture/de politesse
8. Nom et adresse du destinataire

N° 2
1. Nom et adresse de l'expéditeur
2. Nom et adresse du destinataire
3. Date
4. Objet de la lettre
5. Formule d'appel
6. Corps de la lettre
7. Formule de clôture/de politesse
8. Nom et signature

N°3
1. Objet de la lettre
2. Formule d'appel
3. Date
4. Nom et adresse de l'expéditeur
5. Nom et signature
6. Formule de clôture/de politesse
7. Corps de la lettre
8. Nom et adresse du destinataire

2. Voici comment se présente une lettre formelle. Relevez le nom des rubriques dans les parties numérotées.

1 ▢   2 ▢

3 ....

4 ....

5 ....

6 ▢

7 ....

8 ....

86 • Comprendre la correspondance

COMPRÉHENSION ÉCRITE

activité 89 Lisez la lettre suivante et notez pour chaque numéro le nom de la rubrique correspondante.
Utilisez les réponses de l'activité 88.

Danièle Morand
46 rue Monag **❶**
75005 Paris

                                              Rosalie Laroue
                                       ❷ 2 boulevard de Belleville
                                              75020 Paris

                                                ❸ 2 septembre 2005

Objet : Demande d'informations **❹**

                Madame, **❺**

  ❻ Je suis intéressée par votre annonce parue le 1ᵉʳ septembre dans le « Journal des locations », pour un appartement à La Baule. Je voudrais quelques précisions. À quelle distance l'appartement se trouve-t-il de la mer ? Quelle est l'exposition ? Quel est le tarif pour la semaine du 23 au 30 septembre ? Est-il encore libre pour cette semaine-là ?

  ❼ Je vous remercie d'avance pour ces renseignements
et je vous prie d'agréer, Madame, l'expression de mes sentiments distingués.

        ❽ D. Morand

---

1. .... 5. ....
2. .... 6. ....
3. .... 7. ....
4. .... 8. ....

activité 90 Voici des formules d'appel, des formules de clôture et d'autres expressions que l'on trouve dans les lettres formelles.
Cochez la rubrique correspondante.

		Formules d'appel	Formules de clôture	Autres
1	Cher client(e)			
2	Veuillez agréer, Monsieur, l'expression de mes sentiments distingués.			
3	Mademoiselle Clémence Mathieu			
4	Recevez, Monsieur, nos salutations distinguées.			
5	Recevez ce chèque de 30 € en remerciement de votre fidélité.			
6	Je vous prie de croire à mes sentiments dévoués.			
7	Robert Alberti. Organisation et animation de soirée			
8	Monsieur le directeur est en rendez-vous.			
9	Croyez, Mademoiselle, à l'assurance de mes sentiments distingués.			
10	Monsieur le responsable du service des ventes			
11	Madame la directrice			
12	Veuillez tourner la page, s'il vous plaît.			

Comprendre la correspondance

COMPRÉHENSION ÉCRITE

activité 91 Dans une lettre formelle, l'objet de la lettre annonce le but de celle-ci.
Quels sont, parmi les expressions suivantes, les objets de lettres ? Cochez les cases correspondantes.

	Expressions	Objets de lettres	Autres
1	Demande de résiliation de contrat d'assurance		
2	Premier rappel de règlement		
3	Descendre les cartons à la cave		
4	Commande de livres. Ref 59721 RA		
5	Demande de permission de sortie le soir		
6	Commande d'une mousse au chocolat		
7	Convocation à un entretien d'embauche		
8	Faire-part de mariage		
9	Confirmation de commande de CD		
10	Demande de dossier d'inscription		
11	Déclaration de perte de passeport		
12	Déclaration des droits de l'homme		

activité 92 Quelles sont les intentions exprimées par ces phrases extraites de lettres amicales ?

1. Que deviens-tu ?
2. C'est impossible, je travaille tout l'été.
3. Je te propose de venir passer quelques jours avec nous à Marseille.
4. Que dirais-tu de participer à notre rallye moto cet été ?
5. Tu ne donnes plus de nouvelles, est-ce que tout va bien ?
6. Est-ce que tu pourrais m'aider à réviser pour les examens ?
7. Il y a deux mois que je suis ici et je m'habitue doucement.
8. Bravo pour ton admission en Math Sup.
9. Tu ne devineras jamais ce qui m'arrive.
10. J'ai une grande nouvelle à vous annoncer.
11. C'est très gentil à vous de m'avoir invité. J'ai passé une excellente soirée.
12. Je dois déménager, peux-tu me donner un coup de main ?

	Donner des nouvelles	Demander des nouvelles	Inviter	Demander un service	Proposer	Refuser	Remercier	Féliciter
1								
2								
3								
4								
5								
6								
7								
8								
9								
10								
11								
12								

COMPRÉHENSION ÉCRITE

activité 93 Voici des extraits de lettres. Associez-les au type de lettre correspondant. Notez vos réponses dans le tableau.

1. Pourriez-vous m'envoyer la brochure d'informations sur vos activités pour l'été et un dossier d'inscription ?

2. Nous vous remercions de votre commande. Nous la traiterons dans les plus brefs délais.

3. J'ai bien reçu votre documentation sur les locations d'appartements sur la Côte d'Opale. Pourtant, je ne trouve aucune information sur les tarifs du mois d'août. Pouvez-vous me les envoyer ?

4. Malgré nos 2 rappels du 1er février et du 21 mars, nous n'avons toujours pas reçu votre règlement de 63, 25 €. Nous vous demandons de contacter rapidement le service clientèle.

5. Nous vous prions de bien vouloir nous envoyer les articles suivants :
   – 10 rames de papier blanc Kami pour photocopieur réf. HD 2835 ;
   – 5 lots de CD Rom Suny 650MB 74 min réf. CDR 475 f.

6. Le lecteur de DVD que j'ai acheté dans votre magasin le 9 avril ne fonctionne pas. Je vous demande de me le rembourser.

7. Nous vous confirmons notre intention de séjourner pendant 2 semaines à l'hôtel des Chamois du 1er au 14 juillet. Vous trouvez ci-joint un acompte de 165 euros.

a. Lettre de confirmation : n° .... et n° ....
b. Lettre de commande : n° ....
c. Lettre de réclamation : n° ....
d. Lettre de rappel : n° ....
e. Lettre de demande d'informations : n° .... et n° ....

a.	b.	c.	d.	e.
....	......	......	......	....

COMPRÉHENSION ÉCRITE

activité 94 — Lisez la lettre suivante et répondez aux questions.

Hiroyuki Ishida
4-3-9 Shin Nakano
Tokyo T 123- 60056
JAPON

Axelle Lavalette
Alliance française de Lyon
12, rue Pierre Bourdan
69003 LYON
FRANCE

Objet : demande d'informations

Tokyo, le 13 mai 2005

Madame, Monsieur

Je suis étudiant en langue française depuis 1 an à l'Athénée français de Tokyo. J'ai 22 ans et je souhaite prendre des cours de français pendant le mois de septembre à l'Alliance française de Lyon. Pouvez-vous m'envoyer votre documentation sur les cours de niveau intermédiaire ainsi que les prix ?
J'aimerais aussi savoir quelles sont les possibilités d'hébergement à Lyon pour cette période. Je vous remercie d'avance pour les informations que vous voudrez bien me faire parvenir.

Je vous prie d'agréer, Madame, Monsieur, l'expression de ma plus respectueuse considération.

Hiroyuki Ishida

---

1. Nom de la personne qui a écrit cette lettre : ....

2. Nom du destinataire : ....

3. Nom de l'organisme auquel la lettre est envoyée : ....

4. De quelle ville, cette lettre est-elle écrite ? ....

5. Cette lettre est écrite pour :
   a. ❏ demander des informations
   b. ❏ confirmer une inscription
   c. ❏ donner des informations
   d. ❏ passer une commande

6. Elle concerne :
   a. ❏ une réservation d'hôtel
   b. ❏ un voyage en France
   c. ❏ la recherche d'un travail
   d. ❏ des cours de français

activité 95   Lisez le document suivant et répondez aux questions.

Jusqu'à 40 % sur tout le catalogue

Les Affaires incroyables

Roubaix, le 31 août 2005

Chère Madame, cher Monsieur,

Ce mois-ci, *Les Affaires incroyables* vous proposent 2 offres très intéressantes :
- **40% de réduction** sur la lingerie et tout le linge de maison,
- **30% de réduction** sur tout le reste du catalogue (vêtements ; mobilier, articles de sports).

Pour vous jusqu'au 20 septembre seulement, un cadeau surprise à découvrir avec votre commande de 50 euros et plus, très pratique et utile…

Alors, n'attendez pas, faites-vous plaisir et profitez de nos promotions exceptionnelles.

Françoise Claret
Responsable Clientèle

1. C'est :
   a. ❏ une lettre de commande
   b. ❏ une lettre de confirmation
   c. ❏ un message publicitaire
   d. ❏ une lettre de demande d'informations

2. Qui envoie ce document ?
   a. ❏ une agence de voyages
   b. ❏ un magasin de vêtements
   c. ❏ une société de vente par correspondance
   d. ❏ une banque

3. À qui ce courrier est-il envoyé ? À ……………………………………………………………………

4. Que propose-t on ?
   a. ❏ des prix réduits
   b. ❏ des articles gratuits
   c. ❏ un crédit gratuit
   d. ❏ des articles de sport

5. Quelle est la date limite pour recevoir le cadeau ? ……………………………………

Comprendre la correspondance • **91**

COMPRÉHENSION ÉCRITE

activité 96 Lisez le document suivant et répondez aux questions.

Agence Rêves et Vacances

Client : 236111
Dossier : Ibanez CTSA 1731
Départ : 24 août 2005
Agent : Claire François

Chère Madame,

Vous avez effectué une commande de séjour sur notre site Internet et nous vous en remercions.
Nous avons le plaisir de vous confirmer votre inscription et de vous faire parvenir les informations relatives à votre voyage.

Participants :   Madame Caroline Ibanez
Mademoiselle Emma Ibanez

Votre voyage :   Destination : Corse - Ajaccio
Date de départ : 24 août 2005
Hébergement : Hôtel-club Les Tamaris *** . Ajaccio
Durée : 1 semaine/ 24 août-31 août

Conditions :   1 adulte + 1 enfant
Vols Paris-Ajaccio. Aller-retour (X 2)
7 nuits et petits déjeuners (X 2)

Prix total :   904 euros TTC (2 X 457 euros)

Le solde de votre voyage doit être réglé au plus tard le 24 juillet 2005.
Les documents de voyage (billets et bons d'hôtel) sont envoyés 1 semaine avant le départ.

Nous vous remercions de votre commande et vous souhaitons un excellent voyage.

L'équipe Rêves et Vacances

---

1. Ce document est un(e) :
   a. ❏ lettre de commande d'un voyage
   b. ❏ lettre de confirmation d'une commande
   c. ❏ lettre de demande d'informations
   d. ❏ message publicitaire

2. Ce document est écrit par :
   a. ❏ un client
   b. ❏ une agence de voyages
   c. ❏ l'hôtel « Les Tamaris »
   d. ❏ on ne sait pas

3. Ce document est envoyé à :
   a. ❏ une agence de voyages
   b. ❏ Claire François
   c. ❏ Caroline Ibanez
   d. ❏ on ne sait pas

4. De quoi parle-t on dans ce courrier ?

   a. ❏ de l'achat d'un billet d'avion
   b. ❏ de l'ouverture d'un compte en banque
   c. ❏ d'un voyage en Corse
   d. ❏ d'une inscription pour des cours

activité 97 Lisez le message suivant et répondez aux questions.

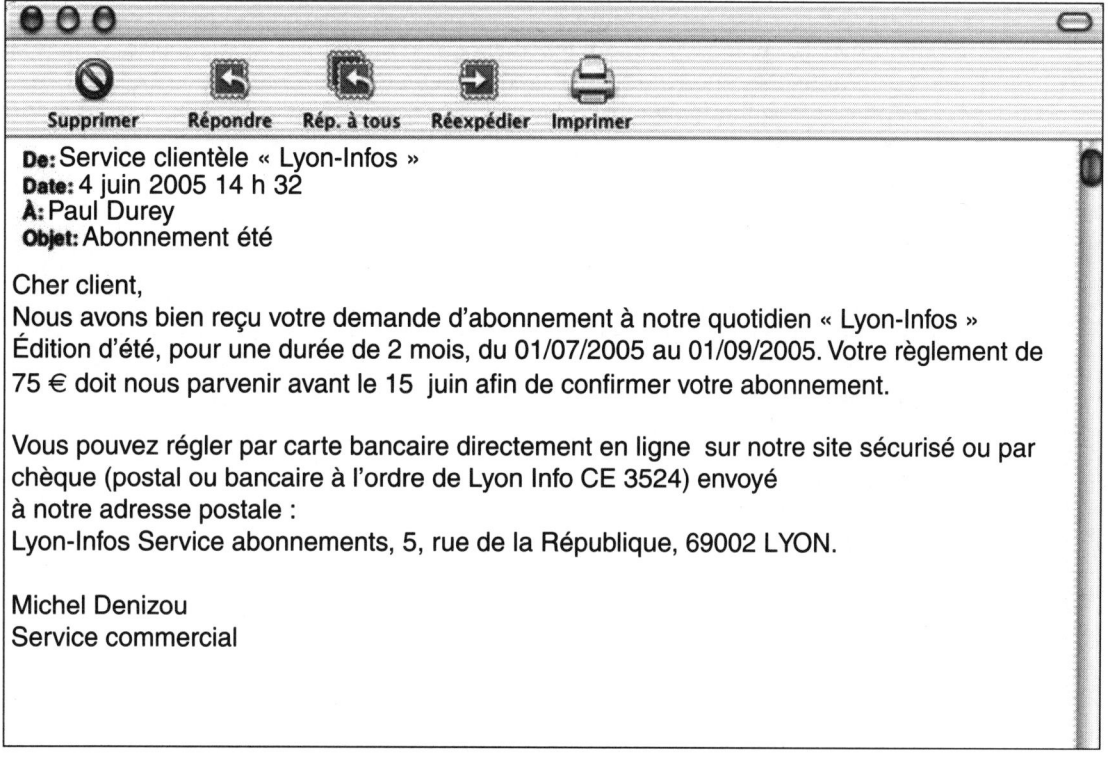

De : Service clientèle « Lyon-Infos »
Date : 4 juin 2005 14 h 32
À : Paul Durey
Objet : Abonnement été

Cher client,
Nous avons bien reçu votre demande d'abonnement à notre quotidien « Lyon-Infos » Édition d'été, pour une durée de 2 mois, du 01/07/2005 au 01/09/2005. Votre règlement de 75 € doit nous parvenir avant le 15 juin afin de confirmer votre abonnement.

Vous pouvez régler par carte bancaire directement en ligne sur notre site sécurisé ou par chèque (postal ou bancaire à l'ordre de Lyon Info CE 3524) envoyé
à notre adresse postale :
Lyon-Infos Service abonnements, 5, rue de la République, 69002 LYON.

Michel Denizou
Service commercial

---

1. Qui est l'expéditeur du courriel ? ....

2. Pour qui est ce courriel ? ....

3. Ce courriel est une réponse à :
   a. ❏ une demande d'abonnement
   b. ❏ une demande de remboursement
   c. ❏ une demande d'informations

4. *Lyon-Infos* est un quotidien, cela veut dire que c'est :
   a. ❏ un journal qu'on lit pendant l'été
   b. ❏ un journal qui paraît une fois par semaine
   c. ❏ un journal qui paraît tous les jours

5. Pendant combien de temps M. Durey recevra-t il *Lyon-Infos* ?
....

6. Que doit faire P. Durey avant le 15 juin ?
....

COMPRÉHENSION ÉCRITE

activité 98 Lisez le message et répondez aux questions.

De : Nathalie Berthot
Date : 12 juin 2005 18 h 30
À : Magalie Dupont
Objet : retour de vacances

Ma petite Magali,

Comme prévu, je serai à Dijon pour les vacances d'été. Je rentre le 13 juillet et je reste jusqu'au 15 août chez mes parents. J'aimerais bien te voir. Es-tu libre le 14 juillet ? On pourrait passer la soirée ensemble ? Il y a un feu d'artifice au lac et si tu veux, après, on ira au bal des pompiers. Qu'est-ce que tu en dis ? Je t'appelle dès mon arrivée.
Bisous, à bientôt.

Nathalie.

---

1. Ce message est :

    a. ❑ personnel
    b. ❑ professionnel
    c. ❑ commercial

2. Quelle formule d'appel utilise Nathalie pour s'adresser à Magali ?

....

3. Nathalie et Magali sont :

    a. ❑ amies
    b. ❑ sœurs
    c. ❑ collègues de travail

4. Nathalie va passer ses vacances chez Magali.   ❑ vrai   ❑ faux

Justifiez votre réponse en relevant l'information donnée dans le texte :

....

5. Nathalie propose à Magali de :

    a. ❑ partir ensemble en vacances à Dijon
    b. ❑ venir travailler chez elle le 13 juillet
    c. ❑ sortir ensemble le soir du 14 juillet

6. Relevez l'expression utilisée par Nathalie pour faire sa proposition :

....

• Comprendre la correspondance

COMPRÉHENSION ÉCRITE

activité 99 Voici une lettre amicale. Elle a été déchirée. Retrouvez les parties manquantes du texte. Cochez les cases correspondantes.

> Lyon le 2 ①
>
> Salut Pascal,
>
> Comment vas-tu ? Comment est la vie à Paris ? Est-ce que les ②
> droit te plaisent ? J'espère que tes profs sont sympas. Ici, à Lyon, ③
> en histoire, on nous propose des tas de conférences et des visites, ④
> Je t'écris pour te demander un petit service. Le mois ⑤
> je dois monter à Paris pour une conférence-débat ⑥
> à la Sorbonne. Est-ce que tu peux m'héberger chez toi ? ⑦
> Ce serait vraiment gentil et ça me fera plaisir de ⑧
> J'attends ta réponse et j'espère te ⑨
> .... ⑩
> Luc

1 ❏ janvier
  ❏ mars
  ❏ juillet

2 ❏ professeurs de
  ❏ cours à la fac de
  ❏ examens de

3 ❏ tout va bien
  ❏ tout ira bien
  ❏ tout y est

4 ❏ c'est très cher
  ❏ c'est joli
  ❏ c'est intéressant

5 ❏ prochain, les 5 et 6 février
  ❏ suivant, les 3 et 4
  ❏ dernier, les 4 et 5 décembre

6 ❏ sur la Constitution européenne
  ❏ des droits de l'homme
  ❏ sur un canapé en velours

7 ❏ Je te donnerai beaucoup d'argent.
  ❏ Je viendrai avec tous mes amis.
  ❏ Je resterai 2 ou 3 nuits, pas plus.

Comprendre la correspondance • **95**

COMPRÉHENSION ÉCRITE

8 ❏ ... t'inviter chez moi, si tu veux
   ❏ ... te voir, si tu es là
   ❏ ... te féliciter et te serrer dans mes bras

9 ❏ passer bientôt à Paris
  ❏ voir bientôt à Paris
  ❏ faire un cadeau

10 ❏ Amicalement
   ❏ Tendrement
   ❏ Naturellement

activité 100 Lisez cette lettre et répondez aux questions.

Chère Maïté,

Je t'écris un petit mot pour te demander ton avis. Bruno m'a dit que tu étais partie quelques semaines en Irlande l'année dernière et je voudrais y aller pour les vacances.
Comment es-tu partie ? J'ai entendu parler d'une compagnie qui s'appelle Million Air, est-ce que tu as voyagé avec eux ? Ils ont des prix assez intéressants sur Dublin.
Pour l'hébergement, à ton avis, qu'est-ce qui est le mieux ? Moi, j'aime bien camper mais en Irlande, on n'est jamais sûr d'avoir beau temps... même en été. Qu'est-ce tu en penses ? Est-ce que les hôtels sont chers ?
Et pour les déplacements en Irlande, comment as-tu fait ? Est-ce que c'est pratique de voyager en train ? Est-ce que ça t'ennuierait de me dire combien ton voyage a coûté au total ?

J'attends ta réponse et tes conseils pour organiser mon voyage.
Je te remercie d'avance pour ton aide. Si tu as de bonnes adresses
pour sortir le soir, pense à moi...
              Grosses bises et à bientôt.
                              Clémentine

---

1. Cette lettre est écrite par : ....

2. Elle veut :

   a. ❏ demander conseil
   b. ❏ proposer de l'aide
   c. ❏ réserver une place dans un avion

3. À qui est adressée la lettre ? ....

4. De quoi parle-t elle ?

   a. ❏ d'une visite à une amie
   b. ❏ d'un voyage à l'étranger
   c. ❏ d'une rencontre avec un ami

COMPRÉHENSION ÉCRITE

5. Où veut aller Clémentine pendant les vacances ? ....

6. Parmi les éléments suivants, entourez ceux sur lesquels Clémentine veut des informations.

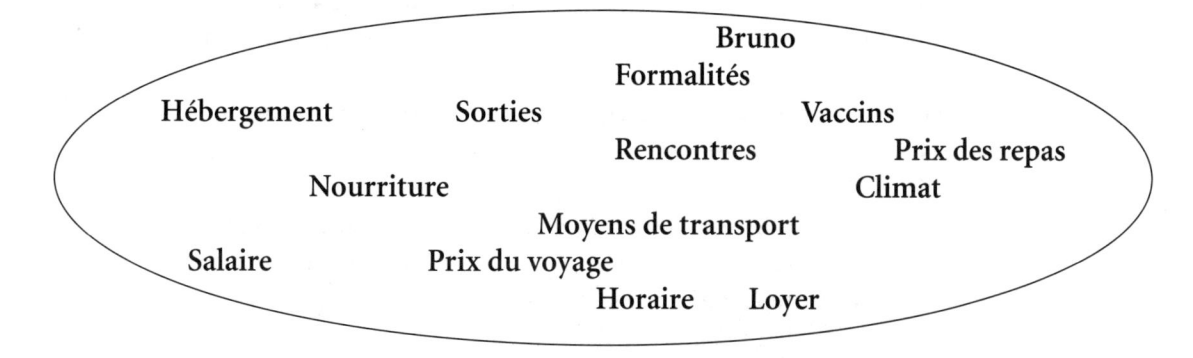

> Bruno   Formalités
> Hébergement   Sorties   Vaccins
> Rencontres   Prix des repas
> Nourriture   Climat
> Moyens de transport
> Salaire   Prix du voyage
> Horaire   Loyer

Activité 101   Observez le document suivant. De quoi s'agit il ? Comment est-il organisé ? Lisez-le attentivement et répondez aux questions.

MARINE ET GILBERT
A* *Ont la joie de vous faire part de leur mariage*
B* **LE SAMEDI 23 JUILLET 2006 À 17 H 00**
C* *En l'église de Lainville*

La cérémonie sera suivie d'un vin d'honneur

Avec leurs parents
Marine et Gilbert
Seront heureux de vous accueillir
D* *À la salle des fêtes d'Aubergenville*

Coktail et dîner
À partir de 19 h 30

E* *Réponse souhaitée avant le 31 Mai*

Marine Pignon
4 rue de la Campagne
78400 Lainville
01 23 35 33 76

Gilbert Ducasse
12 impasse du Lac
78200 Les Mureaux
01 62 97 55 63

---

1. Ce message est :

a. ❏ une convocation
b. ❏ une invitation

Comprendre la correspondance • **97**

COMPRÉHENSION ÉCRITE

2. On envoie ce message à l'occasion d(e) :

a. ❑ un anniversaire
b. ❑ un départ à la retraite
c. ❑ un baptême
d. ❑ un mariage

3. Ce type de message s'appelle :

a. ❑ une annonce
b. ❑ un faire-savoir
c. ❑ un faire-part
d. ❑ une publication

4. Lisez la liste ci-dessous et notez quelles sont les informations données dans les rubriques A*, B*, C*, D* et E*.

1. Demande de réponse
2. Date et heure de la cérémonie
3. Noms des futurs époux
4. Coordonnées des personnes
5. Lieu de la soirée
6. Lieu de la cérémonie
7. Annonce de l'événement

A* : ....
B* : ....
C* : ....
D* : ....
E* : ....

5. Parmi les 4 messages suivants, lequel peut-on envoyer en réponse ?

Le message n° ....

21/05/2005

Cher Gilbert,

C'est avec grand plaisir que j'accepte ta demande en mariage. Tu me rends si heureuse. J'ai hâte de te revoir. Rendez-vous le 23 juillet devant l'église.

        Je t'aime aussi,

        Marinette

Message 1

21/05/2005

Chers Amis,

Je suis très heureux d'apprendre votre union. Je serai naturellement parmi vous pour l'heureux événement et j'accepte avec grand plaisir votre invitation.
À très bientôt, je vous embrasse.

        Romain

Message 2

21/05/2005

Mes chers enfants,

Mon travail m'appelle à Singapour et je ne peux pas vous rendre visite avant mon départ. Je serai absent trois semaines. Nous nous verrons à mon retour.

    Bon courage à tous les deux. Bises

        Papa

Message 3

21/05/2005

Chère Madame,

Je suis au regret de vous annoncer que votre candidature n'est pas retenue. Néanmoins je vous souhaite bonne chance dans votre recherche d'emploi.

        Ginette Bignou
        Service du personnel
        Servifrais SARL

Message 4

COMPRÉHENSION ÉCRITE

activité 102   Lisez la lettre que Claude envoie à ses amis après quelques jours passés chez eux. Répondez ensuite aux questions.

> *Saint-Lager le 16 octobre*
>
> *Chers amis,*
>
> *Je suis bien rentrée à Belleville, après notre long week-end à la montagne.*
> *Je vous remercie encore pour votre invitation et votre accueil si sympathique. J'ai passé un moment formidable avec vous. Votre région est magnifique et j'ai beaucoup aimé nos randonnées dans les volcans d'Auvergne. Je me suis régalée avec la bonne cuisine de Charlotte.*
> *J'espère que vous viendrez bientôt me voir en Beaujolais. Pourquoi pas en septembre ? Les villages sont très pittoresques et nous avons aussi de bonnes choses à manger…*
> *Je vous dis à bientôt et vous embrasse bien fort,*
> *Claude*

1. Claude a écrit cette lettre à ses amis pour les :

     a. ❏ féliciter
     b. ❏ inviter
     c. ❏ remercier
     d. ❏ critiquer

2. Voici Claude et ses amis pendant le week-end. Quelle image illustre la lettre ? Entourez la réponse.

     a.   b.   c.   d.

3. Combien de temps Claude est-elle restée en Auvergne :

     a. ❏ 7 ou 8 jours
     b. ❏ 3 ou 4 jours
     c. ❏ 1 journée

4. De quelle ville et de quelle région vient-elle ?

....

5. Qu'est-ce qu'elle propose à ses amis ?

....

6. Les amis de Claude doivent-ils répondre rapidement à cette lettre ?
     ❏ oui   ❏ non

Comprendre la correspondance • **99**

COMPRÉHENSION ÉCRITE

activité 103   Lisez la lettre de Karine et répondez aux questions.

Böblingen, le 30 juillet

Chère Gaëlle,

Je passe quelques semaines en Allemagne à Böblingen, une petite ville de la région de Stuttgart. Je travaille comme jeune fille au pair dans une famille allemande très sympa. Ils ont deux petits garçons de 4 et 7 ans, Kaï et Olaf. Ils sont mignons mais un peu difficiles...

Ils habitent dans une grande maison avec un jardin et une piscine. C'est génial. Comme il fait chaud, on se baigne tous les jours et je suis toute bronzée. Je passe mes journées avec les garçons et on se promène, on fait du vélo, on joue... On s'amuse bien. Je dois aussi faire la cuisine de temps en temps. C'est une bonne expérience. Je parle allemand tout le temps et je progresse. Avec la maman, Uta, on discute beaucoup. On s'entend bien.

Et toi, qu'est-ce que tu fais pendant ces vacances ? Est-ce que tu es partie quelque part ?

J'espère revenir dans la même famille l'année prochaine. Si tu veux, je peux essayer de trouver une famille pour toi, est-ce que ça te plairait ?

à bientôt, bises

Karine

---

1. Où est Karine pendant les vacances ? ....

2. Uta est l'amie de Karine.   ❏ oui   ❏ non

3. Karine écrit à son amie pour :

     a. ❏ lui demander un service
     b. ❏ lui proposer de se rencontrer
     c. ❏ lui donner des nouvelles

4. Combien de personnes composent la famille ? ....

5. Dans quelle ville habitent-elles ? ....

6. Les activités de Karine sont :

     a. ❏ fatigantes
     b. ❏ amusantes
     c. ❏ étranges
     d. ❏ ennuyeuses

COMPRÉHENSION ÉCRITE

7. D'après la lettre, quand on est jeune fille au pair, on s'occupe :

    a. ❑ du ménage
    b. ❑ du jardin
    c. ❑ de la cuisine
    d. ❑ des enfants

8. Que fait Karine pendant son séjour ? Choisissez les images qui illustrent ce que Karine raconte dans sa lettre.

a.   b.   c.

d.   e.   f.

activité 104   Voici une invitation. Lisez-la attentivement, repérez les différents éléments qui la composent – nom de l'expéditeur, indications pratiques… – puis répondez aux questions. Lorsque vous trouvez la réponse cherchée, soulignez dans le texte les informations. Cela vous permettra de mieux visualiser les éléments.

1. Relevez la formule d'appel de cette lettre.

....

2. Relevez la formule de clôture.

....

3. Quels sont les noms et adresse des personnes qui envoient l'invitation ?

....
....

Comprendre la correspondance • 101

COMPRÉHENSION ÉCRITE

Sonia et Chris Garnier
3, avenue de la Plage
34430 PALAVAS-LES-FLOTS
04 34 87 23 43

le 26 juillet 2005

Chère Anne, cher José,

Ça y est, nous avons déménagé !
Nous vous invitons à la pendaison de crémaillère de notre nouvelle maison, le samedi 4 septembre à partir de 17 heures.
Nous commencerons avec un grand buffet antillais au bord de la piscine, il y aura aussi de la musique et après le dîner nous danserons toute la nuit. José, apporte ta guitare, s'il te plaît.
Si vous voulez, vous pouvez rester tout le week-end. Une grande promenade à cheval est organisée le dimanche après-midi, sur la plage.
Pour l'hébergement, tout est prévu — la maison est grande — mais n'oubliez pas d'apporter vos sacs de couchage et vos brosses à dents.

Nous attendons votre réponse avant le 15 août, pour avoir le temps de tout organiser.
Nous comptons sur vous.
Grosses bises.

Sonia

Chris

4. Quand on s'installe dans une nouvelle maison, on organise une fête avec ses amis. Cette fête s'appelle :

   a. ❏ le déménagement
   b. ❏ l'inauguration de la maison
   c. ❏ la pendaison de crémaillère

5. Pour quel jour et à quelle heure a lieu l'invitation ?

....

6. Quel est le programme de la soirée ?

   a. ....
   b. ....

7. Quelle activité est proposée pour le dimanche ?

....
....

8. On peut dormir sur place.   ❏ oui   ❏ non

102 • Comprendre la correspondance

ÉPREUVES TYPES

COMPRÉHENSION ÉCRITE

➤ Activité 105 (25 points)
Exercice 1 (5 points)
Lire des annonces et des instructions.
Observez attentivement ce document et répondez aux questions.

Université de Provence
Guide étudiant 2005-2006

SE PRÉPARER POUR LES EXAMENS
QUELQUES RÈGLES SIMPLES POUR ARRIVER AUX ÉPREUVES DANS DE BONNES CONDITIONS

L'alimentation : équilibrée et variée
a- Prenez un petit déjeuner équilibré composé de fruits, céréales, laitages, pain, confiture...
b- Ne sautez pas de repas et prenez le temps de manger.
c- Équilibrez vos repas et variez les menus. Mangez de tout, de la viande, du poisson, des fruits, des légumes et du féculent, comme le riz ou les pâtes, et des laitages.
d- **Le café est un excitant,** n'en abusez pas ! Seule l'eau vous est indispensable.

<u>Le tabac peut augmenter l'anxiété et le stress. Surveillez votre consommation.</u>

Le sommeil
e- Ne dormez pas dans une chambre où il fait trop chaud.
f- Évitez de faire du sport en fin de journée, cela peut vous empêcher de dormir.
g- Une pause détente avant de vous coucher vous aidera à trouver le sommeil (petite promenade, lecture, musique, bain parfumé).

Le sport
h- N'arrêtez surtout pas vos activités sportives pendant les révisions.
30 minutes à une heure par semaine sont suffisantes pour vous détendre.
i- Il vous aidera à vous détendre pendant la période d'examen.

Indiquez les informations du texte qui correspondent aux phrases suivantes.
Notez la lettre.

Pour arriver en forme à l'examen :

1. Il est recommandé de ne pas prendre trop d'excitants. .... (1 point)
2. Il est conseillé de continuer ses activités sportives. .... (1 point)
3. Il faut manger régulièrement et lentement. .... (1 point)
4. Il est recommandé de se relaxer un moment avant d'aller dormir. .... (1 point)
5. Il faut dormir dans une pièce où la température n'est pas trop élevée. .... (1 point)

Exercice 2 (6 points)
Lire pour s'orienter.
Lisez le document suivant et relevez les informations demandées : notez les mots du texte.

1. Dans quelle ville et dans quel quartier se trouve cet appartement ?
.... (1 point)

2. Quel est le prix de la location par mois, charges incluses ?
.... (1 point)

COMPRÉHENSION ÉCRITE

3. Combien de pièces comporte l'appartement ?
.... *(1 point)*

4. Quelles sont ces pièces ?
.... *(1 point)*

5. Comment l'appartement est-il chauffé ?
.... *(1 point)*

6. Quelle est la surface de l'appartement ?
.... *(1 point)*

Agence GESPACE Maine
Angers : À louer appartement type 2. 34 bis rue de Rivoli. Proche Université catholique. 50 m², 3ᵉ étage sur rue (cuisine) et jardin (chambre et séjour). Très calme, ensoleillé. Refait à neuf. Grand séjour, cuisine équipée. Chauffage gaz. Bonne isolation. Cheminée. Garage en sous-sol. Cave.
- Disponibilité : 15 décembre
- Loyer : 527 euros/mois
- Charges : 50 euros/mois
- Frais : 443 euros

Agence Foch : 02 41 56 89 23
45 bd Foch 49100 ANGERS

Exercice 3 (9 points)
Lire pour s'informer.
Lisez ce document et répondez aux questions.

Le tabac montré du doigt

POUR une fois, on annonce des chiffres plutôt réjouissants : les Français consomment moins de cigarettes. Les jeunes aussi. Entre 2001 et 2005, il y a eu deux fois moins de fumeurs chez les 12-19 ans, dans les collèges et les lycées de Paris.

Dans toute la France et en Europe, des collégiens se mobilisent avec le concours « Classes Non Fumeurs ».

• Un traité international

Comme chaque année, le 31 mai est la journée mondiale sans tabac. En 2005, elle met en valeur les personnes qui travaillent dans la santé et qui peuvent aider les fumeurs à arrêter. Dans le monde, il y a encore du travail : 4,9 millions de personnes meurent chaque année à cause du tabac. Alors 192 pays ont adopté le premier traité international pour réduire le tabagisme (le fait de fumer). Il est appliqué depuis février 2005. En France, depuis 2003, on a déclaré la guerre au tabac qui tue 66 000 personnes par an.

• La guerre au tabac

La principale mesure est la forte augmentation du prix des cigarettes. En plus, depuis 2003, les moins de 16 ans n'ont pas le droit d'acheter des cigarettes. Et les dangers du tabac sont expliqués dans des campagnes de publicité.

Des résultats sont obtenus mais une enquête montre que l'âge de la première cigarette est 11 ans. Enfin, 29% des enfants déclarent fumer, simplement parce qu'ils s'ennuient…

Tout cela reste bien inquiétant.

Le Courrier de l'Ouest
18 mai 2005.

COMPRÉHENSION ÉCRITE

1. De quel type de texte s'agit-il ?

....(1 point)

2. On y parle :

    a. ❑ de la consommation de tabac
    b. ❑ des dangers de la cigarette
    c. ❑ des marques de cigarettes
    d. ❑ de la culture du tabac *(1 point)*

3. Cochez si les affirmations suivantes sont vraies ou fausses et justifiez en citant un mot ou une phrase du texte.

	Vrai	Faux	
a. Les Français fument plus qu'avant.	❑	❑	
Justification :			*(1 point)*
b. Le nombre de jeunes fumeurs a doublé en 4 ans.	❑	❑	
Justification :			*(1 point)*
c. Le nombre de décès liés au tabac s'élève à 66 000 par an dans le monde.	❑	❑	
Justification :			*(1 point)*
d. Les enfants commencent généralement à fumer à 12 ans.	❑	❑	
Justification :			*(1 point)*

4. Quels sont les moyens utilisés pour faire baisser le nombre des fumeurs ? Répondez en citant les phrases du texte.

    a. ....
    b. ....
    c. .... *(2 points)*

5. Quel est le jour consacré à la lutte anti-tabac ?

.... *(1 point)*

Exercice 4 (5 points)

Comprendre la correspondance.
Lisez ce document et répondez aux questions.

1. Ce document est :
    a. ❑ une lettre d'invitation
    b. ❑ une lettre de réclamation
    c. ❑ une lettre de confirmation
    d. ❑ une lettre amicale *(1 point)*

2. Quel est l'objet de la lettre ?
    a. ❑ dire que l'inscription au stage est faite
    b. ❑ demander de régler le stage
    c. ❑ demander des informations
    d. ❑ inviter quelqu'un à l'Atelier pour un stage *(1 point)*

Épreuves types • 105

COMPRÉHENSION ÉCRITE

Atelier Action Théâtre

3 passage des Marchands
91450 NANTERRE

Marianne Béranger
5 rue du Sénégal
75020 Paris

Nanterre, le 28 juin 2005

Mademoiselle,

Nous avons bien reçu votre bulletin d'inscription et votre paiement de 325 euros, pour le stage théâtre organisé par notre Atelier du 16 au 28 août.
L'AAT ouvrira ses portes aux stagiaires le 16 à partir de 8 heures. Les activités débuteront à 10 heures et se finiront à 18 heures.
Vous êtes priée de choisir vos 4 ateliers dès votre arrivée lundi matin, à l'accueil avant 9 h 30.
Nous vous rappelons que vous devez porter des tenues confortables (type vêtements de sport) pour toutes les activités.

Dans l'attente de vous rencontrer, recevez, Mademoiselle, nos sincères salutations.

Didier Désiron
Pour L'équipe de l'AAT

3. Il s'agit d'un stage de danse. ❏ vrai   ❏ faux
   Justification : .... *(1 point)*

4. À quelle heure faut-il arriver à l'Atelier le lundi 16 ?
   .... *(1 point)*

5. Pour ce stage, il faut s'habiller avec des vêtements :
   a. ❏ élégants
   b. ❏ décontractés
   c. ❏ originaux
   d. ❏ bon marché   *(1 point)*

106 • Épreuves types

COMPRÉHENSION ÉCRITE

➤ Activité 106 (25 points)
Exercice 1 (5 points)
Lire des annonces et des instructions.
Lisez le règlement intérieur de l'école primaire Maurice Dumoulin et indiquez dans le tableau le numéro de l'article qui correspond à l'information.

Règlement intérieur
Groupe scolaire Maurice Dumoulin. Valence
Année scolaire 2005-2006

Article 1 : La fréquentation régulière de l'école est obligatoire pour tous.
Si un enfant est absent, la famille doit présenter un certificat médical ou un autre justificatif dès le retour de l'enfant. L'école doit être informée dès le premier jour d'absence de l'enfant.

Article 2 : L'école accueille uniquement les enfants en bon état de santé ou de propreté.
Un enfant malade ne pourra pas être accepté à l'école et sera immédiatement renvoyé chez lui.

Article 3 : Les horaires de classe sont :   Le matin de 8h30 à 11h 30
                                                L'après-midi de 13h30 à 16h30
Les parents sont priés de respecter les horaires.

Article 4 : Il est strictement interdit d'apporter à l'école des objets dangereux (objets coupants, tranchants, ou produits toxiques).

Article 5 : Il est demandé aux parents de marquer les vêtements et les objets personnels au nom de l'enfant pour éviter les pertes ou les substitutions involontaires.

Article 6 : Il est rappelé aux parents que le stationnement au niveau de l'arrêt des cars scolaires est interdit.

Informations	N° de l'article
a. Le nom de l'enfant doit être inscrit sur toutes ses affaires.	
b. Il ne faut pas garer sa voiture sur l'emplacement réservé au cars.	
c. Un enfant n'a pas le droit de venir à l'école avec un couteau.	
d. Un enfant malade ne peut pas être accepté à l'école.	
e. Si un enfant ne peut pas venir à l'école, les parents doivent prévenir l'école.	

COMPRÉHENSION ÉCRITE

Exercice 2 (6 points)
Lire pour s'orienter.
Lisez ces titres et inscrivez les chiffres qui leur correspondent dans la rubrique appropriée : société, culture, politique, économie, environnement, sport.

Les nouvelles du soir
1. 40 hectares de forêts corses parties en fumée dans l'incendie de mercredi
2. Grève à la SCNF, les usagers pris en otage expriment leur ras-le-bol
3. Le prix du carburant : 20% de hausse depuis le début de l'année
4. Victoire du joueur espagnol sur son homologue chilien : 6-4 6-2 6-0
5. Les trésors Ming sont exposés au Grand Palais pendant 3 mois
6. Le ministre de la Ville en visite dans les banlieues à Saint-Denis et Aubervilliers : rencontre avec les habitants des quartiers chauds

société	culture	politique	économie	environnement	sports

Exercice 3 (9 points)
Lire pour s'informer.
Lisez cet article et répondez aux questions.

LE SAVIEZ-VOUS

68 % des 15-25 ans estiment que les jeunes s'informent avant tout par la télévision. Internet vient en deuxième position (17 %), devant la radio (13 %). La presse écrite arrive en dernier, citée par seulement 1 % des jeunes interrogés.
Paradoxalement 74 % estiment ne pas être suffisamment informés par le journal télévisé.
La presse gratuite est jugée inférieure aux journaux payants par 8 jeunes sur 10 mais la majorité (58 %) estime qu'elle suffit pour s'informer.
Le divorce de la jeunesse avec la presse écrite n'est pas dû à une prétendue difficulté de lecture : 78 % des jeunes déclarent que les journaux sont plutôt simples à lire. Toutefois 61 % pensent que la presse écrite nécessite un apprentissage. Les jeunes de 15-25 ans n'ont pas de grief particulier contre la presse écrite. Mais ils sont en demande de sujets qui les concernent plus directement (38 %), avec un contenu plus riche (37 %) et une présentation plus séduisante (33 %).

Enquête BVA, 2004
Maine-et-Loire. Magazine du Conseil général
Avril-mai 2005, n°30

1. Ce texte est tiré :

   a. ❏ d'un journal
   b. ❏ d'un magazine
   c. ❏ d'un guide touristique
   d. ❏ d'un livre

(0,5 point)

2. Le principal moyen d'information chez les jeunes est :

   a. ❏ la radio
   b. ❏ Internet
   c. ❏ la télévision
   d. ❏ les journaux

(1 point)

COMPRÉHENSION ÉCRITE

3. Cochez si l'affirmation est vraie ou fausse et justifiez en relevant les mots du texte.

	Vrai	Faux
a. 68 % des jeunes pensent que le journal télévisé ne les informe pas assez bien.	❏	❏
Justification :		*(1,5 point)*
b. Les journaux gratuits sont de moins bonne qualité.	❏	❏
Justification :		*(1,5 point)*
c. La presse écrite est difficile à comprendre pour 78% des 15-25 ans.	❏	❏
Justification :		*(1,5 point)*
d. Les jeunes veulent plus d'informations sur des thèmes intéressants pour eux.	❏	❏
Justification :		*(1,5 point)*
e. Ils n'aiment pas du tout lire les journaux.	❏	❏
Justification :		*(1,5 point)*

Exercice 4 (5 points)

Comprendre la correspondance.
Lisez ce message et répondez aux questions.

De : latinasso@univ-aix.fr
Date : 15 avril
À : Fernando.tav@linco.fr, Cécil.lia@linco.fr, Carmina@softmail.com
Objet : Pique-nique

Bonjour à tous,
L'association des étudiants latino-américains de l'université organise **son grand pique-nique de fin d'année le mardi 21 juin à partir de 18 h 30** au lac des Sapins. Nous nous retrouverons tous à l'emplacement des barbecues et tables à pique-nique, situé à gauche du parking.
Chacun est chargé d'apporter au choix une entrée, des grillades, des saucisses ou du poulet pour le barbecue, ou un dessert ou encore des fruits frais pour 4 ou 5 personnes.
Nous nous occupons des boissons et de la musique.

Pour une meilleure organisation, nous vous demandons à tous de répondre avant le 15 juin en remplissant le bon ci-dessous, à renvoyer à Khalina, chargée de l'organisation.
Copiez le bon
Collez le dans un nouveau message, complétez-le.
Envoyez à Khalinadelambre@softmail.com ou tél 06 66 78 89 98

Nom : .... participera ❏ oui ❏ non
  au pique nique du 21 juin.
Nombre de personnes supplémentaires : ....
J'apporterai ❏ une entrée ❏ des grillades ❏ des saucisses ❏ autres
  ❏ des fruits ❏ un dessert

Épreuves types • 109

COMPRÉHENSION ÉCRITE

1. Il s'agit de :
   a. ❏ une lettre administrative
   b. ❏ une lettre d'informations
   c. ❏ un message amical
   d. ❏ un message publicitaire *(1 point)*

2. L'événement annoncé est :
   a. ❏ une soirée dansante
   b. ❏ un rallye en bicyclette
   c. ❏ un goûter d'anniversaire
   d. ❏ un repas en plein air *(1 point)*

3. Où et quand cela se passe-t il ?
   .... *(1 point)*

4. Tous les participants doivent apporter une boisson.   ❏ vrai   ❏ faux
   Justifier votre réponse avec les mots ou phrases du texte.
   .... *(1 point)*

5. Quelle est la date limite pour répondre ?
   .... *(1 point)*

COMPRÉHENSION ÉCRITE

AUTO-ÉVALUATION

Vous avez fait les activités de compréhension écrite du chapitre 2.
Lisez maintenant les affirmations ci-dessous pour faire un bilan de ce que vous savez ou comprenez. Lorsque vous répondez : *pas très bien,* ou *pas du tout,* refaites les exercices correspondants de la section concernée.

	Très bien	Assez bien	Pas très bien	Pas bien du tout
▶ 1. Lire des annonces ou des instructions				
Je peux comprendre des instructions simples, dans une recette par exemple.	❏	❏	❏	❏
Je peux comprendre des consignes de sécurité.	❏	❏	❏	❏
Je peux suivre le mode d'emploi d'un appareil d'usage courant.	❏	❏	❏	❏
▶ 2. Lire pour s'orienter				
Je peux comprendre les signes et panneaux courants des lieux publics.	❏	❏	❏	❏
Je peux trouver une information spécifique dans un document courant comme un horaire, une brochure, un menu ou un inventaire.	❏	❏	❏	❏
Je peux localiser des informations dans une liste ou un répertoire.	❏	❏	❏	❏
Je peux comprendre une notice explicative ou des consignes.	❏	❏	❏	❏
▶ 3. Lire pour s'informer et discuter				
Je peux reconnaître différents types de textes (brochures, articles, lettres, documents publicitaires, guides…) et leur origine.	❏	❏	❏	❏
Je peux identifier le sujet d'un article ou la fonction d'un document.	❏	❏	❏	❏
Je peux retrouver les informations principales d'un article.	❏	❏	❏	❏
Je peux comprendre des indications pratiques dans une brochure ou un guide.	❏	❏	❏	❏
▶ 4. Comprendre la correspondance				
Je peux reconnaître différents types de lettres standard (lettres de demande, de réclamation, de confirmation, de rappel).	❏	❏	❏	❏
Je sais comment est organisée une lettre formelle.	❏	❏	❏	❏
Je peux reconnaître les différents types de formules d'appel et de clôture d'une lettre courante.	❏	❏	❏	❏
Je sais retrouver l'objet dans une lettre courante.	❏	❏	❏	❏
Je peux comprendre les informations importantes d'une lettre courante.	❏	❏	❏	❏
Je peux comprendre différents types de lettres personnelles.	❏	❏	❏	❏
Je sais reconnaître les intentions exprimées dans une lettre personnelle (donner des nouvelles, inviter, demander des conseils, remercier, proposer).	❏	❏	❏	❏

PRODUCTION ÉCRITE

CHAPITRE 3

▶ *En quoi consiste l'épreuve ?*
L'épreuve se déroule en deux parties. On va vous demander d'écrire deux productions écrites, lettres ou messages pour :
1. décrire un événement ou des expériences personnelles ;
2. inviter, féliciter, remercier, s'excuser, demander, informer, etc.

L'épreuve dure au total 45 minutes.

▶ *Types de documents utilisés*
Les documents utilisés pour l'épreuve A2 sont des messages, des courriels, des invitations, des biographies, des annonces de journaux, des forums Internet, des dessins, des photos…

▶ *Comment allez-vous être évalué ?*
Vous serez évalué sur :
— votre capacité à raconter, commenter, décrire, remercier, féliciter, refuser une invitation, etc.
— votre capacité à écrire un courriel, un lettre amicale, un message, une affiche, etc.

▶ *Quelques conseils pour vous aider lors de l'épreuve*
Dès que vous avez les feuilles et avant de commencer l'épreuve :
1. Lisez attentivement les consignes. Puis regardez rapidement les questions.
2. Observez bien les documents pour bien adapter votre production (réponse à un courriel, production créative, etc.).
3. Écrivez bien lisiblement.
4. Relisez bien ce que vous avez écrit et comptez vos mots.

L'épreuve de production écrite est sur 25 points.

▶ *Les activités proposées dans ce chapitre*
Dans ce chapitre, vous allez trouver des activités variées qui vont vous permettre de vous préparer à l'épreuve. Ainsi, vous allez travailler :
1. La façon d'écrire un courrier.
2. La production de phrases et de messages adaptés à différentes situations.
3. La rédaction de courriers, de courriels, d'invitations, etc.

Les activités s'appuient en général sur des documents courts, de même type que ceux de l'épreuve.

▶ *Dans ces activités, vous devez :*
– répondre à des questions en sélectionnant les informations dans les documents,
– relever des informations dans les documents,
– sélectionner des informations parmi plusieurs,
– associer des questions et des réponses,
– associer des informations,
– compléter des tableaux,
– compléter des documents,
– rédiger des courriers,
– compléter des courriels,
– répondre à des messages.

À la fin du chapitre, vous trouverez une fiche pour faire votre auto-évaluation.

PRODUCTION ÉCRITE

Objectifs de courriers

activité 107 Lisez les extraits de courriers suivants. Quel est l'objectif de chaque lettre ?

	Féliciter	Inviter	Informer	Demander des informations
a. C'est avec un peu de retard que nous adressons nos félicitations aux parents pour cet heureux événement.				
b. Nous sommes désormais voisins. Pour nous permettre de faire connaissance, nous vous invitons à passer prendre l'apéritif ce dimanche vers midi.				
c. Je ne pourrai pas être en France pour les élections du 13 juin. Je vous remercie de bien vouloir m'indiquer la marche à suivre pour pouvoir voter par procuration.				
d. Par la présente, je vous informe de mon mariage célébré à Caumont le 7 mai 2005, avec mademoiselle Lagoune.				

activité 108 Lisez les extraits de lettres et courriels suivants.

1. Malheureusement, je dois annuler mon voyage à Paris. Je vous prie de m'excuser.
2. Par la présente, je vous signale mon prochain changement d'adresse et ce, à compter du 15 novembre prochain.
3. Je me suis installé dans ma nouvelle maison et je vous invite tous à venir fêter ça samedi prochain jusqu'au bout de la nuit.
4. Mon fils Sébastien est très intéressé par le karaté. Je souhaiterais l'inscrire dans votre école.
5. Salut, je suis rentrée de vacances hier, un peu fatiguée mais très contente de mon voyage…
6. J'ai vu un film au ciné cette semaine. Je te le déconseille, il était vraiment mauvais. N'y va pas !

Ces courriels ou lettres sont-ils formels ou informels ?

	Courriels ou lettres formels	Courriels ou lettres informels
1.		
2.		
3.		
4.		
5.		
6.		

Associez les objets à ces courriers :

	Numéro de courrier
a. Demande d'inscription	....
b. Pendaison de crémaillère	....
c. Changement de domicile	....
d. Zéro	....
e. Retour de vacances	....
f. Annulation de voyage	....

activité 109 Lisez les extraits de courriers suivants. Pour écrire des lettres formelles et des courriels, il est nécessaire de trouver un objet, c'est-à-dire un titre.
Écrivez les objets de ces différents courriers.

	Objets
a. Vous seriez très aimable de me faire parvenir un catalogue des produits que vous proposez.	
b. Tu fais quoi dimanche ? Est-ce que tu peux m'aider à déménager ?	
c. Je souhaite donc arrêter mon inscription et me faire rembourser.	
d. Merci pour votre visite de la semaine dernière.	
e. Peux-ton fixer un rendez-vous cette semaine pour discuter du travail ?	
f. Suite à notre conversation téléphonique, vous trouverez ci-joint le règlement de mon loyer pour le mois en cours.	

1. Inviter / répondre à une invitation

activité 110 Observez les messages suivants, ce sont des invitations, des réponses positives ou négatives à des invitations. Classez-les dans le tableau suivant :

	Invitations	Réponses positives	Réponses négatives
a. Ce serait avec plaisir mais je suis déjà prise. Je suis invitée à un mariage.			
b. J'ai déjà du monde à la maison ce week-end, mais je t'accueillerais avec plaisir !			
c. Nous nous joindrons à vous avec joie.			
d. Rendez-vous dimanche midi pour l'anniversaire de pépé. Tu pourras venir ?			
e. Malheureusement, je serai absent la semaine prochaine, je suis obligé de décliner ton invitation.			
f. Sans problème. On vient avec une bouteille.			
g. Quel dommage ! Je suis déjà engagé ailleurs. Désolé, mais pourquoi pas lundi soir ?			
h. Un dîner aux chandelles, ce soir. Cela te dirait ?			
i. Super ! C'est à quelle heure ?			

PRODUCTION ÉCRITE

activité 111 Vous venez de recevoir l'invitation suivante par courriel. Malheureusement, vous n'êtes pas disponible. Vous refusez l'invitation, vous vous excusez et vous justifiez. (70 mots)

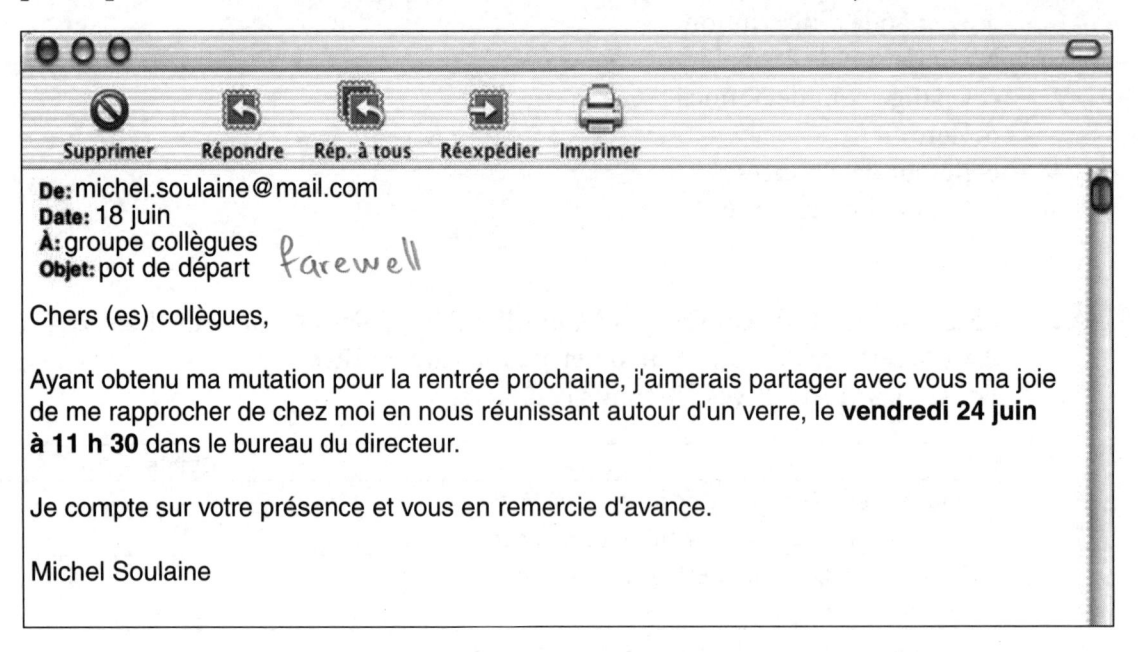

De : michel.soulaine@mail.com
Date : 18 juin
À : groupe collègues
Objet : pot de départ   *farewell*

Chers (es) collègues,

Ayant obtenu ma mutation pour la rentrée prochaine, j'aimerais partager avec vous ma joie de me rapprocher de chez moi en nous réunissant autour d'un verre, le **vendredi 24 juin à 11 h 30** dans le bureau du directeur.

Je compte sur votre présence et vous en remercie d'avance.

Michel Soulaine

Avant d'écrire le courriel, vous devez comprendre l'invitation et répondre en fonction du destinataire.
Pour vous aider, vous pouvez répondre aux questions suivantes :
– Il s'agit d'un courriel amical ou professionnel ?
– Michel Soulaine écrit-il de manière formelle ou informelle ?

À vous maintenant de choisir le ton de votre courriel : amical ? professionnel ? formel ? informel ?

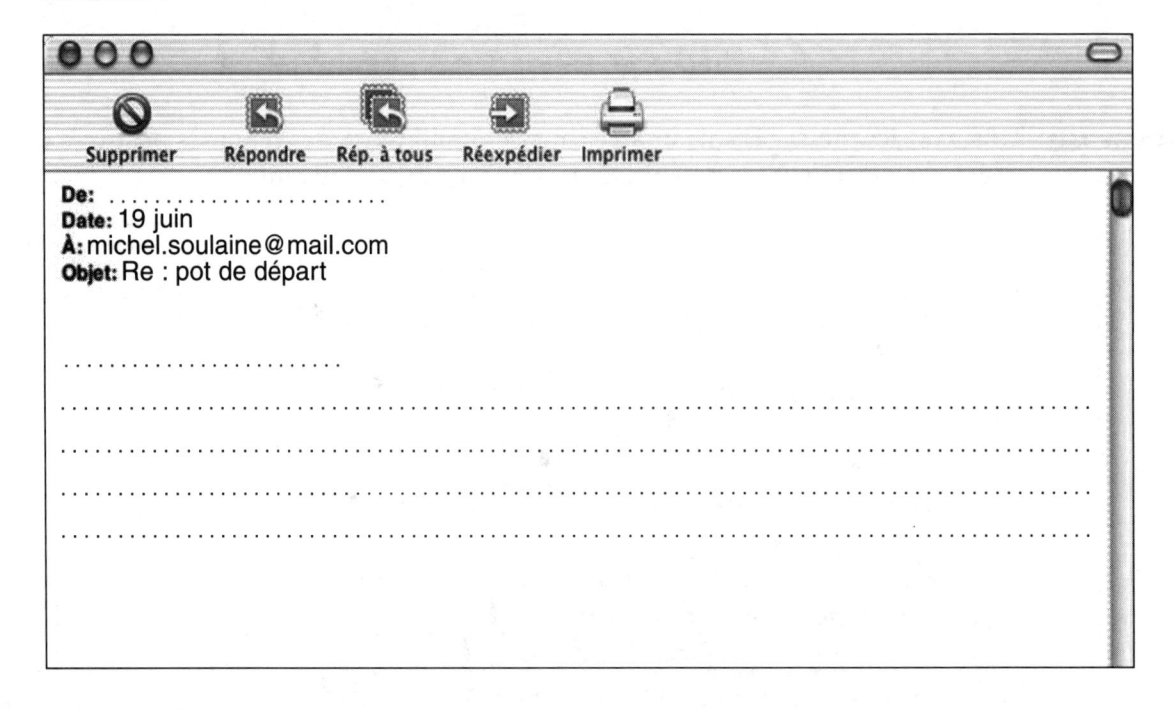

De : ....
Date : 19 juin
À : michel.soulaine@mail.com
Objet : Re : pot de départ

....

---

activité 112 Vous venez de recevoir l'invitation suivante par courriel. Malheureusement, vous n'êtes pas disponible. Vous acceptez de participer au cadeau mais vous refusez l'invitation. Vous vous excusez et vous justifiez votre absence. (70 mots)

116 • Inviter / répondre à une invitation

PRODUCTION ÉCRITE

```
De : chris12@mail.com
Date : 10 juin
À : groupe collègues
Objet : fête surprise
```

Vous savez sûrement que Dominique va bientôt nous quitter pour de nouvelles aventures en Thaïlande ! Avec Françoise, nous avons pensé que nous pourrions lui faire la surprise d'organiser un pot de départ avec un petit cadeau à la clef (un bijou = pas trop lourd dans les bagages !).
Qu'en pensez-vous ?
Si l'idée vous plaît, nous pourrions faire circuler une enveloppe pour y déposer quelques pièces. Je veux bien me charger d'aller en ville un midi pour trouver le bijou souvenir !

Pour ceux qui voudraient dire au revoir à Dominique, je vous propose de venir boire un petit coup et lui offrir notre cadeau le :

vendredi 17 juin de 14 à 15 h

À plus
Christelle

Avant d'écrire le courriel, vous devez comprendre l'invitation et répondre en fonction du destinataire.
Pour vous aider, vous pouvez répondre aux questions suivantes :
– À qui devez-vous répondre ?
  ❏ Dominique ❏ Françoise ❏ Christelle
– Ce courriel est-il ❏ formel ? ❏ informel ?

À vous maintenant de choisir le ton de votre courriel : amical ? professionnel ? formel ? informel ?

> Pour vous aider à écrire le courriel, voici quelques idées de justifications.
> – Excuse-moi, je ne peux pas venir car je suis en RTT (réduction du temps de travail).
> – Désolé, je dois absolument aller chercher ma fille chez la nourrice.
> – Impossible de venir, je suis en déplacement pour le travail.
> – Ce serait avec plaisir mais je dois rendre un dossier avant vendredi 17 heures.
> – Je me suis engagé depuis longtemps à aider un ami à déménager. Désolé.

activité 113 Vous logez à la résidence universitaire. Après six mois passés en France, vous souhaitez organiser une soirée pour votre départ. Vous affichez un mot dans le hall d'accueil. Rédigez cette invitation en 80 mots environ.

Votre invitation doit répondre aux questions suivantes :
– Pourquoi organisez-vous cette soirée ?
– Quand partez-vous ?
– Qui est invité à la soirée ?
– Où se passe la soirée ?
– Quand a lieu la soirée ?
– Faut-il apporter quelque chose ?

Inviter / répondre à une invitation • 117

PRODUCTION ÉCRITE

Pour écrire une invitation, vous devez donner envie de venir à la soirée. Pour cela, faites attention à la présentation de l'invitation et soyez direct (les informations importantes doivent se lire facilement).

....
....
....
....
....
....
....

activité 114 Suite à votre déménagement, vous écrivez un courriel collectif à tous vos amis. Vous remerciez les personnes qui ont participé à votre déménagement. Vous invitez tout le monde pour votre pendaison de crémaillère (soirée organisée pour fêter un emménagement).
Vous donnez toutes les informations utiles (date, heure, lieu, plan). Vous demandez d'apporter quelque chose. (80 mots)

Pour vous aider à écrire ce courriel, voici quelques expressions pour remercier :
– Je vous remercie pour...
– Merci à vous / tous pour...
– Je tiens à vous remercier de...
– Mille mercis à vous pour...

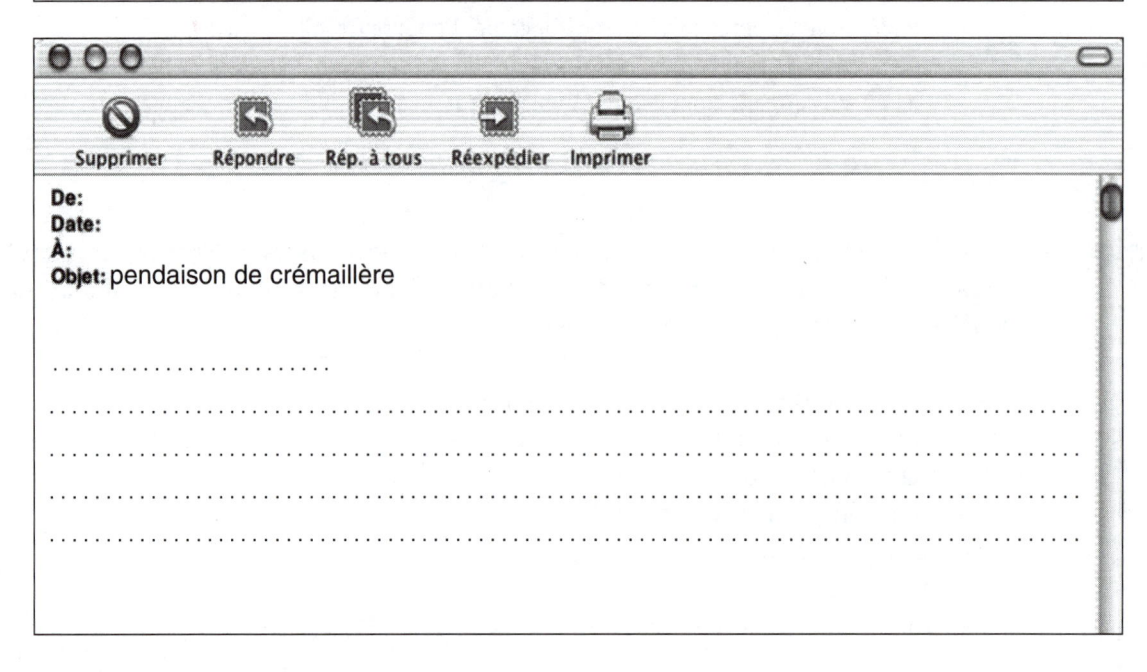

Supprimer Répondre Rép. à tous Réexpédier Imprimer

De:
Date:
À:
Objet: pendaison de crémaillère

....
....
....
....
....

118 • Inviter / répondre à une invitation

PRODUCTION ÉCRITE

activité 115 Vous lisez cette annonce dans le journal local. Vous écrivez un courriel à une amie pour lui proposer de venir avec vous. (40-50 mots)

**18 H 30 - CONCERT CLASSIQUE
ENTRÉE LIBRE**

Répétition publique de l'Orchestre national des Pays de la Loire
avec Manuel Scorta et les élèves du Conservatoire national
de Région d'Angers au Grand Théâtre ce soir.

De :
Date :
À :
Objet :

....
....
....
....
....

activité 116 Vous écrivez un courrier de 50 mots environ à vos amis pour les inviter à la fête organisée pour l'anniversaire de Simon et Amel. Précisez la date et l'heure et n'oubliez pas de proposer un cadeau commun.

② Féliciter / remercier

activité 117 Vous venez de recevoir ce faire-part de naissance. Vous écrivez une carte pour féliciter les parents et leur proposer de venir faire la connaissance d'Alix. (50 mots environ)

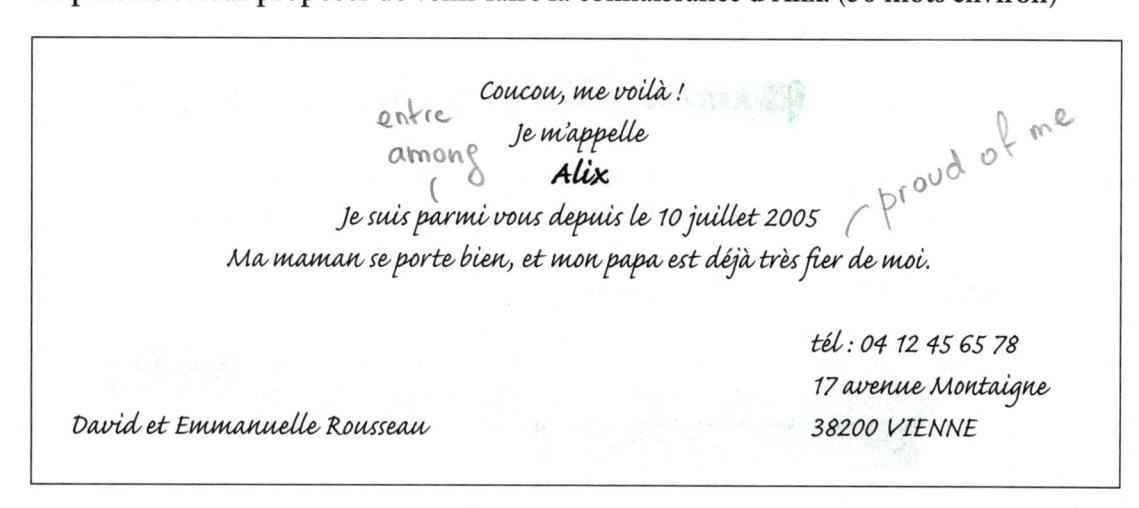

Coucou, me voilà !
Je m'appelle
Alix
Je suis parmi vous depuis le 10 juillet 2005
Ma maman se porte bien, et mon papa est déjà très fier de moi.

tél : 04 12 45 65 78
17 avenue Montaigne
David et Emmanuelle Rousseau   38200 VIENNE

Féliciter / remercier • **119**

PRODUCTION ÉCRITE

> Pour vous aider à écrire la réponse, voici quelques expressions pour féliciter :
> – Nous te souhaitons…, une vie pleine de bonheur.
> – À ce nouveau bébé, nous adressons tous nos vœux de bonheur.
> – Avec nos sincères félicitations pour cet heureux événement.
> – Nos vœux de bonheur à toute la famille.
> – Bonne route à vous trois.
> – Bienvenue à … dans ce nouveau monde.
> – Avec toutes mes félicitations et mes meilleurs vœux à …
> – Bonne santé à la maman.
> – Félicitations aux heureux parents.
> – Bienvenue à …, à qui nous souhaitons santé, bonheur et longue vie.

activité 118 Vous venez de recevoir ce faire-part de mariage. Vous écrivez pour féliciter les parents des futurs mariés et
   a. accepter l'invitation (70 mots) ;
   b. refuser l'invitation. Vous vous excusez et justifiez votre absence (70 mots).
N'oubliez pas de demander à participer au cadeau de mariage des futurs mariés !

Matthieu et Nadège

sont heureux de vous convier à leur mariage.

La cérémonie aura lieu en l'église Saint-Bertrand de La-Fontaine-Saint-Martin
le samedi 7 Août 2006, à 14 heures.

À la fin de la célébration religieuse,
le verre de l'amitié vous sera offert à la salle polyvalente de Guécélard.
Vous êtes également invité à partager la pièce montée des amoureux
à partir de 22 heures au château de Bel-Air à Cérans-Foulletourte.

Monsieur Mousset Pierre   *Monsieur et Madame Guérin*
35 rue Pointue   *Impasse du Lac*
72300 La Flèche   *49000 Angers*

---

③ Demander de l'aide / donner des consignes

activité 119 Vous déménagez dans deux semaines. Vous écrivez un courriel à vos amis pour leur demander de l'aide pour le jour du déménagement. Vous leur demandez une réponse rapide.
Rédigez ce courriel en 70 mots environ.

> Pour vous aider à écrire ce courriel, voici quelques expressions pour demander un service :
> – J'ai quelque chose à vous demander : pouvez-vous m'aider à …
> – Tu peux m'aider à… s'il te plaît ?

120 • Demander de l'aide / donner des consignes

PRODUCTION ÉCRITE

– J'ai besoin d'aide pour …
– Êtes-vous disponible pour m'aider à …

```
Supprimer   Répondre   Rép. à tous   Réexpédier   Imprimer

De:
Date:
À:
Objet:
```

Activité 120 Vous partez en vacances trois semaines. Une amie francophone va venir tous les jours pendant votre absence pour arroser les plantes, ouvrir et fermer les volets, nourrir le chat, etc.
Vous lui laissez un mot en lui donnant toutes les consignes importantes. (80 mots)

Pour vous aider à écrire ce mot, voici quelques idées pour donner des consignes :
– Tu trouveras l'arrosoir dans le cellier.
– Tu peux ouvrir les volets.
– Je range la nourriture pour le chat…
– Il faut lui donner … à manger.
– D'habitude, je change la litière pour le chat une fois par semaine.
– Cette plante a besoin d'un verre d'eau tous les 3 jours.
– Inutile d'arroser tous les jours.
– Merci de ramasser le courrier.
– Tu peux jeter ou garder pour toi la publicité.

Complétez les consignes :

Véro,

Voici quelques consignes pour l'appartement. À chaque fois que tu viens, il y a trois choses à faire : nourrir le chat, bouger les volets et arroser les plantes.

....
....
....

Si tu as un problème, tu peux me téléphoner au 06 78 54 27 98.
Je pars tranquille en vacances. Merci de ta gentillesse.
Nanou

Demander de l'aide / donner des consignes • **121**

PRODUCTION ÉCRITE

4 Informer / s'informer

activité 121 Vous avez accueilli un collègue français qui venait travailler dans votre ville. Vous lui écrivez un courriel pour lui demander s'il est bien rentré et lui annoncer que vous allez venir travailler dans sa ville pendant deux semaines. Vous lui demandez de venir vous chercher à l'aéroport et vous lui donnez des détails sur votre séjour (dates, contenu du séjour, etc.). (70 mots environ)

Pour vous aider à écrire ce courriel, vous pouvez compléter le tableau suivant :

Demander s'il est bien rentré	– J'espère que vous êtes bien rentré de votre séjour. – J'espère que vous n'avez pas eu de problème pendant le trajet du retour.
Annoncer que vous allez venir travailler dans sa ville pendant deux semaines.	....
Demander de venir vous chercher à l'aéroport	....
Donner des détails sur votre séjour (dates, contenu du séjour)	....

activité 122 Pendant votre séjour dans une université française, vous habitez dans un studio. Vous venez de recevoir un appel de votre propriétaire pour vous indiquer que vous n'avez pas payé le loyer.
Vous lui écrivez un courrier pour vous excuser et justifier ce retard de paiement. Vous joignez le règlement. (60 mots)
Complétez la lettre suivante :

....
....
....
                                                              ....
Objet : règlement du loyer

        Madame Chasles,
Suite à notre conversation téléphonique, vous trouverez ci-joint
....
....
....
....
....
votre compréhension.
Je vous prie d'agréer, Madame Chasles, l'expression de mes sincères salutations.
                                                              ....
PJ : chèque du loyer

122 • Informer / s'informer

PRODUCTION ÉCRITE

activité 123 Vous êtes abonné pour un an au magazine français *Francofan*. Deux mois après votre inscription, vous déménagez. Vous écrivez un courrier pour expliquer votre situation et annoncer votre changement d'adresse. Vous en profitez pour donner votre opinion sur le magazine. (60 mots)

> ....
> ....
> ....
> ....
>
> Objet : changement d'adresse
>
> ....
> ....
> ....
> ....
> ....
> ....
> ....
> ....

activité 124 Vous êtes inscrit à la médiathèque depuis deux mois mais vous êtes muté et vous changez de région. Vous écrivez un courrier pour expliquer votre situation, demander la résiliation et le remboursement de votre inscription. (60 mots)

> ....
> ....
> ....
> ....
>
> Objet : remboursement de l'inscription
>
> ....
> ....
> ....
> ....
> ....
> ....
> ....
> ....

Informer / s'informer • 123

PRODUCTION ÉCRITE

activité 125 — Vous avez commandé un livre dans une librairie, mais après deux semaines d'attente, le livre n'est toujours pas arrivé. Vous écrivez un courriel pour exprimer votre mécontentement et annuler votre commande. (50 mots)

De :
Date :
À :
Objet : annulation de commande

....

5. Donner son opinion

activité 126 — Pour parler d'un film, on peut utiliser les adjectifs ci-dessous. Dites s'ils traduisent une opinion positive ou négative en cochant les cases.

1. Un film peut être :

	Opinion positive	Opinion négative
Excellent	❏	❏
Génial	❏	❏
Long	❏	❏
Original	❏	❏
Intéressant	❏	❏
Fascinant	❏	❏
Ennuyeux	❏	❏
Épouvantable	❏	❏

2. Des acteurs peuvent être :

	Opinion positive	Opinion négative
Bons	❏	❏
Mauvais	❏	❏
Médiocres	❏	❏
Exceptionnels	❏	❏
Surprenants	❏	❏
Décevants	❏	❏
Formidables	❏	❏

PRODUCTION ÉCRITE

Activité 127 Vous racontez dans votre carnet de notes le dernier film que vous avez vu (50 mots). Vous devez commencer votre texte par : « C'était épouvantable ! » et terminer votre texte par : « Quel acteur formidable ! »

Activité 128 Vous racontez dans votre carnet de notes le dernier film que vous avez vu (50 mots). Vous devez commencer votre texte par : « Quel acteur ! » et terminer par : « Je n'ai jamais vu un aussi beau film ! »

Activité 129 Vous avez lu une excellente critique de cinéma sur un site Internet. Sur les conseils de ce site, vous allez au cinéma et vous revenez très déçu par le film.
Vous écrivez un courriel au site Internet pour vous plaindre de la critique et demander le remboursement de votre ticket de cinéma. (70 mots)

De:
Date:
À:
Objet: Zéro

Activité 130 Vous venez de faire vos courses chez Supramarket. Vous êtes très mécontent des services de ce magasin ; vous remplissez l'enquête de satisfaction à l'accueil du magasin.
(80 mots)

Si vous manquez d'idée, vous pouvez choisir parmi les suivantes, les raisons de votre mécontentement :
– Il fait très froid dans le magasin.
– L'hôtesse de caisse a été impolie avec vous.
– Les produits ne sont pas frais.
– Les produits sont plus chers que ce qui est indiqué sur les étiquettes.
– Vous avez attendu 30 minutes à la caisse.

Donner son opinion • **125**

PRODUCTION ÉCRITE

SUPRAMARKET
Le service, notre priorité

Votre avis nous intéresse :
Nom : .... Prénom : ....
Adresse : ....
Téléphone : .... Courriel : ....
Suggestions / commentaires :

Monsieur le Directeur,

....
....
....
....

---

6 Décrire

activité 131 — Lisez les phrases suivantes. Ce sont les descriptions de trois lieux : un paysage de montagne, un château et un restaurant.
Associez chaque phrase au lieu concerné.

Illustration n°1    Illustration n°2    Illustration n°3

	Illustration n°1	Illustration n°2	Illustration n°3
a. On y rencontre des touristes mais aussi des habitants de la région.			
b. C'est un cadre chaleureux et pittoresque.			
c. C'est un lieu si reposant.			
d. Il fait moins chaud qu'en plaine et le vent souffle. Parfois, on est même sous les nuages.			
e. On y déguste des spécialités.			
f. On y rencontre beaucoup d'habitués, c'est un lieu très convivial.			
g. Il y a des visiteurs de tous les pays et toute l'année.			
h. C'est un témoignage de l'histoire. J'imagine les vies passées dans ce lieu.			
i. C'est un lieu si imposant.			
j. Quand on est au sommet, on se sent libre.			

126 • Décrire

PRODUCTION ÉCRITE

activité 132 À vous de décrire en trois phrases les lieux suivants :

Illustration n°1   Illustration n°2   Illustration n°3

1. ....
....
2. ....
....
3. ....
....

activité 133 À partir de l'œuvre suivante, *Le Déjeuner des canotiers* de Renoir, imaginez l'enfance du personnage de votre choix en 60 mots.

– Comment était-il/elle physiquement ?
– Quel caractère avait-il/elle ?
– À quoi rêvait-il/elle ?
– Comment imaginait-il/elle l'avenir ?

Décrire • **127**

PRODUCTION ÉCRITE

activité 134   À partir de la planche de BD suivante intitulée « Un monde de différences », imaginez les paroles de chaque vignette.
Pour vous aider, faites la description des personnages de cette BD… Imaginez la situation.

- 3 -

128 • Décrire

activité 135 Grâce à Internet, on peut rencontrer et échanger avec des correspondants très facilement.
Pour rencontrer un correspondant, vous pouvez vous connecter au site www.correspondant.fr et vous inscrire. Pour cela, complétez le formulaire suivant :

L'inscription va permettre aux autres internautes de trouver votre fiche suivant les critères qu'ils auront eux-mêmes choisis.

Merci de noter que :
  Ce n'est pas nécessaire d'être inscrit pour écrire aux autres personnes.
  Ce n'est pas un site pour faire des rencontres matrimoniales ou un site de mariage ! Seules les annonces qui respectent l'esprit du site seront conservées.

Merci de lire les <u>conditions d'utilisation</u> avant de vous inscrire.

Choisissez un peudo : _____

Informations pratiques :

Quel est votre âge ? ☐ 15-20 ans ☐ 20-25 ans ☐ 25-30 ans ☐ 30-39 ans
                    ☐ 39-50 ans ☐ plus de 50 ans
Quel est votre sexe ? ☐ masculin ☐ féminin

De quel pays êtes-vous originaire ? _____

Langue :

Quelle est votre langue maternelle ? _____

Vous voulez que votre futur correspondant parle quelle langue ? (trois choix)
  1) **français**
  2) _____
  3) _____

Vos passions et centres d'intérêt :

Vous pouvez choisir 4 passions ou centres d'intérêt dans la liste ci-dessous :

☐ animaux   ☐ arts et culture   ☐ bande dessinée   ☐ cinéma
☐ collections   ☐ cuisine   ☐ famille et enfants ☐ généalogie
☐ histoire   ☐ jardinage   ☐ jeux vidéos   ☐ informatique
☐ littérature   ☐ mode   ☐ musique   ☐ people
☐ shopping   ☐ religions et croyances   ☐ santé
☐ voitures   ☐ sciences naturelles   ☐ mathématiques
☐ politique, droit et société   ☐ sport   ☐ technique
☐ sciences humaines   ☐ tourisme   ☐ télévision

PRODUCTION ÉCRITE

Contact :

☐ Je veux correspondre par courriel.
Mon adresse est :

Libre expression :

Décrivez-vous en quelques mots : vos passions, vos activités, etc. (70 mots)

Décrivez ce que vous attendez de votre futur correspondant : pays, âge, les raisons qui vous poussent à correspondre, etc. (80 mots)

Gestion de votre compte :

Choisissez un mot de passe :

Confirmez le mot de passe :

☐ Je certifie avoir lu les conditions d'utilisation

[Envoyer]   [Effacer tout]

Pour vous aider à vous décrire, vous pouvez parler de :
– votre physique : taille, couleur des cheveux et des yeux, coupe de cheveux, corpulence (mince, obèse), style vestimentaire… ;
– vos activités habituelles : sport, loisirs, travail… ;
– vos goûts : ce que vous aimez et ce que vous n'aimez pas…

Vous pouvez vous aider de la description suivante pour écrire votre texte.

> Sébastien
> Je m'appelle Sébastien. J'ai 33 ans. Je suis assez grand, brun, je ne suis pas particulièrement sportif et pourtant je reste svelte. Je suis célibataire et actuellement sans emploi. C'est un descriptif rapide… trop rapide.
> Comme je suis au chômage, je passe mes journées à rechercher un emploi, répondre à des annonces, etc. Mon quotidien n'est pas très drôle. Heureusement que j'ai mes passions : j'adore la musique (Prince en particulier), Internet, les jeux en réseau, etc.

PRODUCTION ÉCRITE

Pour vous aider à décrire ce que vous attendez de votre futur correspondant, vous pouvez : faire une liste de raisons de correspondre :
1. rencontrer des étrangers
2. m'améliorer en langue étrangère
3. ...

Vous pouvez vous aider de l'exemple pour écrire votre texte :

> Sébastien
> Comme j'ai un peu de temps libre, je cherche à m'améliorer en langue étrangère... ce qui peut m'aider pour trouver un emploi. J'ai appris l'anglais et l'espagnol.
> Bien sûr, j'aimerais discuter avec des personnes qui aiment comme moi la musique, Internet et les jeux en réseau.
> J'ai oublié... je suis aussi très curieux de la vie à l'étranger... Quand je retravaillerai, j'aimerais bien passer mes congés à voyager et découvrir le monde, et pourquoi pas rencontrer quelqu'un !

activité 136 Suite à votre inscription, vous avez reçu le message suivant. Répondez à ce message. (60 mots)

> Bonjour,
> Moi c'est Sylvie, je suis française, enfin plutôt, je suis marseillaise.
> J'ai les mêmes centres d'intérêt que toi et j'aimerais que l'on discute ensemble de ces sujets. Je veux bien que tu écrives en français. Comme ça, en même temps tu peux travailler la langue. Je ne suis pas professeur mais si je ne comprends pas, je te le dirai.
> Je suis très curieuse. Est-ce que tu peux m'en dire plus sur ton pays parce que je ne suis jamais allée là-bas et j'aimerais bien avoir des informations sur la géographie, l'histoire, l'économie, les traditions, les différences avec la France.
> Je sais, cela fait beaucoup pour un premier message, mais tu peux répondre seulement à une ou deux questions.
> A très bientôt.
> Sylvie

Avant de répondre au message, avez-vous bien compris ?
1. En quelle langue veut-elle correspondre ? ....
2. D'où vient Sylvie ? de ....
3. Sylvie est professeur.   ❑ vrai   ❑ faux
4. Citez une qualité de Sylvie : elle est ....
5. Pour quelles raisons veut-elle correspondre ? ....

activité 137 Suite à votre inscription, vous avez reçu le message suivant.
Répondez à ce message de Patrick en expliquant que vous n'êtes pas intéressé pour échanger avec lui et vous expliquez pourquoi. (70 mots)

> Salut
> J'ai lu ta fiche et je suis très intéressé. Je m'appelle Patrick, je suis français et j'habite à Paris depuis quelques années, mais je déteste cette ville. J'ai déjà habité dans ton pays et j'aimerais bien y revenir en vacances et pourquoi pas y habiter. Est-ce que je pourrais venir cet été chez toi, pour deux mois ? Et puis, je cherche aussi à rencontrer la femme de ma vie...
> Tu pourrais me présenter du monde ?
> Merci de me répondre très vite.
> Patrick

Décrire • 131

PRODUCTION ÉCRITE

Avant de répondre au message, avez-vous bien compris ?
1. Où habite Patrick ? ....
2. Où souhaite-t-il déménager ? ....
3. Où veut-il aller pendant deux mois ? ....
4. Qui veut-il rencontrer ? ....
5. Qu'attend-il de vous ? ....

Vous devez refuser la rencontre avec Patrick mais il est important de rester correct, poli. Pour cela, vous pouvez refuser puis justifier votre refus en donnant une ou plusieurs raisons.
Exemples :
1. Il ne s'agit pas d'un site de rencontres.
2. L'objectif est de correspondre, apprendre à se connaître.
3. ....
4. ....
5. ....

Terminez le message suivant :

> Patrick,
> Je te remercie beaucoup de ton message. Tu es le premier Français à prendre contact avec moi et j'en suis très heureux. Quelle chance tu as d'habiter à Paris, c'est une très belle ville ! Je trouve que tu es très direct pour un premier message ....
> ....
> ....
> ....
> ....

Raconter

activité 138 Voici des témoignages d'internautes du site : www.monenfance.com. Lisez ces témoignages et racontez un détail de votre enfance (80 mots). Vous pouvez inventer bien sûr.

> **1**
> Je suis un enfant adopté. Je m'appelle Antoine et je suis d'origine roumaine. Je suis arrivé en France à 5 ans. J'ai donc des souvenirs de ma vie en Roumanie. J'étais dans un foyer et j'avais une nourrice. Elle était très gentille. Quand je suis arrivé en France, j'ai eu un choc ! J'ai rencontré des personnes : papa, tonton, cousines, maman, etc. Je ne comprenais pas bien le français et ces noms me paraissaient vraiment étranges !

> **2**
> Lucie, 45 ans
> Ma mère avait 45 ans quand je suis née. Elle était célibataire. J'étais « un accident ». J'ai grandi avec une maman un peu vieille. J'ai eu une éducation assez stricte !
> C'était très difficile pour moi, quand j'avais 16 ans et que ma mère venait me chercher à la sortie du lycée ! J'ai même raconté pendant longtemps que c'était ma grand-mère !

PRODUCTION ÉCRITE

> **Thomas**
> J'ai 5 frères et 4 sœurs. Si vous comptez bien, nous sommes 12 dans la famille ! Je suis l'aîné. Quand j'étais petit, je gardais mes frères et sœurs. J'ai grandi très vite, trop vite ! Je n'ai pas eu d'enfance ! J'avais trop de responsabilités... mes parents ne pouvaient pas s'occuper de tout le monde... et surtout pas de moi.

❸

Complétez le tableau suivant :

Témoignage	Prénom	Âge	Particularité	Souvenir d'enfance
n°1	Antoine			
n°2				La sortie du lycée
n°3		?	Famille nombreuse	

Pour vous aider à écrire votre texte, repérez la construction des témoignages :
1. **Présentation de la personne :**
   j'ai 5 frères et 4 sœurs / ma mère avait 45 ans quand je suis née.
2. **Anecdote :**
   J'ai même raconté pendant longtemps que c'était ma grand-mère ! / Quand j'étais petit, je gardais mes frères et sœurs.
3. **Commentaire :**
   mes parents ne pouvaient pas s'occuper de tout le monde... et surtout pas de moi ! / J'étais « un accident ».

Activité 139
Allez sur le site : http://www.rfimusique.com
Consultez quelques biographies de chanteurs français actuels.
Remettez dans l'ordre la biographie de Sanseverino.

```
Nom d'artiste :    SANSEVERINO
Nom :              Stéphane Sanseverino
Né(e) :            1962
Nationalité :      française
Langue chantée :   français
Qualité :          auteur, chanteur, compositeur
Genre musical :    chanson
```

A. Il part en tournée avec sa guitare sur toutes les routes de France puis marque une pause pour entrer en studio et écrire « Les Sénégalaises », son second album en 2004.
B. Cependant, il se tourne d'abord vers le théâtre avant de monter son premier groupe et c'est réellement en 1992 qu'il se consacre à la musique avec son groupe « Les Voleurs de poules ».
C. Pendant un de ces voyages, Sanseverino découvre la musique tzigane qui devient une véritable passion.
D. Stéphane Sanseverino est né en 1962, de parents d'origine italienne.
E. Il reçoit plusieurs récompenses dont la Révélation Scène 2003 aux Victoires de la Musique.
F. Après un album et une série de concerts, le groupe se sépare et Sanseverino travaille

Raconter • **133**

PRODUCTION ÉCRITE

pendant deux ans à l'écriture de son premier album (« Le Tango des gens ») qui sort en 2001 et rencontre immédiatement le succès.

G. Jusqu'à l'adolescence, il voyage beaucoup avec sa famille pour suivre son père dans son métier.

Pour vous aider, relevez dans le texte toutes les indications de temps.

activité 140 En vous aidant de l'activité précédente, rédigez la biographie d'une des personnes suivantes (100 mots) :
– la personne que vous admirez le plus
– vous
– la personne que vous détestez le plus
– un héros de bande dessinée
– un personnage historique
– ou imaginez / rédigez la biographie de ces deux chanteurs :

Nom d'artiste :	**TÉTÉ**
Nom :	
Né(e) :	25 juillet 1975
À :	Dakar (Sénégal)
Nationalité :	française
Langue chantée :	français
Qualité :	auteur, chanteur, compositeur
Genre musical :	chanson

Nom d'artiste :	**M**
Nom :	Matthieu Chédid
Né(e) :	21 décembre 1971
À :	Boulogne-Billancourt (France)
Nationalité :	française
Langue chantée :	français
Qualité :	auteur, chanteur, compositeur
Genre musical :	chanson

activité 141 Vos amis Marjorie et James viennent de se marier. Vous avez assisté au mariage. Vous complétez le courriel pour votre amie Marielle (80 mots). Pour raconter le mariage, aidez-vous des illustrations suivantes.

134 • Raconter

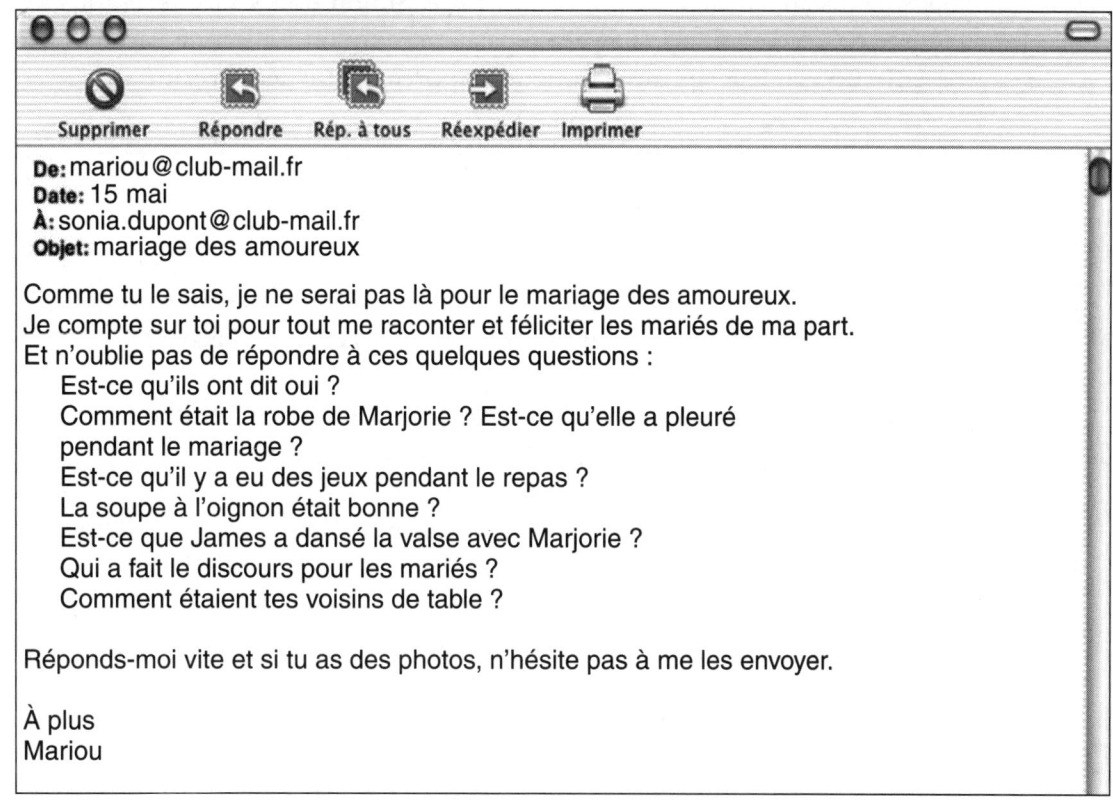

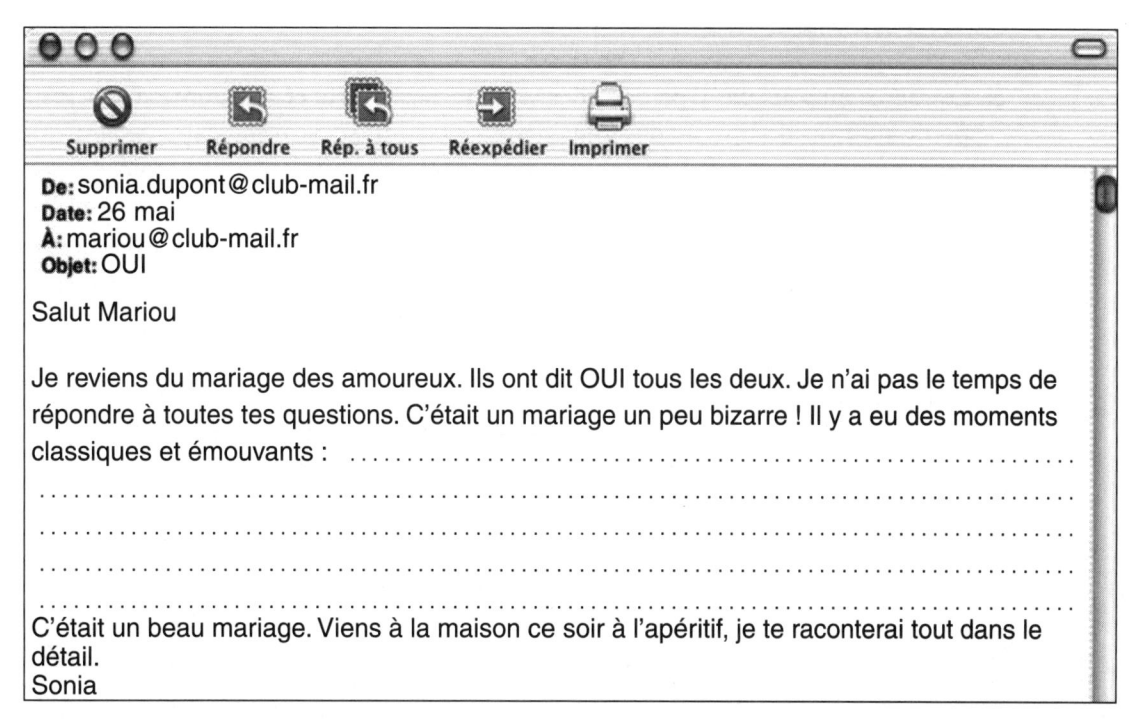

PRODUCTION ÉCRITE

De : mariou@club-mail.fr
Date : 15 mai
À : sonia.dupont@club-mail.fr
Objet : mariage des amoureux

Comme tu le sais, je ne serai pas là pour le mariage des amoureux.
Je compte sur toi pour tout me raconter et féliciter les mariés de ma part.
Et n'oublie pas de répondre à ces quelques questions :
　Est-ce qu'ils ont dit oui ?
　Comment était la robe de Marjorie ? Est-ce qu'elle a pleuré
　pendant le mariage ?
　Est-ce qu'il y a eu des jeux pendant le repas ?
　La soupe à l'oignon était bonne ?
　Est-ce que James a dansé la valse avec Marjorie ?
　Qui a fait le discours pour les mariés ?
　Comment étaient tes voisins de table ?

Réponds-moi vite et si tu as des photos, n'hésite pas à me les envoyer.

À plus
Mariou

De : sonia.dupont@club-mail.fr
Date : 26 mai
À : mariou@club-mail.fr
Objet : OUI

Salut Mariou

Je reviens du mariage des amoureux. Ils ont dit OUI tous les deux. Je n'ai pas le temps de répondre à toutes tes questions. C'était un mariage un peu bizarre ! Il y a eu des moments classiques et émouvants : ....
....
....
....
....

C'était un beau mariage. Viens à la maison ce soir à l'apéritif, je te raconterai tout dans le détail.
Sonia

Raconter • 135

PRODUCTION ÉCRITE

activité 142 Nicolas envoie un courriel à une amie pour lui raconter le premier jour d'école de son fils Simon. Remettez dans l'ordre son récit.
Repérez dans le texte tous les éléments qui vous ont permis de retrouver l'ordre chronologique.

A. 9 h : arrivée dans l'établissement. Les portes se sont ouvertes et Simon a découvert ses premiers camarades.

B. Maman s'est éclipsée pour régler des affaires liées à la cantine et à son fonctionnement. Nous avons appris qu'à trois ans tout juste, Simon doit « pointer » tous les matins à l'entrée de l'école en fonction des repas à prendre ou non et de l'accueil garderie. Ses parents, un peu tête en l'air, n'ont guère apprécié cette découverte !

C. Simon était vraiment angoissé à l'idée d'aller à l'école.

D. On a tenté de le rassurer, tant bien que mal.

E. Le trajet s'est passé sans encombre, avec toutefois quelques questions, toujours les mêmes : « Comment je vais faire pour apprendre ? Sont-ils gentils à l'école ? »

F. Il reconnaissait les lieux. Il nous a fait quelques câlins et a dit bonjour à la maîtresse. Un peu timide, Simon hésitait à communiquer avec les autres.

G. Il s'en faisait une montagne et a décidé au petit matin de ne pas s'y rendre...

H. Il a fait la connaissance (un peu poussé par son père) de Matthis, dont les parents étaient déjà partis et qui jouait seul dans son coin.

I. Le réveil a été difficile parce que Simon a peu dormi.

J. Après une rapide visite à la cantine, on est allés une dernière fois voir notre fils qui jouait avec d'autres, déjà intégré à la collectivité.

K. Les deux garçons pas trop réveillés se sont découverts et rapidement ont joué avec une petite maison de bois et des chevaux en plastique... Simon, s'apercevant que la classe regorgeait de jouets, semblait se rassurer un peu sur ce qu'était l'école.

L. On a juste appris qu'il a chanté « Je vais à l'école, l'école, l'école... » avec sa classe, qu'il a joué longuement et découvert les raviolis (« délicieux »)... Enfin un cahier de liaison avec des renseignements sur l'école lui a été remis pour les parents...

M. De rapides câlins et l'on a compris qu'il valait mieux partir. La maîtresse, à juste titre, souhaite que les parents ne s'attardent pas trop et compliquent ainsi l'affaire en la rendant plus douloureuse... À 9 h 20 : Ça y est, c'était l'école sans filet... Et on n'a pas su grand-chose.

N. Le soir, ce garçon, pourtant pipelette, n'a rien laissé transparaître.

1.	2.	3.	4.	5.	6.	7.
8.	9.	10.	11.	12.	13.	14.

• Raconter

PRODUCTION ÉCRITE

activité 143 Répondez au courriel de Nicolas en posant des questions et en racontant les différences et les ressemblances avec votre premier jour d'école. (80 mots)

activité 144 Vous êtes allé voir une voyante. À la sortie du rendez-vous, vous notez pour mémoire ce qu'elle vous a dit.
À partir des dessins suivants, rédigez un texte de 80 mots.

1.

2.

3.

4.

5.

D'après les images, de quels sujets la voyante a-t-elle parlé ?

❏ amour   ❏ travail
❏ santé   ❏ argent
❏ famille   ❏ rencontre
❏ voyage   ❏ autre : ....

Pour vous aider :
1. décrivez d'abord les images que vous voyez ;
2. mettez les images dans un ordre logique ;
3. trouvez des liens entre les images ;
4. écrivez votre texte au futur proche ou futur simple.

Vous pouvez commencer par :
– D'après la voyante, …
– Selon la voyante, …

Raconter • **137**

PRODUCTION ÉCRITE

activité 145 À partir des dessins suivants, écrivez le journal de voyage des dernières vacances de Jean. Rédigez un texte court de 80 mots.

1.

2.

3.

4.

5.

a. Avant d'écrire votre texte, faites la liste des événements de ces vacances.
   1. *J'ai gagné un voyage. / Je suis parti à une compétition. / J'ai remporté un trophée.*
   2. ....
   ....
   3. ....
   ....
   4. ....
   ....
   5. ....
   ....

B. Créez maintenant des liens entre les images.
   Exemple : J'ai fait le tour d'Europe à vélo. J'ai joué aux cartes avec des comédiens.
   ....
   ....
   ....
   ....
   ....

138 • Raconter

PRODUCTION ÉCRITE

activité 146 Samedi dernier, c'était votre anniversaire. Vous racontez dans votre journal intime les grands moments de cette journée. Écrivez un texte de 80 mots en vous aidant des dessins suivants :

1.

Ah ha ha ha Hi hi ho ho

2.

Quel paysage magnifique ! La Terre vue du ciel. Quelle magie !

3.

4.

5.

Continuez le récit.

Un anniversaire mémorable !
Je me suis réveillé(e) ce matin et mes amis m'avaient préparé des belles surprises. Tout d'abord, nous ....
....
....
....
....

Raconter • **139**

PRODUCTION ÉCRITE

activité 147

Vous revenez à Paris après une semaine de vacances dans le sud-ouest de la France. Vous notez ce que vous avez fait et vu ces derniers jours en vous aidant des images ci-dessous.
Écrivez un texte de 100 mots.

Avant d'écrire votre texte, notez pour chaque image les actions et les commentaires associés.

Exemple avec l'image 1 :

Actions	Commentaires
Visiter une partie du sud-ouest de la France.	Région située à côté de l'Espagne
Aller à Agen, Biarritz...	Villes dynamiques
Se baigner	Être au bord de l'océan Atlantique
Se loger à l'hôtel	Sites touristiques donc des équipements
Prendre l'avion jusqu'à Bordeaux	Bon réseau routier et ferroviaire

À vous maintenant de faire la même chose pour chaque image. Puis assemblez les différentes pièces du puzzle qui constitueront votre récit.

140 • Raconter

PRODUCTION ÉCRITE

activité 148

1. Vous revenez tout juste de vacances et vous racontez par courriel à l'ami qui vous a accueilli pendant les vacances votre voyage de retour (80 mots). Aidez-vous des mots et expressions suivants. Attention aux temps que vous utilisez.

2 heures d'attente	grève des pilotes	course dans l'aéroport
champagne renversé	arrivée à 4 heures du matin	fatigue
plainte auprès de l'hôtesse de l'air		accident dans le métro

2. Suite à votre retour de vacances catastrophique, vous décidez d'écrire à l'agence de voyages pour vous plaindre du déroulement de votre voyage. (80 mots environ)
Complétez la lettre suivante :

....   Agence Voyagetour
....   1 place du Vert luisant
....   67000 Strasbourg

                                                                                        Strasbourg, le ....
REF : 15/897/2006

   Monsieur,

   Je vous écris ce jour pour vous signifier mon mécontentement suite au déroulement de mon trajet de retour de vacances.
       En effet, ...
....
....
....
....
....
....
....
....

   En conséquence, je souhaite obtenir réparation sous forme d'une compensation financière pour le non-respect du contrat de voyage.
   Je vous prie d'agréer, Monsieur, l'expression de mes sincères salutations.

                                                                                        ....

Raconter • 141

PRODUCTION ÉCRITE

activité 149   À partir de la planche de BD suivante intitulée « Préjugés », retrouvez l'histoire en remettant les vignettes dans l'ordre.
Imaginez les paroles de chaque vignette.

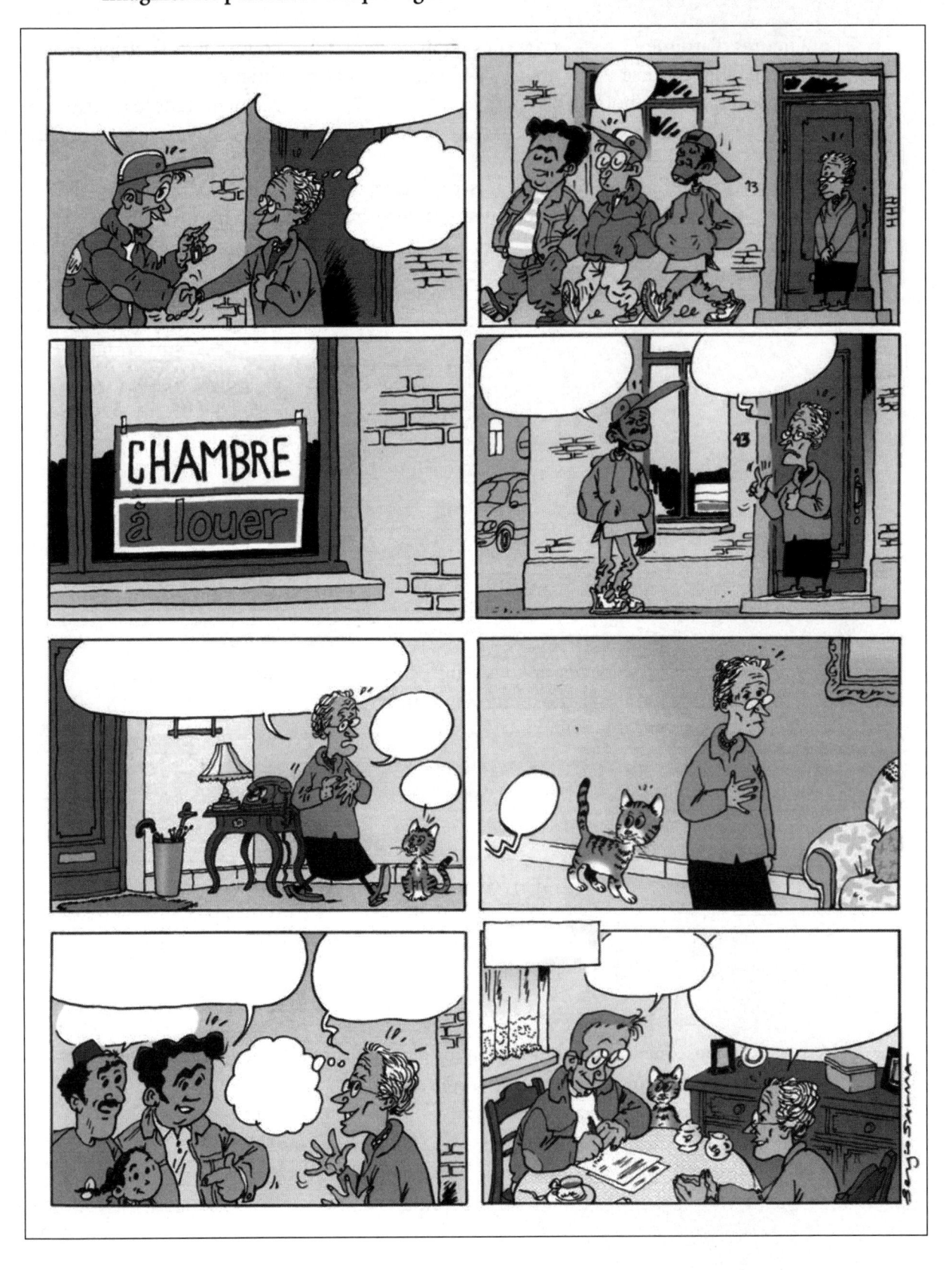

142 • Raconter

PRODUCTION ÉCRITE

activité 150 *(suite de l'activité précédente).*
La propriétaire a écrit à son fils pour lui raconter à qui elle a loué la chambre.

> Jean,
> J'ai enfin loué ta chambre. Je ne suis pas mécontente. J'ai eu trois visites avant de le louer. Tout d'abord, un jeune homme noir est venu. Ensuite, un jeune avec son père et sa sœur. Et enfin, un jeune homme, propre sur lui, blond à lunettes est arrivé. Il a visité. Il a signé... Un bon petit gars bien de chez nous ! Mais quand il est reparti de la maison, il était avec les deux autres jeunes... Il a de mauvaises fréquentations !

Aidez-vous de cette lettre pour terminer une des deux lettres suivantes (80 mots) :
   a. Le locataire écrit à un ami pour lui raconter qu'il a trouvé un logement.
   b. Le jeune homme noir écrit à un ami pour lui raconter l'anecdote.

activité 151 Durant votre séjour en France, vous avez assisté à un accident dans la rue. Avant d'aller témoigner à la police, vous notez ce que vous avez vu. (80 mots)
Vous devez utiliser les mots suivants :

un instant plus tard	atroce	une moto rouge	
au carrefour	un non-voyant	le feu vert	
traverser	tout droit	renverser	le sang

activité 152 **1.** Lisez la tradition de la bûche de Noël et répondez aux questions.

La bûche de Noël

La veille de Noël, on allait chercher une énorme bûche de bois franc, appelée bûche de Noël. Le soir de Noël, le maître de maison la plaçait dans l'âtre [...]. Dans certaines familles, c'était les jeunes filles de la maison qui allumaient la bûche avec les tisons de celle de l'année précédente, qu'on avait pris soin de conserver précieusement. Dans d'autres familles, c'était plutôt à la mère que revenait ce privilège. Les cendres de cette bûche avaient, dit-on, la propriété de protéger la maison de la foudre et des pouvoirs maléfiques du diable.
Cette coutume, remontant au XIIe siècle, avait cours dans la plupart des pays européens, notamment en France et en Italie, où la bûche de Noël était appelée « ceppo ». Au Québec comme en France, cette tradition a perduré jusqu'à la fin du XIXe siècle [...].
Aujourd'hui, la bûche de Noël est devenue une pâtisserie traditionnelle, succulent gâteau roulé, glacé de crème au café ou au chocolat et décoré de feuilles de houx et de roses en sucre.

   a. De quand date la tradition de la bûche de Noël ? ....
   b. Pourquoi la famille brûlait-elle la bûche le soir de Noël ? ....
   c. Où pratiquait-on cette coutume ? ....
   d. Aujourd'hui, qu'est-ce que la bûche de Noël ? ....
   e. Quels adjectifs sont utilisés pour décrire le gâteau ? ....

2. Rédigez un article pour le journal *Francofan* où vous décrivez une tradition de votre pays. (80 mots)

Raconter • 143

ÉPREUVES TYPES

➤ Activité 153 (25 points)
Exercice 1 (13 points)

Vous devez accueillir un collègue qui vient travailler dans votre ville pour une semaine. Vous lui écrivez un courriel pour lui annoncer que vous viendrez le chercher. Vous lui demandez des informations sur son arrivée (date, heure, numéro de vol) et vous vous décrivez pour qu'il vous reconnaisse à son arrivée. (70 mots environ)

```
De:
Date:
À:
Objet:

..................................................
..................................................
..................................................
..................................................
..................................................

Merci de me répondre pour me donner ces différentes informations.
Cordialement

Dominique Dufroid
```

Exercice 2 (12 points)

Vous étiez à vélo quand un automobiliste vous a renversé(é). L'automobiliste a pris la fuite. Vous notez les informations importantes avant d'aller faire votre déclaration à la police. (70 mots)

➤ Activité 154 (25 points)
Exercice 1 (13 points)

Vous venez de recevoir cette invitation pour l'anniversaire de Laurence. Vous écrivez pour remercier de l'invitation. Vous acceptez l'invitation et demandez des renseignements complémentaires sur l'organisation du week-end. (70 mots)

PRODUCTION ÉCRITE

> ## INVITATION
>
> Le **30 juillet** prochain, j'ai **30 ans**.
> C'est une très bonne occasion pour
>
> ## faire la fête.
>
> La **Bretagne** vous invite pour
> un **week-end entre amis**.
>
> Détente, découverte de la région, baignade, soirée barbecue au programme, du vendredi soir au dimanche après-midi, dans la maison familiale.
>
> Donnez-moi vite votre réponse.
>
> Laurence
> laurence.chiqueni@yaho.fr

Exercice 2 (12 points)

Pendant votre séjour de travail en France, vous écrivez dans votre journal tout ce que vous faites dans la journée pour le raconter à votre retour à votre ancien professeur de français. Vous décrivez la ville de Nice, les personnes rencontrées et vous présentez deux spécialités du pays. (70 mots)

Aidez-vous des illustrations suivantes pour rédiger vos notes.

1.

2.

3.

4.

Épreuves types • **145**

PRODUCTION ÉCRITE

AUTO-ÉVALUATION

Vous avez fait les activités de production écrite.
Lisez maintenant les affirmations ci-dessous pour faire un bilan de ce que vous savez ou comprenez.
Lorsque vous répondez *pas très bien* ou *pas bien du tout*, refaites les activités de la section concernée.

	Très bien	Assez bien	Pas très bien	Pas bien du tout

Dans un courrier, un courriel :

Je peux inviter.	❏	❏	❏	❏
Je peux répondre positivement à une invitation.	❏	❏	❏	❏
Je peux refuser une invitation.	❏	❏	❏	❏
Je peux féliciter.	❏	❏	❏	❏
Je peux remercier.	❏	❏	❏	❏
Je peux demander de l'aide.	❏	❏	❏	❏
Je peux donner des consignes.	❏	❏	❏	❏
Je peux donner un renseignement.	❏	❏	❏	❏
Je peux m'excuser et donner des explications.	❏	❏	❏	❏
Je peux donner une opinion positive ou négative sur un film.	❏	❏	❏	❏
Je peux exprimer mon mécontentement.	❏	❏	❏	❏
Je peux décrire un lieu, une personne.	❏	❏	❏	❏
Je peux raconter un événement passé.	❏	❏	❏	❏
Je peux raconter un événement futur.	❏	❏	❏	❏
Je peux retrouver la chronologie d'un récit.	❏	❏	❏	❏
Je peux présenter une tradition.	❏	❏	❏	❏

PRODUCTION ORALE

CHAPITRE 4

▶ *En quoi consiste l'épreuve ?*
L'épreuve de production orale comprend trois parties :
- l'entretien dirigé
- le monologue suivi
- l'exercice en interaction

Dans l'**entretien dirigé,** vous devez d'abord établir le contact avec l'examinateur, c'est-à-dire le saluer, ensuite vous devez parlez de vous et de votre famille, de ce que vous faites, de vos goûts… En quelque sorte, vous devez vous présenter. Enfin l'examinateur vous posera quelques questions complémentaires.

Pour le **monologue suivi,** vous devez faire une description, raconter et décrire un événement ou un souvenir, ou encore parler à partir d'un sujet de vie quotidienne proposé par l'examinateur.

L'**exercice en interaction** consiste, à partir d'un document contenant des informations ou d'une brochure, comme un horaire ou un plan, à jouer à deux, avec l'examinateur, une situation de la vie courante et à vous exprimer comme vous le feriez dans cette situation.

L'épreuve dure 6 à 8 minutes.

▶ *Types de documents utilisés*
- Brochure d'agence de voyages,
- Ticket de caisse,
- Objets divers,
- Plan de ville,
- Dates de concert,
- Liste, etc.

▶ *Comment allez-vous être évalué ?*
Dans la première partie, vous serez évalué sur votre capacité à vous présenter, à parler de vous et à décrire puis à répondre de manière appropriée aux questions de l'examinateur.

On cherchera également à évaluer votre capacité à raconter et à faire une description. De même, vous serez évalué sur l'articulation et la cohérence de ce que vous direz.

Enfin, on vérifiera votre capacité à réaliser un échange dans une situation de la vie quotidienne et l'adéquation de ce que vous direz dans la situation proposée.

De manière générale, vous serez aussi évalué sur la correction des phrases, la précision et la richesse du vocabulaire ainsi que sur la clarté, l'intonation et la fluidité de ce que vous direz.

▶ *Les activités proposées dans ce chapitre*
Dans ce chapitre, vous allez trouver des activités variées qui vont vous permettre de préparer les trois moments de l'épreuve.

Dans ces activités, vous allez :
- choisir les salutations appropriées dans différentes situations de prise de contact ;
- retrouver les expressions utiles pour dire que vous ne comprenez pas bien ;
- revoir les phrases nécessaires pour se présenter ;

PRODUCTION ORALE

– associer des réponses avec des questions ;
– compléter des phrases ;
– répondre à des questions sur vous ou votre famille, sur des questions de la vie quotidienne ;
– raconter une histoire à partir d'images ;
– sélectionner des informations dans des enregistrements ;
– remettre des dialogues dans l'ordre ;
– poser des questions à partir de supports ;
– construire des dialogues ;
– terminer des dialogues ;
– retrouver des informations dans un document.

PRODUCTION ORALE

1- Entretien dirigé

Dans cette partie de l'examen de production orale, vous allez devoir prendre contact avec votre examinateur, le saluer, vous présenter et parler un peu de vous et, enfin, vous devrez répondre à des questions.

Dans les activités qui suivent, vous pourrez vous entraîner à choisir les bonnes expressions pour parler et vous préparer à répondre aux questions de l'examinateur ainsi qu'à réagir dans le cas où vous ne comprendriez pas très bien.

activité 155 Voici des expressions que l'on peut utiliser pour saluer, remercier et prendre congé de quelqu'un. Lisez-les puis classez-les dans le tableau.

1. Bonjour, comment allez-vous ?
2. Salut, Stéphane, ça va ?
3. Au revoir, bonne journée.
4. À bientôt, on s'appelle.
5. À plus tard.
6. Je veux bien, merci.
7. Bonne journée.
8. Tiens, Aline, bonjour, comment ça va ?
9. Allez, salut, à la prochaine.
10. C'est très gentil, merci pour votre aide.
11. Quentin, salut, comment vas-tu ?
12. Au revoir, mademoiselle, bonne soirée.
13. Je m'appelle Anna Liu, bonjour.
14. Je vous remercie, monsieur.
15. Bonsoir, madame.
16. Merci beaucoup.
17. Bonjour, est-ce que je peux entrer ?
18. Vraiment, c'est pour moi ? Comme c'est gentil.

Saluer	Remercier	Prendre congé
....	....	....
....	....	....
....	....	....
....	....	....
....	....	....

activité 156 Dans les situations suivantes, quelles expressions pouvez-vous utiliser pour saluer et prendre congé ? Lisez-les à voix haute une fois avant de choisir votre réponse.
Il y a plusieurs réponses possibles pour chaque situation.

1. Vous rencontrez un ami dans la rue un matin, vous ne l'avez pas vu depuis longtemps.
   a. Vous saluez.
   ❏ Salut !
   ❏ Bonjour, monsieur.
   ❏ Christophe ? Ça fait un bail…
   ❏ Bonsoir, comment allez-vous ?
   ❏ Salut, comment ça va ?

   b. Vous prenez congé.
   ❏ Monsieur, à bientôt.
   ❏ À la prochaine, bonne journée.
   ❏ Allez, salut !
   ❏ Salut tout le monde.
   ❏ Au revoir.

2. Vous arrivez dans la salle d'examen. Vous vous adressez à l'examinateur.
   a. Vous saluez.
   ❏ Salut, ça va ?
   ❏ Bonjour, je m'appelle…
   ❏ On ne s'est pas déjà rencontrés ?
   ❏ Bonjour, madame/ monsieur.
   ❏ Chère madame, bonjour.

   b. Vous prenez congé.
   ❏ J'en ai assez, je m'en vais.
   ❏ Allez, au revoir.
   ❏ Au revoir, merci.
   ❏ À bientôt, on s'appelle.
   ❏ Au revoir, bonne journée.

Entretien dirigé • **149**

PRODUCTION ORALE

3. Vous abordez un inconnu dans la rue, pour lui demander votre chemin, il vous répond très gentiment.

a. Vous saluez/entrez en contact.
- ❏ Excusez-moi, je cherche…
- ❏ Vous pourriez m'aider un peu !
- ❏ Pardon, monsieur, vous savez…
- ❏ S'il vous plaît, vous connaissez… ?
- ❏ Salut. Tu connais Marcel ?

b. Vous prenez congé.
- ❏ Merci, monsieur.
- ❏ Merci, à plus.
- ❏ Au revoir, je vous laisse ma carte.
- ❏ Ah ben merci !
- ❏ Ah, je vois, merci bien.

activité 157   Pendant l'épreuve, vous serez évalué sur votre capacité à réagir dans les situations où vous ne comprenez pas très bien ou dans lesquelles vous avez besoin d'explications.
Quelles expressions pouvez-vous utiliser ? Cochez les phrases possibles. Il y a parfois plusieurs possibilités.

1. Vous ne comprenez pas bien la question.
    a. ❏ Je ne comprends pas bien.
    b. ❏ Quoi ?
    c. ❏ Qu'est-ce que ça veut dire ?
    d. ❏ Excusez-moi, je n'ai pas bien compris la question.

2. Vous ne comprenez rien du tout.
    a. ❏ Je n'ai pas compris la question.
    b. ❏ C'est trop difficile, j'abandonne.
    c. ❏ Comment ?
    d. ❏ Je suis désolée, je ne comprends pas.

3. Vous voulez que l'examinateur explique une expression ou un mot.
    a. ❏ Pourriez-vous parler plus lentement ?
    b. ❏ Excusez-moi, je ne comprends pas le mot…
    c. ❏ Est-ce que vous pourriez traduire la question ?
    d. ❏ S'il vous plaît, est-ce que vous pouvez m'expliquer le sens de…

4. Vous voulez que l'examinateur répète la question.
    a. ❏ Est-ce que vous voudriez bien me poser une autre question ?
    b. ❏ Vous pouvez répéter, s'il vous plaît ?
    c. ❏ Excusez-moi, je n'ai pas bien entendu.
    d. ❏ Répétez !

5. Vous trouvez que l'examinateur parle trop vite.
    a. ❏ Est-ce que vous pouvez parler plus lentement, s'il vous plaît ?
    b. ❏ Hé ! Doucement, je ne comprends rien.
    c. ❏ Vous parlez trop vite, faites un effort.
    d. ❏ Je n'ai pas bien entendu votre question.

6. Vous comprenez la question mais vous n'avez pas la réponse.
    a. ❏ Je ne sais pas.
    b. ❏ Je comprends bien mais je ne sais pas.
    c. ❏ Je ne comprends pas.
    d. ❏ Désolé(e) mais je n'ai pas écouté.

PRODUCTION ORALE

activité 158 Pour se présenter, on peut dire comment on s'appelle, donner son âge, sa nationalité, sa profession, etc. Quelles expressions peut-on utiliser ? Dans le tableau, cochez les expressions possibles.

Expressions	Pour dire	Nom	Âge	Nationalité ou origine	Profession ou activité	Situation familiale	Langues parlées	Domicile Quartier
a. Je suis célibataire.								
b. Je ne parle pas bien français.								
c. Je viens d'Iran.								
d. J'ai 19 ans.								
e. Je suis marié(e).								
f. J'ai appris l'anglais à l'école.								
g. J'habite avec mon mari, près de la mairie.								
h. Je suis en 1re année de droit.								
i. Mon nom, c'est Noëlle Priou.								
j. Je ne suis né(e) en 1975.								
k. Je partage un appartement avec ma sœur.								
l. Je travaille comme vendeuse.								

activité 159 1. Répondez aux questions suivantes. Reliez les questions aux réponses possibles. Il y a parfois plusieurs possibilités.

1. Comment est-ce que vous vous appelez ?
2. Quel âge avez-vous ?
3. Où est-ce que vous habitez ?
4. Quelle est votre profession ?
5. Quelle est votre situation familiale ?
6. Quelle est votre nationalité ?
7. De quel pays venez-vous ?

a. Je viens de Lisbonne, mais je vis en France depuis sept ans.
b. J'ai 26 ans.
c. Je suis portugais.
d. Je travaille comme interprète.
e. Près de la Sorbonne, rue Mouffetard.
f. Je m'appelle Nuno Tavares.
g. Je suis marié, j'ai deux enfants.
h. Je suis cuisinier.
i. Je viens du Portugal.
j. J'habite à Belleville, c'est un quartier très agréable.
k. Je ne suis pas marié, mais j'ai une petite amie, au Portugal.
l. Nuno, Fernando, Manuel Tavares.

Relevez vos réponses dans le tableau.

1.	2.	3.	4.	5.	6.	7.
…… et ……	……	…… et ……	…… et ……	……	……	…… et ……

Entretien dirigé • 151

PRODUCTION ORALE

À votre tour ! Présentez-vous, de deux manières différentes au moins, en suivant l'ordre proposé (n°1 et n°2). Donnez le plus d'informations possible. Vous pouvez utiliser le même type de phrases que dans la première partie de l'activité.

Pour introduire votre présentation, vous pouvez utiliser des expressions telles que :
– Je vais me présenter.
– D'abord, je voudrais me présenter un peu.
– Pour commencer, je vais me présenter.
– Je vais vous parler un peu de moi.

Ordre n° 1	Ordre n° 2
Nom	Nom
Âge	Profession
Nationalité	Âge
Pays d'origine	Nationalité
Adresse	Pays d'origine
Ville d'origine	Adresse
État civil	Ville d'origine + pays
Profession	État civil

activité 160 Dans votre présentation, vous pouvez aussi parler de votre famille.

Complétez les phrases suivantes avec les informations demandées sur vous et votre famille. Vous pouvez ajouter une précision, comme dans l'exemple, et faire varier les personnes.

Exemple : n°6 : *– Ma sœur est violoniste, elle joue dans un orchestre.*
– Mon mari est architecte, il travaille pour la ville de Shanghai.
Pour parler de :

1. Pays d'origine : Ma famille est originaire de ....
2. Région dans le pays, ville d'origine : Nous venons de ....
3. Nombre de personnes dans la famille : Dans ma famille, nous sommes ....
4. Nombre de frères et sœurs : J'ai ....
5. Domicile des parents/ pays/ville : Mes parents habitent ....
6. Occupation/ travail : Ma sœur est ....
7. Profession : Mon père travaille comme ....
8. Domaine d'étude : Mon frère étudie ....
9. Prénom : Ma grand-mère s'appelle ....
10. Loisirs : Mon petit frère fait du/de la ....

152 • Entretien dirigé

PRODUCTION ORALE

activité 161   Lisez les expressions ci-dessous. Elles sont utiles pour parler de son activité professionnelle ou de ses études.

Les études	Le travail
– Je suis étudiant(e)/stagiaire	– Depuis deux ans, je suis employé...
– J'ai une formation de	– J'ai travaillé pendant six mois dans...
– Je fais un stage dans/chez...	– Je suis employé comme...
– Je fais/J'ai fait des études de...	– Je fais + activité occasionnelle
– Je suis des cours de...	– Je suis + profession ... dans + domaine...
– Je voudrais devenir...	– Je m'occupe de + activité
– Je prépare un diplôme de...	– Avant, je travaillais dans...
– J'aimerais étudier...	– Maintenant/Après je voudrais...
	– Je n'ai pas de travail.
	– Je cherche un emploi.

Quelques mots pour vous aider

Les métiers et emplois : secrétaire, coiffeur(se), vendeur(se), médecin, dentiste, vétérinaire, infirmièr(e), journaliste, musicien, professeur, dessinateur, architecte, ingénieur, écrivain, électricien, baby-sitter, employé de maison, hôtesse d'accueil, commerçant, ouvrier, employé, fonctionnaire, stagiaire (il apprend un métier directement dans une entreprise), danseur, peintre...

Les études : l'histoire, la géographie, la philosophie, la psychologie, la sociologie, les langues, la littérature, la pédagogie, les mathématiques, les sciences, le marketing, le commerce, l'économie, les sciences politiques, les relations internationales, le tourisme, l'hôtellerie, la restauration...

Lieux de travail : un bureau, un magasin, une usine, une entreprise, une boutique, un hôpital, un atelier, un cabinet, un bureau d'étude, un chantier, une école, une banque...

Expliquez ce que vous faites, comme dans l'exemple, en utilisant les expressions proposées ci-dessous.

Exemple :
Je suis pâtissier depuis 4 ans. Je travaille dans une pâtisserie française à Londres depuis un an. De 2000 à 2002, j'ai fait une formation dans une école de pâtisserie en Angleterre. Maintenant, je voudrais travailler pour un pâtissier en France. Dans quelques années, j'aimerais ouvrir une boulangerie-pâtisserie.

À vous ! Dites ce que vous faites dans la vie, depuis quand, où vous travaillez ou étudiez, ce que vous faisiez avant et ce que vous voulez faire après. Répondez aux questions.

– Quelle est votre activité actuelle ?
– Quel genre de travail cherchez-vous ?
– Où travaillez-vous ?
– Où faites-vous vos études ?

Entretien dirigé • **153**

PRODUCTION ORALE

– Quelles études ou formation professionnelle avez-vous suivies ?
– Où a eu lieu votre formation ?
– Que faisiez-vous avant ?
– À l'avenir, que voulez-vous faire comme travail ou comme études ?
– Où aimeriez-vous travailler ? Pour qui ? Dans quel cadre ?

activité 162 Vous pouvez aussi, dans une présentation, parler de vos loisirs.
Lisez le tableau puis répondez aux questions en utilisant toutes les expressions et le vocabulaire proposés. Combinez les expressions de temps avec les verbes et les activités comme dans l'exemple.
Vous pouvez aussi compléter par d'autres éléments et les adapter à votre situation.

Expressions de temps	Activités de loisirs
– Quand j'ai du temps... – Le week-end... – Régulièrement... – Le soir, avant de rentrer chez moi... – Depuis l'âge de 5 ans... – Parfois, pendant les vacances d'été... – Souvent, avec mes parents... – Il y a trois ans... – De temps en temps... – Deux fois par semaine...	**Les sports :** le football, le basket, le hand-ball, le tennis, la randonnée, le golf, le judo, le karaté, la natation, le ski, le vélo, la course à pied, l'équitation, la danse... **Les sorties :** aller au musée, au cinéma, au théâtre, au concert, au restaurant, à des expositions, faire du lèche-vitrine, aller danser, se promener... **Les autres activités :** les échecs, les jeux de cartes, la peinture, la photographie, l'écriture, la lecture, le dessin, la musique, les voyages...

Verbes utiles : avoir l'habitude de..., faire, pratiquer, jouer à..., jouer de..., aimer, aller, partir en voyage, peindre, écrire, lire, écouter, visiter, découvrir, marcher, se promener, rencontrer, prendre des cours de..., collectionner...

Exemple : Parfois, pendant les vacances, je pars en voyage avec mes amis. Nous découvrons des régions nouvelles et nous nous promenons dans les petits villages français.

1. Quelle activité faites-vous régulièrement ?
2. Est-ce que vous faites du sport ?
3. Combien de fois par semaine faites-vous du sport ?
4. Qu'est-ce que vous ne faites jamais ?
5. Quelles activités faisiez-vous quand vous étiez plus jeune ?
6. Qu'est-ce que vous aimez faire pendant les vacances ?
7. Qu'aimeriez-vous faire comme nouvelle activité ?
8. Que faites-vous le week-end ?

activité 163 Pour faire votre présentation, vous pouvez aussi parler des choses que vous aimez ou que vous n'aimez pas et expliquer pourquoi.

Regardez les images ci-contre et dites si vous aimez ou si vous n'aimez pas, comme dans l'exemple. Expliquez pourquoi.

PRODUCTION ORALE

Pour dire que vous aimez	Pour dire que vous n'aimez pas
– J'adore	– Je n'aime pas tellement/pas du tout
– J'aime, j'aime bien/assez/beaucoup	– Je déteste
– J'apprécie beaucoup les livres	– J'ai horreur de…
– Je trouve X très intéressant(e)	
– Ça me plaît de + verbe	

Exemple :
– J'adore la mer, parce que j'aime bien nager dans les vagues et faire de la planche à voile.
– Je déteste la pluie, c'est triste. Et on ne peut pas sortir.
– Je n'aime pas trop les chats parce qu'ils sont trop indépendants.

1. la ville
2. la mer 
3. la musique 
4. le soleil 
5. la pluie 
6. les chats 
7. les voyages 
8. la lecture 
9. les chiens 
10. les voitures 
11. la télévision 
12. la danse 
13. le sport 
14. le café 
15. le travail 

Entretien dirigé • 155

PRODUCTION ORALE

activité 164 1. Observez les vignettes et racontez la journée ordinaire de cette jeune fille.
2. Racontez ensuite votre journée sur le même modèle en adaptant à vos horaires et à vos activités.

1.   2.   3.   4.

5.   6.   7.   8.

activité 165 Vous pouvez maintenant vous présenter et donner de nombreuses informations sur vous-même, votre famille, vos activités et vos goûts.
Suivez les indications dans l'ordre et présentez-vous en donnant le plus possible d'informations. Vous pouvez réutiliser les expressions ou le vocabulaire des activités précédentes.

Exemple : a. Je m'appelle Bianca, Melinda, Emma Dos Santos. Mais, j'utilise seulement Bianca Dos Santos.
b. Je suis philippine, je viens de Manille, mais ma famille habite à Paris maintenant.

1. Donnez les informations suivantes :

   a. Vos prénom(s) et nom de famille
   b. Votre âge
   c. Votre nationalité
   d. Votre pays et votre ville d'origine
   e. Les langues que vous parlez ou apprenez
   f. Votre adresse ou lieu d'habitation
   g. Votre situation familiale
   h. Votre profession ou occupation
   i. Le lieu où vous travaillez – lieu d'activité
   j. Les études suivies
   k. Votre projet professionnel ou d'études
   l. Votre famille
   m. Vos goûts
   n. Vos loisirs
   o. Votre vie quotidienne

156 • Entretien dirigé

PRODUCTION ORALE

Après votre présentation, l'examinateur vous posera des questions supplémentaires sur les sujets que vous avez abordés.

2. Associez les questions posées avec les réponses qui correspondent.

1. Vous êtes bien chinoise, n'est-ce pas ?
2. De quelle région venez-vous exactement ?
3. Est-ce que vous venez d'une grande ville ?
4. Préférez-vous vivre en France ou dans votre pays ?
5. Depuis combien de temps étudiez-vous le français ?
6. Quand êtes-vous arrivé en France ?
7. Est-ce que votre famille habite avec vous ?
8. Où est-ce que vous travaillez ?
9. Quel genre de travail est-ce que vous faites ?
10. Est-ce que c'est un travail intéressant ?

a. Je viens du sud du pays, de la région de Canton.
b. J'aime mieux la vie en France, c'est plus facile.
c. Je prends des cours depuis un an à l'Alliance française.
d. Non, je suis coréenne.
e. Non, pas vraiment. Je travaille sur un ordinateur toute la journée.
f. Dans un restaurant français, je suis serveuse.
g. Non, j'habite avec mon amie, ma famille vit au Sri Lanka.
h. Je m'occupe de l'accueil dans un camping.
i. Oui, il y a 8 millions d'habitants. Chez nous, c'est une grande ville.
j. Je suis arrivé le 23 septembre. Cela fait deux mois.

Notez vos réponses dans le tableau :

1.	2.	3.	4.	5.	6.	7.	8.	9.	10.

activité 166

1. Lisez les questions ci-dessous. Écoutez ensuite les réponses enregistrées.
Pour chaque question, choisissez la réponse qui correspond.
Cochez le mot entendu dans la réponse.

Réponses

1. Vous venez bien de Calcutta, n'est-ce pas ?   n° ....
   a. ❏ Goa   b. ❏ Bombay   c. ❏ Pondichéry

2. Dans quels pays aimeriez-vous vivre ?   n° ....
   a. ❏ Iran   b. ❏ Inde   c. ❏ Islande

3. Est-ce que vous allez parfois au théâtre ?   n° ....
   a. ❏ parfois   b. ❏ pas en ce moment   c. ❏ pas souvent

4. Quel genre de musique est-ce que vous écoutez ?   n° ....
   a. ❏ cubaine   b. ❏ africaine   c. ❏ américaine

5. Est-ce que vous travaillez ?   n° ....
   a. ❏ oui   b. ❏ non   c. ❏ de temps en temps

Entretien dirigé • 157

PRODUCTION ORALE

6. Pourquoi est-ce que vous apprenez le français ?   n° ....
   a. ❏ pour étudier en France   **b.** ❏ pour travailler en France
   c. ❏ pour voyager en France

7. Comment est votre appartement ? Pouvez-vous le décrire?   n° ....
   a. ❏ petit et au rez-de-chaussée   **b.** ❏ grand au 3ᵉ étage   **c.** ❏ petit au 6ᵉ étage

8. Comment est le quartier où vous habitez ?   n° ....
   a. ❏ très bruyant   **b.** ❏ calme   **c.** ❏ très animé

9. Combien y a-t-il de personnes dans votre famille ?   n° ....
   a. ❏ 5   **b.** ❏ 6   **c.** ❏ 7

10. Est-ce que vous pouvez me parler un peu de vos parents ?   n° ....
   a. ❏ mon père est banquier   **b.** ❏ mon père ne travaille pas
   c. ❏ mon père est employé

2. Relisez les questions posées et répondez oralement. Adaptez les réponses à votre situation.

activité 167

1. Lisez les réponses ci-dessous. Écoutez ensuite les questions enregistrées et choisissez la réponse correcte.

2. Écoutez les questions une deuxième fois et donnez votre propre réponse à l'oral.

Réponses	Question n°
a. Oui, j'aime bien. Je pars souvent avec mes amis.	
b. Je connais seulement un peu le Vietnam et la Thaïlande.	
c. En général, je reste chez moi, je lis et je regarde la télévision.	
d. Je prends des cours de guitare dans une école de musique.	
e. Je ne fais pas de sport du tout.	
f. Non. C'est ennuyeux, je préfère me promener dans les rues.	
g. Non, pas tellement, je préfère écouter de la musique.	
h. Non, je ne connais pas du tout la chanson française.	
i. J'aime bien les jeux à la télé, c'est amusant.	
j. C'est *L'Été de Kikujiro*, c'est un film japonais.	

2- Monologue suivi

Dans cette partie de la production orale, vous aurez à décrire des faits ou des situations de la vie quotidienne, à parler de vous-même, de vos études, de votre famille, de votre ville, de votre région, de vos projets, de ce que vous avez fait…

Quelques exemples de sujets fréquemment donnés pour cette épreuve :
– Décrivez un de vos loisirs préférés.
– Parlez de vos vacances.
– Décrivez votre ville, votre région.
– Parlez de votre pays.
– Décrivez un de vos meilleurs amis.

– Racontez un de vos meilleurs souvenirs.
– Parlez de votre formation/de vos études.
– Décrivez vos projets.

activité 168 Parler de soi (passé).
Complétez les phrases avec les verbes de la liste ci-dessous.

1. Je .... en 1980.
2. À partir de l'âge de 4 ans, je .... à l'école à côté de chez moi.
3. À 11 ans, je .... au collège pour les études secondaires.
4. À l'université, j'.. des études d'ingénieur.
5. J'.. mon diplôme il y a six mois.

Verbes utilisés : *faire – naître – entrer – obtenir – aller.*

activité 169 Parler de quelqu'un (passé).
Remettez ce texte dans l'ordre.

a. Il a donné son premier concert à 17 ans.
b. Sa mère était professeur de musique.
c. À 18 ans, il a obtenu le 1er prix de violon du Conservatoire de Paris.
d. Son père était pianiste.
e. Thibault Lemaître est né en 1965 à Paris.

activité 170 Parler de sa famille.
Observez le schéma ci-dessous.

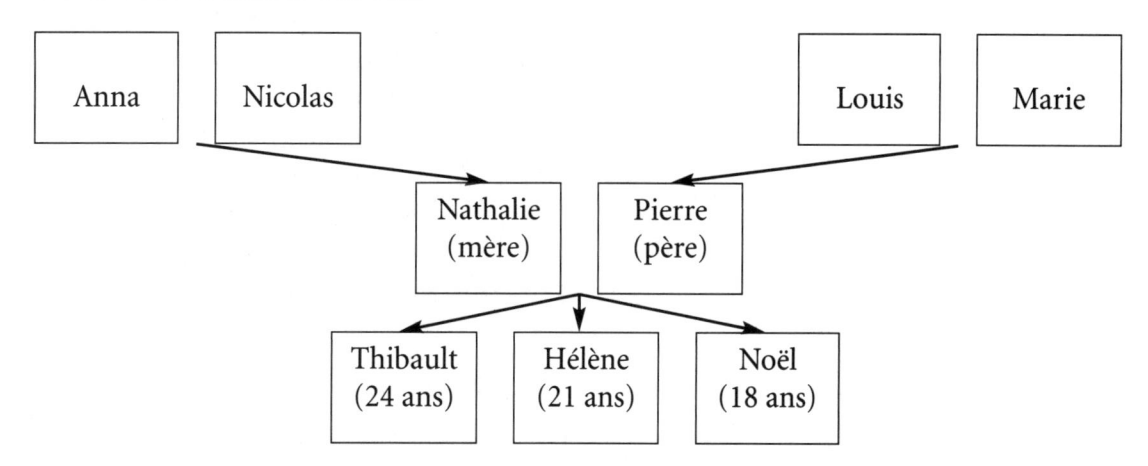

```
Anna   Nicolas                    Louis    Marie
         ↓                           ↓
      Nathalie       Pierre
      (mère)         (père)
         ↓    ↓    ↓
  Thibault  Hélène  Noël
  (24 ans) (21 ans) (18 ans)
```

En utilisant les mots ci-dessous, dites quelles sont les relations entre les personnes.

mère – mari – grand-père – sœur – grand-mère – frère – femme – parents – fils – fille.

1. Anna et Nicolas sont .... de Nathalie.
2. Marie est .... de Pierre.
3. Thibault est .... de Noël.
4. Pierre est .... de Louis et Marie.
5. Anna est .... d'Hélène.

PRODUCTION ORALE

6. Marie est .... de Louis.
7. Pierre est .... de Nathalie.
8. Louis est .... de Thibault.
9. Hélène est .... de Noël.
10. Nathalie est .... d'Anna et Nicolas.

activité 171 Parler de sa famille.
Décrivez votre famille en parlant de vos parents et de vos grands-parents ; dites si vous avez des frères et sœurs, des enfants. Précisez leur âge, ce qu'ils font.
Présentez votre famille en utilisant les mots et expressions qui conviennent le mieux à votre situation.

Je m'appelle .... J'ai .... ans. Je suis marié/célibataire/.....................................
J'ai .... enfant(s) : .... fille(s), ... garçon(s) ; ils s'appellent ....
....
Je travaille/ne travaille pas. Je suis .... (profession ou situation).
Mes parents s'appellent ....

activité 172 Parler de sa famille.
Observez ce deuxième schéma.

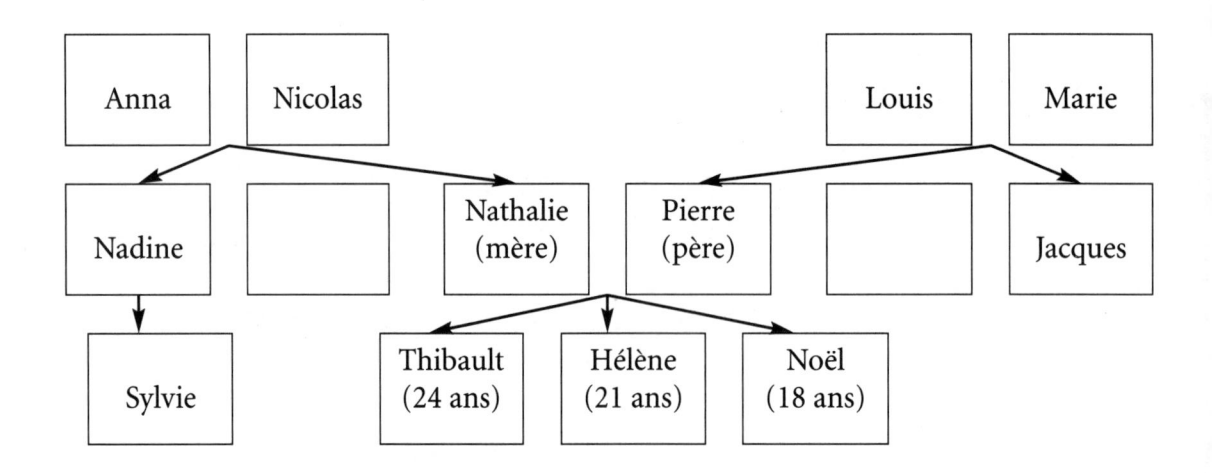

```
  Anna    Nicolas                          Louis    Marie
    ↓       ↓                                ↓        ↓
  Nadine        Nathalie    Pierre                  Jacques
                (mère)      (père)
    ↓                ↓        ↓        ↓
  Sylvie         Thibault   Hélène    Noël
                 (24 ans)   (21 ans)  (18 ans)
```

Nadine est la sœur de Nathalie, Jacques est le frère de Pierre.
Nadine est la tante de Thibault, Jacques est l'oncle de Noël.
Hélène est la cousine de Sylvie, Thibault est le neveu de Jacques.
Hélène est la nièce de Jacques.

Dites quelles sont les relations entre :

1. Noël et Sylvie : ....
2. Thibault et Nadine : ....
3. Pierre et Sylvie : ....
4. Nadine et Hélène : ....
5. Jacques et Noël : ....

PRODUCTION ORALE

activité 173 Décrire sa ville.

On peut vous demander de décrire votre ville/votre région.

Description de la ville ou de la région	Nombre d'habitants	Localisation		
– C'est une petite/belle/grande ville	– Il y a 30 000 habitants	– Elle se trouve	au nord au sud à l'ouest/à l'est	De + ville
– Une ville importante	– Elle a 150 000 habitants	– Elle est située	au centre	du pays
Une belle région		– Elle est (située) à	100 kilomètres	de + ville de + mer
		– Elle est près de /loin de/à côté de		
		– C'est à	1 heure de voiture 1 h 30 de train 2 h d'avion	

Vous pouvez ajouter des particularités : parler de sa vie artistique et culturelle, dire si c'est une ville industrielle/universitaire…

Exemple :
Je vais vous présenter la ville d'Angers.
C'est une ville de 200 000 habitants. Elle se trouve dans l'ouest de la France, à 280 kilomètres de Paris (une heure et demie en TGV) et elle est à 1 heure et demie de la mer. C'est une ville historique, capitale de l'Anjou – il y a dans la région beaucoup de châteaux – et une ville universitaire : il y a environ 32 000 étudiants. La vie culturelle est aussi très importante : cinéma, théâtre et concerts – en particulier de musique classique. C'est aussi la principale ville d'une région agricole : élevage et cultures (fruits, maïs, vignes…).

À votre tour, sur ce modèle, présentez la ville dans laquelle vous habitez (ou une ville où vous avez vécu) :

....
....
....
....
....

activité 174 Décrire sa maison.

Pour décrire votre maison, votre appartement, vous pouvez donner des indications sur :
- la surface (en mètres carrés : un appartement de 2 pièces peut faire 50 m², une maison 100, 120, 150 m²…) ;
- le nombre de pièces principales (leurs dimensions et leur localisation) ;
- le quartier de la ville ;
- la distance de la ville (si la maison est à la campagne) ; etc.

Monologue suivi • **161**

PRODUCTION ORALE

[En France, le nombre de pièces principales (sans compter la cuisine, la salle de bains et les toilettes) est indiqué par la lettre T suivie du nombre de pièces. Exemple : une maison T5 comporte 5 pièces principales.]

Pour une maison, vous pouvez indiquer s'il y a un jardin, une cave, un garage ou un parking. Pour un appartement, vous pouvez aussi décrire l'immeuble où il se trouve : neuf, récent (quelques années), ancien, le nombre d'étages, s'il y a un balcon, un garage…

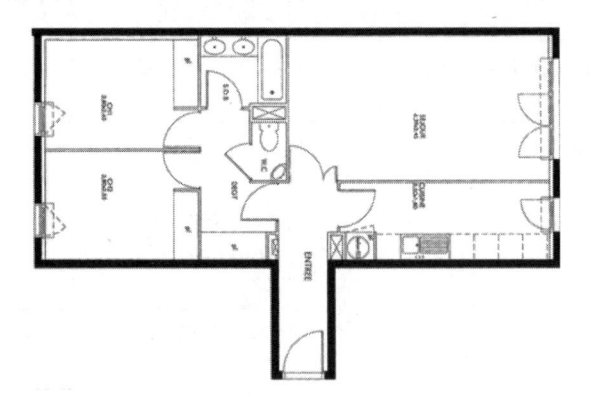

Exemple :
Je vais vous parler de mon appartement.
C'est un appartement de 3 pièces dans un immeuble récent (un séjour, une chambre et un bureau). Il se trouve en ville, rue des Trois-Colombes, près de la rue Victor-Hugo. Il fait environ 70 mètres carrés. Les pièces sont grandes. La salle de séjour est à gauche en entrant et il y a un grand balcon avec des plantes. L'appartement se trouve au 4ᵉ étage.

À votre tour ! En vous inspirant de cet exemple, décrivez votre logement (chambre, appartement, maison…).
....
....
....
....

activité 175 Décrire une journée habituelle.
L'examinateur peut vous demander de décrire ce que vous faites habituellement dans une journée.

Le matin (pendant la semaine, le week-end, pendant les vacances…)	– Je me lève – Je me prépare (je fais ma toilette) – Je prends mon petit déjeuner – Je vais au bureau – Je vais à l'école…	à + heure

À midi	Je déjeune :
	  – chez moi
	  – au restaurant	

L'après-midi	Je retourne :
	  – au travail
	  – à l'école	

162 • Monologue suivi

| Le soir | – Je fais les courses en sortant
– Je rentre chez moi
– Je dîne | jusqu'à + heure |
| Quelquefois | – Je vais voir des amis
– Je vais prendre un verre
– Je vais au spectacle | vers + heure |

À votre tour ! Décrivez une journée habituelle.

....
....
....
....
....

activité 176 Décrivez ce que vous faites habituellement pendant le week-end ou pendant vos vacances.

En général, le week-end, je me lève plus tard… Vers ....
....

Je vais (au marché / acheter le pain…) ....
....

L'après-midi (match à la TV, au stade, me promener,…) ....
....

Le soir ....
....

activité 177 Parler de préparatifs de voyage.
Vous devez faire un voyage en France ou dans un pays francophone. Vous partez dans deux semaines. Racontez ce que vous devez faire et à quoi vous devez penser (vous pouvez faire une liste : objets, vêtements, documents…) :

– contenu de la valise (vêtements, chaussures, trousse de toilette…) ;
– billets (avion, train…) ;
– devises (euros, dollars canadiens, francs suisses…) ;
– formalités (visa, passeport ou carte d'identité) ;
– contact avec des amis pour votre accueil à l'arrivée ;
– logement à l'arrivée ;
– visite chez le médecin ; etc.

C'est à vous : décrivez vos préparatifs pour un voyage que vous avez effectué ou que vous allez faire.

....
....
....
....
....

Monologue suivi • **163**

PRODUCTION ORALE

activité 178

Parler de ses goûts.

Pour parler de vos goûts en matière de loisirs, d'arts, de sports…, vous pouvez utiliser les expressions et les schémas suivants :

Pour commencer	Pour donner son opinion personnelle	Exemples	Justification
– En ce qui me concerne,	– J'aime (j'aime beaucoup/ j'adore)	le football	Parce que…
– Pour ma part,	– Je n'aime pas/je déteste	la musique classique	
– Personnellement,	– Je préfère	la lecture/ le cinéma/ le théâtre	
	– Ce que j'aime le plus,		
	– c'est	le rugby/ le tennis/ le golf/	
	– ce sont	les courses de voitures/ de chevaux	

« Préférer » et « aimer mieux » permettent de faire des comparaisons :
– *Entre le jazz et la musique de variétés, je préfère/j'aime mieux le jazz parce que…*
– *En sport, je préfère le tennis parce que…*

Dites ce que vous aimez en matière artistique et en matière sportive.

activité 179

Raconter un souvenir personnel.

Vous pouvez, pour raconter un souvenir, utiliser les mots et expressions du tableau suivant :

Introduction	1er verbe (imparfait)	2e verbe (passé composé)
Un jour (il y a) Une fois	(alors que) j'étais à… je me trouvais à	j'ai fait
Le jour – de + âge – du baccalauréat	j'étais je faisais	j'ai rencontré
C'était	au printemps en été en hiver à l'automne…	j'ai trouvé
Il y a dix ans	– pendant que je me promenais – quand je travaillais	j'ai vu

Exemple :
Un jour, c'était au printemps, je me promenais en Auvergne, au milieu de la forêt. Il faisait très beau. Je suivais une petite rivière, j'écoutais chanter les oiseaux. J'ai vu alors au bord de la rivière, sous les arbres, comme un immense champ de fleurs. C'était magnifique. Des fleurs jaunes tout autour de moi. Je me suis arrêté un bon moment. J'en ai cueilli un très gros bouquet que j'ai ramené chez moi.

PRODUCTION ORALE

Décrivez à votre tour un bon souvenir.

....
....
....
....
....

3- Exercice en interaction

activité 180 Préparation - Compréhension du sujet ou du problème exprimé dans la conversation.
🎧 Écoutez les personnes suivantes et indiquez la situation en cochant la bonne case.

Dialogues	1.	2.	3.	4.
Remerciements				
Excuses				
Prise de congé				
Salutations				
Expression d'un mécontentement				
Commande				
Félicitations				

activité 181 🎧 Vous allez entendre des personnes dans différentes situations.
A. Relevez le numéro correspondant à chaque situation.

                                   Extrait n°
    a. Elle demande de l'aide.   ....
    b. Elle remercie.   ....
    c. Elle se plaint.   ....
    d. Elle demande des informations.   ....

B. Écoutez les extraits suivants. Indiquez s'ils correspondent à :
    – une demande de renseignements ;
    – un récit ;
    – l'expression d'un mécontentement.

	Une demande de renseignements	Un récit	L'expression d'un mécontentement
Extrait 1			
Extrait 2			
Extrait 3			
Extrait 4			
Extrait 5			

PRODUCTION ORALE

activité 182 🎧 Écoutez le dialogue et dites si les affirmations suivantes sont vraies, fausses ou si on ne sait pas.

	Vrai	Faux	On ne sait pas
1. La situation de déroule dans un bus.	❏	❏	❏
2. La passagère :			
a. a perdu son billet.	❏	❏	❏
b. s'est fait voler son billet.	❏	❏	❏
c. n'a jamais acheté de billet.	❏	❏	❏
3. Le contrôleur s'impatiente.	❏	❏	❏
4. La passagère trouve finalement son billet.	❏	❏	❏
5. Le contrôleur verbalise la passagère.	❏	❏	❏

activité 183 🎧 Un jeune homme est dans une agence immobilière. Il cherche un logement. Écoutez le dialogue et cochez la ou les bonne(s) réponse(s).

1. Le jeune homme veut :
   a. ❏ louer un appartement
   b. ❏ acheter un appartement
   c. ❏ vendre un appartement

2. Le jeune homme cherche :
   a. ❏ un T1
   b. ❏ un T2
   c. ❏ un T3

3. Il cherche un appartement :
   a. ❏ en centre-ville
   b. ❏ extra-muros
   c. ❏ à côté de la fac

4. Il veut un appartement :
   a. ❏ meublé avec une cuisine équipée, un balcon et une cave.
   b. ❏ non meublé avec une cuisine équipée, un local à vélo et un balcon.
   c. ❏ non meublé avec un parking, une cave et une terrasse.

5. Le jeune homme va pouvoir visiter :
   a. ❏ 5 appartements
   b. ❏ 4 appartements
   c. ❏ 3 appartements

• Exercice en interaction

PRODUCTION ORALE

activité 184 Entraînement.
Remettez les phrases de ce dialogue dans l'ordre.

A. Tenez, installez-vous, je vous apporte la carte… Tenez.
B. Tenez… Vous avez choisi ?
C. Bonjour, nous avons réservé pour trois personnes.
D. Très bien, et en dessert, île flottante pour tout le monde.
E. Non-fumeur.
F. Bonjour. Fumeur ou non ?
G. Venez avec moi.
H. Ah non, jamais de glaçon.
I. Vous voulez un glaçon avec le whisky ?
J. Oui, on va prendre trois menus à 19,90 euros. Avec entrée du jour, plat du jour et dessert du jour.
K. Au moins, ce n'est pas compliqué. Je note. Salade de chèvre chaud, entrecôte grillée. Quelle cuisson ?
L. Deux saignantes et une à point… et avec la sauce poivre vert.
M. Merci. On va tout de suite commander l'apéritif. un Pastis, un whisky et une menthe à l'eau, s'il vous plaît.
N. C'est bien ça.

| 1. | 2. | 3. | 4. | 5. | 6. | 7. |
| 8. | 9. | 10. | 11. | 12. | 13. | 14. |

activité 185 Un monsieur vient prendre un abonnement au théâtre.
Lisez les répliques suivantes et remettez-les dans l'ordre.

A. D'accord. Tenez… Au revoir… et bon courage.
B. Monsieur Chadhi.
C. Bien sûr. Ma femme et moi sommes abonnés depuis cinq ans. On va voir en moyenne sept spectacles mais cette année, nous ne prenons que cinq spectacles… La programmation ne nous plaît pas.
D. Non. Mais si je vous donne mon nom, votre ordinateur peut peut-être retrouver mon nom ?
E. Oui, bien sûr. Vous êtes monsieur… ?
F. Bonjour, tenez, voilà ma fiche d'abonnement pour deux personnes.
G. Ah non, pas maintenant ! C'est la cinquième fois ce matin. Chantal, mon ordi est encore en panne ! Chantal ! Chantal… Oh, ce n'est pas possible… Pardonnez-moi, monsieur.
H. Bonjour, monsieur. Deux petites secondes et je suis à vous… Oui, alors, vous venez pour un abonnement ?
I. Alors, très bien. Je vais tout de suite l'enregistrer sur mon ordinateur… Vous avez déjà été abonné ?
J. … Ah, désolée, je n'ai rien à ce nom.
K. Euh… Donnez-moi votre fiche. Je l'enregistre et si j'ai un problème, je vous appelle.
L. Ah… Et vous avez avec vous votre numéro d'abonné ?
M. Ah, je n'ai pas mis assez de H… voilà, c'est bon. Vous habitez bien au 57 rue Saint-Antoine ?
N. Exactement. À Grenoble même.
O. Alors euh… Un concert de jazz…

Exercice en interaction

PRODUCTION ORALE

P. OK ; on peut commencer l'enregistrement. Quels spectacles avez-vous choisis ?
Q. Oui. J'ai pris cinq spectacles.
R. Vous l'avez écrit comment ? C'est C, H, A, D, H, I.
S. Bon, ça va durer longtemps ? Parce que j'ai un rendez-vous dans dix minutes à l'autre bout de la ville.

1.	2.	3.	4.	5.
6.	7.	8.	9.	10.
11.	12.	13.	14.	15.
16.	17.	18.	19.	

activité 186 Deux amies discutent dans un magasin.
Lisez les répliques suivantes et remettez-les dans l'ordre.

A. Les goûts et les couleurs… Eh, regarde ce pantalon… il est génial.
B. Vert et marron ? Pas terrible. Ce serait vraiment moche. Tu vas ressembler à un sapin !
C. Oh, tu as vu ce gilet… il est super !
D. Oui, mais quand même. Peu importe la matière. Il est sympa. Il ferait bien avec ma jupe verte ?
E. Ah, tu trouves ? Qu'est-ce que c'est cette matière ? C'est de la laine… Non, bien sûr… C'est synthétique et les boutons… du plastique.
F. Alors, si c'est dans *Femme moderne*… C'est forcément beau !
G. Hum… Bof, il est vraiment moulant… Et la ceinture ? Elle fait très mode !
H. Un sapin… N'importe quoi ! Ça fera adorable… bon allez, je le prends.
I. Décidément. On n'a pas vraiment les mêmes goûts. Moi, je le trouve hyper tendance. En plus, j'ai lu dans *Femme moderne* que c'est la tendance cet hiver.
J. Allez, prends-le, ce pantalon.
K. Mais non… Vraiment, je trouve ce pantalon très beau. Et je suis sûre qu'il va bien m'aller.

1.	2.	3.	4.	5.	6.
7.	8.	9.	10.	11.	

activité 187 Relevez dans le dialogue de l'activité 186 toutes les expressions utilisées pour dire du bien et critiquer.

Dire du bien	Critiquer

168 • Exercice en interaction

PRODUCTION ORALE

Activité 188 Lisez les répliques suivantes et remettez-les dans l'ordre.

A. Euh… Oui et non… Ma femme et moi, on voulait vous inviter pour l'apéritif demain soir… Est-ce que vous seriez disponible ?
B. Monsieur Martin ?
C. Je suis votre nouveau voisin. Ronaldo Liohreau.
D. Oui, c'est ça. Je viens d'emménager avec ma femme et mon bébé de 3 mois.
E. Ah, bonjour. Vous êtes le nouveau locataire du dessus ?
F. Ah, très bien. J'espère qu'il fait ses nuits, votre bébé. Le locataire d'avant était étudiant et faisait la fête tous les soirs… Alors j'en ai marre du bruit ; vous comprenez ?
G. Au revoir… Au plaisir.
H. Ah bon… Alors à votre retour de vacances, peut-être.
I. Oui, c'est moi… Vous êtes ?
J. Ah, non, on part en vacances ce soir et pour trois semaines.
K. Oui, c'est ça ! Allez, au revoir.

| 1. | 2. | 3. | 4. | 5. | 6. |
| 7. | 8. | 9. | 10. | 11. | |

Activité 189 Vous réservez vos places pour le concert de Zazie.
Complétez le dialogue suivant en vous aidant des indications et du support proposé.

RODÉO TOUR DE ZAZIE : 42,5 EUROS

Le 2 février 2006 - Caen
ZENITH DE CAEN à 20h00

Le 3 février 2006 - Saint Sylvain d'Anjou
SALLE AMPHITEA / PARC DES EXPOS D'ANGERS à 20h00

Le 4 février 2006 - Bordeaux
PATINOIRE MERIADECK
40.50 euros

Le 8 février 2006 - Rouen
ZENITH DE ROUEN à 20h30

Le 9 février 2006 - Lille
ZENITH DE LILLE à 20h00

Le 10 février 2006 - Nancy
ZENITH DE NANCY à 20h00

Le 11 février 2006 - Strasbourg
HALL RHENUS à 20h00

Le 16 février 2006 - Grenoble
SUMMUM à 20h00

Le 17 février 2006 - Marseille
LE DOME DE MARSEILLE à 20h00

Le 18 février 2006 - Toulouse
ZENITH DE TOULOUSE

Du 19 au 25 février 2006 – Paris
LE BATACLAN – 20h30

– Bonjour, je voudrais 2 places pour le concert de Zazie.
– Oui, lequel ?
– *(Vous précisez.)* ....
– Vous venez trop tard, il n'y a plus de place depuis longtemps.
– *(Vous vous étonnez.)* ....
– Oh, mais tout est complet depuis plus de 3 semaines.

Exercice en interaction • 169

PRODUCTION ORALE

– *(Vous exprimez votre déception et vous demandez une solution.)* ....
....
– Attendez, je regarde... Ah, vous avez de la chance, il reste quelques places pour le 23 février. Vous avez vraiment de la chance.
– *(Vous exprimez votre joie et acceptez ces billets.)* ....
– Alors ça fera 85 euros pour les deux places. En carte ou en chèque ?
– *(Vous payez, remerciez et saluez.)* ....

Voici quelques expressions pour vous aider :

Exprimer sa surprise	
– Non ?	– Impossible !
– Ça n'est pas croyable !	– Ce n'est pas vrai !
– Ce n'est pas possible !	– Je n'en reviens pas !
– C'est impensable / inimaginable !	– C'est extraordinaire (positif) !

🎧 Écoutez ensuite le dialogue.

activité 190 Dans la rue, on vous a volé votre portefeuille. Vous allez faire une déclaration au commissariat de police.
Complétez le dialogue.

– Bonjour, c'est pour quoi ?
– Bonjour, ...
– .... ou on vous l'a volé ?
– .... qu'on me l'a volé.
– Vous pensez ou vous en êtes sûr ? Bon, on va faire une déclaration de vol. Installez-vous.
– Je vais prendre des notes. ....
– Bourgeais, Jean-Pierre, 145 avenue de Versailles, 75016 PARIS.
– Alors... .... ?
– Je ne sais pas exactement. Je me suis promené cet après-midi. Je suis allée dans le quartier de l'Opéra, et sur les grands boulevards.
– .... Quand avez-vous réalisé que vous n'aviez plus votre portefeuille ?
– Euh, j'ai acheté un pain au chocolat à 16 heures, ...
... Et ensuite, quand j'ai voulu payer mon ticket de métro une heure plus tard, ...
....

170 • Exercice en interaction

PRODUCTION ORALE

– Vous avez vu le voleur ? un suspect ? Vous avez noté un comportement étrange à la boulangerie… Quelqu'un autour de vous ?
– ....
- Bon… Qu'est-ce qu'il y avait dans ce portefeuille ?
– .... de l'argent (environ 25 euros), ma carte bleue, tout quoi…
– Vous partiez en voyage ?
– ....
– Ce n'est pas la peine de vous déplacer avec votre passeport et votre carte d'identité… Maintenant, vous devez tout refaire. Autre chose à signaler ?
– Non, mais je fais comment maintenant ?
– Vous lisez, vous signez là, en bas de la feuille… et après, vous allez faire refaire vos papiers avec cette déclaration.

🎧 Écoutez ensuite le dialogue.

activité 191 À la poste.
Retrouvez les répliques manquantes.

– ....
– Bonjour. Vous avez le poste-livre qui est un paquet spécial.
– ....
– 4 euros pour ce format.
– ....
– À l'étranger… Ah, je ne sais pas… Je vais me renseigner… Personne ne sait !
– ....
– À mon avis, vous pouvez l'envoyer dans le poste-livre. Et vous écrivez bien votre adresse. Si le paquet est perdu, il est renvoyé en France.
– ....
– C'est tout ce qu'il vous fallait ?
– ....
– Alors avec les timbres, cela vous fera 8,30 euros.
– ....
– Au revoir.

🎧 Écoutez ensuite le dialogue.

activité 192 À l'office de tourisme.
Retrouvez les répliques manquantes en vous aidant du document suivant.

Saint-Cast le Guildo, en Bretagne, présente tous les types d'hébergements touristiques : des campings (2 campings classés 4 étoiles, 6 classés 2 étoiles, 1 classé 1 étoile), des hôtels (un classé 3 étoiles, 3 classés deux étoiles et 1 non classé) et de nombreuses locations saisonnières disponibles dans les agences immobilières.
L'office de tourisme propose une liste de chambres d'hôtes et de meublés labellisés. Les locations et les chambres d'hôtes labellisées sont réglementées par une charte de qualité et répondent à des normes de qualité très strictes. Les établissements que nous publions sont soit labellisés « Clévacances » soit « Gîtes de France ».
www.ot-st-cast-le-guildo.fr/rubrique hébergement

Exercice en interaction • **171**

PRODUCTION ORALE

– Bonjour, on vient d'arriver avec ma femme et les enfants et on cherche un terrain de camping. On voudrait louer un bungalow pour une semaine.
– ....

– C'est une catastrophe. Comment on va faire… avec 2 enfants en bas âge en plus… ? Où est-ce qu'on va dormir ?
– ....
....

– Mais c'est beaucoup plus cher !
– ....
....

– Les gens sont prévoyants… Plus que nous… Bon, je vais prendre la liste des hôtels et des chambres d'hôtes mais je crois que nous allons devoir écourter nos vacances. Merci, madame.
– ....
....

🎧 Écoutez ensuite le dialogue.

activité 193

1. À partir de la situation suivante, que pouvez-vous dire ? Et quelles peuvent être les réactions de l'examinateur ?
2. Imaginez le ton à adopter en fonction de l'état d'esprit de la personne.

```
              CALIMAXI
        75 bd Saint-Émile
        72000 Le Mans
        02. 43. 87. 89. 09

        Date caisse 11/09/2005 à 17:50
        Ticket 00987897

        CO89032   pull MA MULT UNI T1   35,90 euros
        OM0979    écharpe TA MAX VER    19,90 euros

        Total                           55, 80 euros
```

Vous avez acheté un pull. Mais de retour à la maison, vous découvrez que le pull est troué. Vous allez le rendre au magasin.

Le client	L'employé
– Bonjour, je viens rendre un pull que j'ai acheté la semaine dernière parce qu'il est troué. – Bonjour. Voilà le pull que j'ai acheté la semaine dernière. Il est troué !	
	Questions : – Vous avez le ticket de caisse ?

172 • Exercice en interaction

PRODUCTION ORALE

Le client est :
- ❏ heureux
- ❏ gêné
- ❏ agacé
- ❏ surpris
- ❏ désagréable
- ❏ triste
- ❏ agressif
- ❏ inquiet

L'employé est :
- ❏ heureux
- ❏ gêné
- ❏ agacé
- ❏ surpris
- ❏ désagréable
- ❏ triste
- ❏ agressif
- ❏ inquiet

Activité 194

1. À partir de la situation suivante, que pouvez-vous dire ? Et quelles peuvent être les réactions de l'examinateur ?
2. Imaginez le ton à adopter en fonction de l'état d'esprit de la personne.

Vous avez trouvé un sac à dos dans le métro. Vous allez le déposer aux objets trouvés.

L'usager du métro	L'employé

L'usager du métro est :
- ❏ heureux
- ❏ gêné
- ❏ agacé
- ❏ surpris
- ❏ désagréable
- ❏ triste
- ❏ agressif
- ❏ inquiet

L'employé est :
- ❏ heureux
- ❏ gêné
- ❏ agacé
- ❏ surpris
- ❏ désagréable
- ❏ triste
- ❏ agressif
- ❏ inquiet

Activité 195

Vous venez de déménager dans une nouvelle ville. Vous allez à l'office de tourisme pour connaître les activités de la région et vous inscrire à une visite découverte de la ville. Quels thèmes pouvez-vous aborder ? Faites la liste de vos questions.

Activité 196

Vous venez de déménager dans une nouvelle ville. Vous allez à l'office de tourisme pour connaître les activités de la région et vous inscrire à une visite découverte de la ville. Complétez la suite du dialogue :

– Bonjour. Je viens d'emménager et j'aurais besoin de quelques informations.
– Oui, bonjour. Je vous souhaite la bienvenue. Que voulez-vous savoir ?
– J'aimerais faire du sport. Est-ce que vous avez une liste des clubs de sport ?
– Oui, bien sûr… Tenez… il y a de tout. Sport collectif ou individuel ?
– ....
– ....
– ....
– ....

🎧 Écoutez ensuite le dialogue.

Exercice en interaction • **173**

PRODUCTION ORALE

activité 197 Votre propriétaire vous réclame le loyer en retard. Vous tentez de vous expliquer mais le propriétaire refuse vos explications.

Voici pour vous aider les étapes du dialogue :

– Le propriétaire salue et demande le loyer.
– Vous le saluez.
– Il vous demande le loyer.
– Vous vous excusez.
– Il exprime son mécontentement.
– Vous vous excusez à nouveau et vous lui donnez une explication.
– Il refuse votre explication et exprime à nouveau son mécontentement.
– Vous demandez un délai pour payer.
– Il refuse.
– Vous expliquez pourquoi.
– Il accepte d'être payé le lendemain.
– Vous remerciez et saluez.
– Il vous salue.

Voici quelques expressions pour vous aider :

S'excuser	Exprimer son mécontentement	Remercier
– Excusez-moi – Désolé / je suis désolé – Je suis navré – Toutes mes excuses – Je vous prie de d'excuser	– Non, mais c'est pas vrai / possible – Je rêve / on croit rêver – Je ne peux pas vous croire – C'est inadmissible / scandaleux / honteux	– Je vous remercie – C'est très aimable à vous – Merci (beaucoup)

Écoutez ensuite le dialogue.

activité 198 Vous êtes témoin au mariage de votre meilleur ami. Avec l'autre témoin, vous choisissez un cadeau de mariage à partir des listes que chacun avait fait de son côté. Imaginez le dialogue.

Liste A

un arbre

un voyage

un vase

une toile

Liste B

de l'argent

un week-end gastronomique

une peinture

un restaurant

174 • Exercice en interaction

PRODUCTION ORALE

Voici quelques expressions pour vous aider :

Proposer	Répondre à une proposition
– On pourrait leur offrir...	– C'est une bonne / excellente idée
– Que dirais-tu de...	– Ça pourrait être bien
– Et si on choisissait...	– Ce serait parfait / bien / super
– Pourquoi pas...	– Ça pourrait aller
	– Je ne suis pas sûr que cela convienne
	– Non, je ne crois pas que ça leur plaise

🎧 Écoutez ensuite le dialogue.

Activité 199 Vous venez d'avoir un accident. Vous expliquez votre accident à l'assurance. Imaginez la situation en vous aidant du schéma suivant :

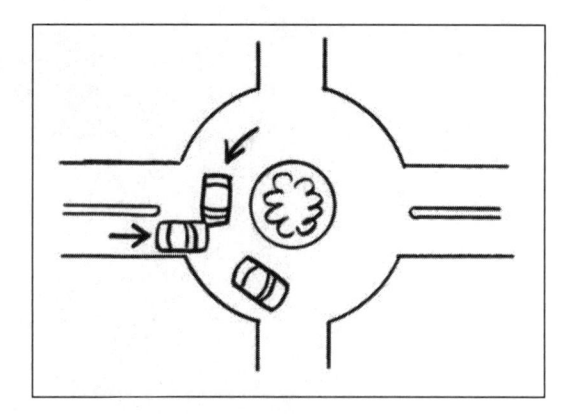

Activité 200 Vous organisez vos prochaines vacances. L'employé de l'agence de voyages vous conseille. Imaginez la situation en vous servant des documents.

ÉGYPTE
LOUXOR

8 JOURS / 7 NUITS
Croisière « à la carte » sur le Nil sur un bateau 5*
VOLS + BATEAU 5* + PENSION COMPLÈTE

Départ le moins cher : 299 € par personne   Référence 11909

Exercice en interaction • 175

PRODUCTION ORALE

MARTINIQUE
FORT-DE-FRANCE

9 JOURS / 7 NUITS
Résidence Diamant Beach 3*
VOLS + APPARTEMENT + PETIT DÉJEUNER

Départ le moins cher : **499 €** par personne

Référence 23716

RÉPUBLICAINE DOMINICAINE
PUERTO PLATA

12 JOURS / 10 NUITS
Hôtel Camino del Sol 3*
Vol retour de Santo Domingo
VOLS + HÔTEL 3* + TOUT INCLUS

Départ le moins cher : **499 €** par personne

Référence 12354

MAROC
AGADIR

8 JOURS / 7 NUITS
Hôtel Anezi 4*
VOLS + HÔTEL 4* + DEMI-PENSION

Départ le moins cher : **269 €** par personne

Référence 16808

N° d'éditeur : 10221959 - Dépôt légal : janvier 2013
Achevé d'imprimer en France en janvier 2016 sur les presses de JOUVE, Mayenne - N° 2290250A